「戦争への道」ではなく

「平和への道」を進もう

―神話の呪縛を解く―

のぶ爺さんの子と孫への話

髙橋信敏

清風堂書店

はしがき

２０２２年2月24日、ロシアはウクライナへの侵略を開始しました。それからすでに1年以上も戦争が続けられており、悲惨な戦禍がもたらされるとともに両国から世界に輸出されていた食糧やエネルギー源の深刻な供給不足がもたらされています。この状況を目の当たりにして、動物的な自己防衛本能を煽り立てながら、一気に米国による中国包囲のための軍事ブロックが形成されつつあります。これは１９４７年から44年余の米ソ冷戦（東西冷戦）の再来を感じさせるものです。米中冷戦から第３次世界大戦・核兵器戦争により人類絶滅の危機を迎えるのか？　あるいは人類の叡智により平和の国際秩序を構築できるのか？　私たちは、「戦争か、平和か」の瀬戸際に立たされています。どちらを選択するかの判断には、**「騙されたあなたにも責任がある」**（注）という言葉を思い出させてくれた「原発安全神話」のことをもう一度思い出してみることが必要だと思われます。

（注）**「騙されたあなたにも責任がある」**

敗戦直後、戦争責任を問う議論において、国民は騙されただけだ、仕方なかった、という論調に傾く中で、伊丹万作さんがそのような安直な考え方では、また騙されることになると指摘しました。早くから原子力発電の危険性に警鐘を鳴らし続けてきた小出裕章さんは福島第一原子力発電所の苛酷事故に関して、騙した人たちの責任は大きいが、『騙されたあなたにも責任がある』ことを改めて指摘してくれました。

なお、騙した人の中には、安倍晋三元首相の尊敬する祖父・岸信介元首相もいて、１９６０年に原子力発電所（東海発電所）に大きな事故が発生した場合の被害額の調査をし、試算の結果、破局的な被害をもたらすとの調査報告書を得ながら秘密にしました。その損害は電力会社だけでは補償できない規模であったので、電力会社を免責し、ある程度以上は国家が補償する「原子力損害賠償法」が翌年につくられました。政府は重大なことを隠します。私たちがそれを見つける力を持たないと騙されるということです。

２０１１年3月11日に発生した東日本大震災にともなって東京電力・福島第一原子力発電所の苛酷事故が発生しました。原子力発電所は「絶対安全」と言われていたのに、そうではなかった。それまで常識のように思われていた「絶対安全」ということが「神話」に過ぎなかった、と気づいた方が多かったと思われます。そして、明らかになったのは「原子力ムラ」のことでした。電力業界から政党・政治家、御用学者・研究者や評論家、マスメディアなど社会のあらゆるところへ巨額の資金が流し込まれ、一種の利益共同体がつくられていました。この「原子力ムラ」から原子力発電推進の一方的な宣伝がなされて、「原発安全神話」がつくりだされていたのでした。

そこで、世の中をよく見回してみると、「原発安全神話」に限らず、この種の「神話」が政治・経済・社会などあらゆる分野にたくさんあることに気づきます。現在の日本社会においては、様々な分野で真実を覆い隠す誤った情報が日常的に流されているということです。

いま世界でも日本でも「戦争か、平和か」が問われています。ロシアのウクライナ侵略を目の当たりにして、「原子力の平和利用」における神話＝「原発安全神話」と同様に、「原子力の軍事利用」における神話＝「核抑止力神話」も破綻していることが明瞭になりました。しかし、日本政府はいずれも神話とは認めようとせず、その呪縛から解放されていません。それどころか、軍事力が脅威を与えて戦争を誘発するという現実（法則性）を目の当たりにしながら、これから教訓を学ぶことなく、米国の軍事戦略に従って中国包囲網を築くために、米・日・韓に加え米・日・豪・印（ＱＵＡＤ）、さらに北大西洋条約機構（ＮＡＴＯ）などとの軍事的連携強化に積極的な役割を果たそうとしています。

このために、２０２２年12月に岸田文雄自公政権は「安全保障３文書」（国家安全保障戦略、国家防衛戦略、防衛力整備計画）を閣議決定しました。これまでの「専守防衛」の建前を投げ捨てて「敵国攻撃能力」を保有することによって「抑止力」を高めるというのです。しかし、この**「抑止力」こそが、戦争の原因**ではないでしょうか？　「抑止力（＝敵国攻撃能力）」を使ったらどうなりますか？　相手国を脅すこと（武力による威嚇）から戦争が始まるのではないでしょうか？

しかも冷静に見れば、地理的には中国と米国の狭間に日本が位置するのですから、有事の際には日本がいまのウクライナと同じ状況に置かれる（戦場にされる）ということです。いま日本に40カ所ものミサイル基地の設置計画が進行しているとのことです。これらが相手国の第一の攻撃目標となることは明瞭です。米国を守るために、日本を戦場にする計画と言ってもよいでしょう。日本政府の「米国の核の傘に入っていれば、攻撃を受けることはない」という「核抑止力神話」に囚われた思考停止は、日本の国土と国民に計り知れない大きな危険をもたらします。この政府の危険な政策を阻止するためには、まず私たちが、日本政府が信仰しているこの神話の呪縛から解放されなければなりません。そして、日本政府に政策を変更させるか、あるいは政策を変更しないのなら、政府を変えることをしなければなりません。それを実現できるか否かは、国政選挙における有権者みなさんの１票に懸かっているのです。そしてその１票は、現在の自分たちだけでなく子や孫の世代の平和を守れるか否かにつながっていることをしっかり自覚しなければいけません。

日本政府の国土と国民の安全に対する配慮を欠く軍事一辺倒の対応を見るにつけ、世の中にあふれている多くの神話を見つけ出し、その呪縛から解放されなければ、将来に禍根を残す、と筆者は考えました。そして、子や孫の世代が平和に安心して生活できる社会へ少しでも早く到達できるための参考にして欲しいと思い、筆を執ることにしたのです。なお、「戦争か、平和か」が問われ、同時に、憲法改定の「是か、非か」も問われる事態となっているため、政治に関することを緊急に取りまとめることにしました。なぜなら、日本国憲法の中には、「軍事対軍事」の悪循環から抜け出し、「友好と協力」による信頼関係を築き、「平和への道」を進むことができる人類の叡智が書き記されているからです。

定年退職後に執筆しなければならないと考えていた書名は『アベノリスク』でした。アベノミクスなるものは、毛利元就の「三矢の訓（おしえ）」（一本の矢なら簡単に折れてしまうが、三本束ねれば簡単に折れることはない）に倣ったものでした。しかし、アベノミクスは歴史的にすでに「折れた」ことが証明された「3本の矢」を束ねるだけに過ぎないこと、それゆえ日本の経済・社会を一層停滞させるに過ぎない大きなリスクであること、を明らかにするはずのものでした。遅々として筆が進まないうちに、ロシアのウクライナ侵略に便乗して、日本の政界に危険極まりない動きが出てきたため、緊急にこれに纏わる神話を明らかにする必要性を感じました。このため経済に関するものは、岸田文雄自公政権がアベノミクスを継承すると言明していることから、いくつかの「コラム」の中で記載することに留めました。

筆者は76歳。子や孫の世代へ日本を「戦争国家」でなく「平和国家」として手渡したいという思いが昂じました。学校で学び、職業を通じて得た知識を集約的にまとめて伝えることで、同じような長い時間を掛けることなく、誰もが短時間で学習できる教材として本書を著すことにしました。私の子や孫と同世代の人々にも読んで参考にしていただきたいと思います。なお、筆者は学問や研究を専門とする者ではないため、視野も狭く、考究も浅く、思い込みなどから誤った事実認識をしているかもしれません。そこで、同年代の方々にも読んでいただき、物事の見方や考え方を含めてご批判とご意見をいただければ幸いです。老い先短い人生ではありますが、足らざる所を補いながら、さらに真実に迫るとともに、もっとわかりやすい書物にして参りたい、と思っております。

なお、国名については、通常使われている略称によっていますので、ご了解ください。
例えば、アメリカ合衆国については、米国、あるいはアメリカ
ソビエト社会主義共和国連邦については、ソ連または旧ソ連
ロシア連邦については、ロシア
中華人民共和国については、中国
中華民国については、台湾
朝鮮民主主義人民共和国については、北朝鮮
大韓民国については、韓国
大日本帝国については、大日本帝国（日本）または日本
また、政党名などについても同様に、通常使われている略称によっていることがあります。
例えば、自由民主党と公明党の連立政権は、自公政権、あるいは自民・公明連立政権

自由民主党については、自民党又は自民、自（公政権）
公明党については、公明又は（自）公（政権）
立憲民主党については、立憲
国民民主党については、国民
日本維新の会や大阪維新の会については、維新の会

目　次——「戦争への道」ではなく「平和への道」を進もう　―神話の呪縛を解く―

Ⅲ．「憲法改正」神話

Ⅳ．「憲法押しつけ」神話

コラム

本書の概要

本書は、Ⅰ.「安全保障」神話 Ⅱ.「日米安保」神話 Ⅲ.「憲法改正」神話 Ⅳ.「押しつけ憲法」神話の4部から構成されています。それぞれの概要は、次のとおりです。

Ⅰ.「安全保障」神話

「平和」を求めながら、「安全保障」の名で進められる「防衛力」の向上、「抑止力」の強化など、すなわち、軍備の増強や軍事同盟の拡大・強化など軍事力に依存する手段は、結局、安全保障環境を一層悪化させ、国際関係に軍事的緊張をもたらす。つまり、**「安全保障」は神話であり、「戦争への道」**となります。「平和」を求めるならば、軍事力に依存しないで、平和的手段に依らなければなりません。例えば、身近な「いじめ」の問題と比べるとわかりやすい。いじめは、対象者を排除し、孤立させ、敵対関係をつくります。そこで、ナイフなどを持ち出せば殺傷沙汰が生じます。そして、このような構造のなかでは、問題は解決しません。敵対者をつくらずに、友人として仲間に迎え入れて話し合い、協力関係をつくることでしか解決しません。

国家と国家との関係も同じです。排除から包摂へ、対立から協力へ、敵対から友好へ。そのためには対話から始めなければいけません。岸田文雄首相の外交を見ると、軍事力での対応一辺倒であり、問題とされる相手国（仮想敵国）との対話が全くありません。これこそが、「戦争への道」なのです。軍事力に依存しない平和的手段については、国連憲章とその一歩先を行く日本国憲法の前文と9条に明記されています。これを実行することが、平和の国際秩序をつくることになります。これこそが、日本が行うべき平和に対する国際貢献なのです。

Ⅱ．「日米安保」神話

「日米安保条約」において「米国に日本防衛義務がある」と言われ、常識化しています。しかし、条文上は防衛するかしないかは米国連邦議会が決めることになっていて、**米国に日本防衛義務はありません**。つまり、これも、「原発安全神話」に匹敵するような、とんでもない「神話」なのです。「日米安保条約」は東西冷戦の産物であり、連合国軍の占領終了と同時に米国から日本へ「押しつけられた」ものです。東西冷戦の終焉とともに解消されるべきものでしたが、米国の軍事戦略に沿って強化されてきました。米国の喫緊の課題は、自らの覇権を維持するために中国を軍事的・経済的に封じ込めることです。

日本政府は、この戦略に従って米国の最前線基地の役割を担おうとしています。これは、地理的に見れば明らかなように、いまウクライナが北大西洋条約機構（North Atlantic Treaty Organization、以下ＮＡＴＯと記すこともあります）とロシアの狭間にあって戦場にされているように、米国と中国の狭間で日本が戦場にされるリスクを負うことを意味します。しかも、中国が「第一列島線」と称する防衛ライン（日本に端を発し沖縄から台湾、フィリピン、ボルネオ島に至る）を設け、米国もまたこれを攻防ラインと位置づけており、日本政府もすでにミサイル基地の建設を進めています。現段階は、米中冷戦さらには第3次世界大戦への危機を孕む情勢と言えるでしょう。日本防衛の義務を負っていない米国の本土と国民を守るために、日本が米国の最前線基地として戦場となり、日本の国土廃墟・焦土化と国民犠牲のリスクを負うことになります。自民・公明・維新・国民などの政党は、このようなリスクを自ら進んで国民に負わせようとしているのです。

それは、抑止力を高めれば、攻撃されないと思っているからでしょう。しかし、いくら抑止力（軍事力）を強大にしても絶対に戦争を回避できるとは言い切れません。もし戦争になれば、日本列島に逃げ場がないことを失念しているとしか思えません。

一方米国は、第一列島線での攻防が始まれば、第二列島線（日本に端を発し小笠原諸島からマリアナ諸島［サイパン・グアム］、パプアニューギニアに至る）まで退いて中国の消耗を待って反撃するという作戦です。このように米国の軍事戦略上では、日本の国土と国民が犠牲にされることは、明らかなのです。これ一つっても、「日米安保」体制が日本を守ってくれるということが「神話」に過ぎないことがわかると思います。そうであれば、米国にも中国にも覇権争いなど止めなさいと諫言し、両国が協調するよう仲介する外交こそが望まれるし、日本を危険に晒す「日米安保条約」は解消して「日米平和友好条約」へ切り換えるべきなのです。

Ⅲ.「憲法改正」神話

自民党からたたき台として提起されている憲法改定案は、次の4項目です。

①憲法9条の改定は、憲法改定の眼目です。内容は、Ⅰ.「安全保障」神話で述べるとおり、「平和への道」を閉ざして「戦争への道」を大きく広げるものです。また、Ⅱ.「日米安保」神話で述べるとおり、米国に従属した軍事同盟のもとで進めてきた「戦争する国づくり」を完成させるものです。自衛隊が米軍などと一体化・融合して戦争することになります。

②緊急事態条項は、地方自治体・企業・国民への強制的な戦争協力（「戦争への総動員体制」）に道を開く

ものです。しかも新型コロナウイルス感染対応で政府が、「自粛と補償は一体」に背を向けたことでわかるように、現行憲法で保証されている私有財産権の制限に対する「正当な補償」を否定するほか、「自由と基本的人権を制限」することになります。

③教育制度は、教育の充実という名目で、教育費の予算を餌に戦前同様の「教育の国家統制」への道を広げるものです。高等教育の無償化は、憲法上すでに国際的公約になっており、憲法に反して政府が実行を怠っているだけなのです。

④選挙制度は、最高裁判決で繰り返し違憲とされている「1票の格差」を放置して「合憲」とするもの、民意を歪める現状の反民主主義的な選挙制度を固定化しようとするものです。

以上のとおり、最大の眼目は、米国言いなりの戦争する国づくりにあり、そのために自由と基本的人権および民主主義の制限や教育の国家統制が目的となっています。つまり、憲法の「改悪」が事実であり、「改正」は神話です。マスメディアは、公正・公平な報道に徹するならば、「憲法改悪案」と呼ぶべきものなのです。

なお、大阪市で行われた住民投票を、安倍晋三首相（当時）が進める憲法改定の予行練習だと維新の会・橋下徹大阪市長（当時）が言いました。そこでやられたことは、虚偽情報を大量に宣伝することでした。この予行練習の実態を踏まえて、資金力にものを言わせてマスメディアを総動員した虚偽情報の大量宣伝が行われることを想定して、実際の国民投票に向けて、「憲法改悪案」の内容を事前にしっかり理解し、国民の間に普及しておくことが大切です。

Ⅳ．「憲法押しつけ」神話

自民党が結党以来主張してきたという「自主憲法」制定。(注)その主な根拠とされてきたのが、日本国憲法はＧＨＱ（連合国軍最高司令官総司令部）から「押しつけられた」ということ。しかし、これは事実ではありません。これも、米国の軍事戦略に沿って押しつけられた「再軍備」の実態に合わせて、憲法を改定するためにつくられた「神話」という方が妥当です。また、憲法改定の根拠にされる「一度も改定されていない古い憲法」ということにも根拠はありません。憲法98条には「確立された国際法規」を「誠実に遵守する」規定があるので、国連で定められた新たな人権規約などの条約を批准することで、永遠の若さを保てる憲法になっているのです。また、現行憲法は国際的に高い評価を得ています。逆に、2012年4月に纏められた自民党の『日本国憲法改正草案』は、憲法学者が130年以上前に制定された「大日本帝国憲法（明治憲法）」よりもひどい内容だと評価しています。憲法改定案4項目は、これが下敷きになっているのですから、その水準は同様のものです。

米国言いなりに再軍備を進めてきたため、これに合わせて解釈によって憲法を改めてきたことを歴史的に概観します。また、再軍備のための法令・条約などについても、国民を欺いて実体と異なる虚偽の仮装がされていることにも触れます。同時に平和を希求する国民の抵抗によって「戦争する国づくり」に一定の歯止めが掛けられてきたことも示し、その優れた意義をも見ておきます。一方、安倍晋三首相（当時）が、これらの歯止めをことごとく取り外してきました。このことによって、憲法が改悪されると、日本は米国の最前線基地として戦場になる危険が迫ることを確認します。あわせて、軍事同盟の強化は「戦争への道」であり、軍事同盟の解消こそが「平和への道」であることを確認します。そして当面は、国連憲章（「国連軍」という軍事的手段に依存）の遵守が、平和の国際秩序の構築にとって大切であることを示すとともに、究極的な平和の国際秩序は、憲法9条（「戦力不保持」という平和的手段に依存）を全世界へ拡げることで実現できることを示したいと思います。

以上が本書の構成です。みなさんが毎日の溢れるような情報の中に、常識のように蔓延する数々の「神話」を見つけ出して、その呪縛から解放される一助となれば幸いです。

（注）**自民党の「自主憲法」制定**

自民党が現在進めようとしている憲法改定の内容は、主権国家かと疑われるような従属的「日米安保条約」、植民地のような「地位協定」、これらをそのままにして米国への隷属を一層深めるものです。一方、1955年に自民党が掲げた内容は、真逆と言って良いものです。それは、事実上の米軍による占領状態が続いているもとで、駐留軍の撤退など日本の独立を実現しようというものでした。現在の自民党が、米国の言うとおりにして褒めてもらうという卑屈な姿勢であるのとは、全く異なっていたことを、かつての自民党の名誉のため補足しておきます。

1955年当時の憲法改定の趣旨を抜き書きしておきます。

政綱の六　「独立体制の整備」

「占領法制を再検討」

「国家の独立」

「国力と国情に相応した自衛軍備を整え、駐留外国軍隊の撤去に備える」

Ⅰ

「安全保障」神話

馬鹿と兵隊の会話　（中部高地ドイツの伝承寓話）

一人の馬鹿が道端に立って、槍や火縄銃を肩にかついだ一隊の軍勢が行進してくるのを見ていた。

兵隊がすぐそばを通りかかったとき、馬鹿はたずねた—

馬鹿—「みなさんは、いったい、どこからおいでですか」

兵隊—「平和からだ」

馬鹿—「どこへ行くのですか」

兵隊—「戦争へさ」

馬鹿—「戦争で何をするんですか」

兵隊—「敵を殺したり、敵の町を焼いたりするんだ」

馬鹿—「なぜ、そんなことをするのです」

兵隊—「平和をもたらすためにさ」

馬鹿—「はて、おかしなこともある、平和からやってきて戦争に行く、それも平和をつくるためにだと。なぜ、はじめの平和に止っていないんだろう」

（『死の商人』　岡倉古志郎著　岩波新書）

「米国の対中国・軍事・経済戦の最前線に立つ日本」

日本は今、米国本位の中国排除と対中戦の最前線に立たされつつある。
軍事面でも経済面でも。
もし対中戦が勃発すれば戦禍にさらされるのは米国ではない。
日本の国民と国土である。
中国の徹底排除で経済に破壊的ダメージを与えられるのは米国ではない。
日本の経済と企業である。
日本国民は、日本が米国の「踏み台」・「捨て駒」にされつつある
現実を見抜き、今、何としても
日本の中立・平和と経済、そして国民の命を守らなければならない。

（坂本雅子著　『経済』2022年6月号所収）

はじめに

どうして、戦争はなくならないのだろうか。冒頭に書かれた寓話は、馬鹿の言葉として「はて、おかしなこともある、平和からやってきて戦争に行く、それも平和をつくるためにだと。なぜ、はじめの平和に止っていないんだろう」と言わせています。**平和をつくるためと言って、戦争をつくりだしているのではないか、**という単純明快な問いかけです。

現在の私たちも、安全保障の名で戦争への道を歩み、逆に平和から遠ざかっているのではないか、このような気になります。それでは、「安全保障」とは何か、本当に平和をつくるものか、ということを考えてみることにしましょう。

いま私たちは、ロシアのウクライナ侵略を目の当たりにして、一方で、慌てふためいて「安全保障」のためには「抑止力の向上」しかない、として軍事同盟の拡大と軍備の増強へ突進しようとしている人々を見ています。あたかも「戦争への道」を突進しているように見えます。他方で、冷静にその違法性を指摘し、国連憲章と国際法を遵守させよう、「排除と敵対」でなく「包摂と対話」による「友好と協力」関係の構築こそが「平和への道」であるとして、「平和への道」を進もうと呼びかける人々をも見ています。

前者は第2の冷戦（米中冷戦）と第3次世界大戦を誘発する行動ではないかと危惧されます。後者には「法の支配」による平和の国際秩序をもたらす人類の叡智が込められていると思います。なお、人類の叡智が込められた最高傑作は日本国憲法9条だと思います。それゆえ憲法9条の死文化をねらう憲法改悪にも注意を払い、これを阻止する必要があります。

ロシアのウクライナ侵略は、どのような経緯と原因によって発生したのか。私は、その原因には４つの「神話」があると思います。これらの神話の呪縛から解放されることが、いま私たちに求められている、と考えています。

（１）「軍事同盟拡大・強化」「軍備増強」で安全が保障されるとする「**軍事力神話**」

（２）核兵器を保有すれば「抑止力」が高まり、攻撃されないという「**核抑止力神話**」

（３）領土拡大や国家主権侵害が否定された時代における時代錯誤の「**覇権主義神話**」

（４）「安全保障」や「防衛」名目の軍備増強による企業利潤拡大＝「**防衛産業神話**」

日本政府はいずれの神話をも信奉しています。このため、軍事同盟拡大・強化や軍備増強が戦争を誘発するという現実（法則性）から教訓を学ぶことなく「軍事力神話」に囚われて、米国の世界戦略に従って軍事的・経済的な中国包囲網を築くために、日米同盟に加え米・日・韓、米・日・豪・印（ＱＵＡＤ）、さらに北大西洋条約機構（ＮＡＴＯ）等との連携強化に積極的な役割を果たそうとしています。加えて、軍備増強を、米国が要求したＧＤＰ比２％以上を念頭において5年間で軍事費の2倍化を目指そうとしています。２％と聞くと小さく思えるかもしれませんが、年間で約11兆円、国家予算の1割の巨額にのぼります。

ところが、これを冷静に見れば、中国包囲網とは、地理的に見ると中国と米国の狭間に日本が位置するのですから、有事の際には日本がいまのウクライナと同じ状況に置かれる（戦場になる）ということです。いま日本領域に40カ所ものミサイル基地の設置計画が進行しているとのことです。相手国がこれらを第一の攻撃目標とすることは明瞭です。米国を守るために、その最前線基地・日本を戦場にするのが、この計画なのです。また、抑止力を高めるために「核共有」が必要だとする議論もあります。しかし、「核共有」というのは、米国に代わって日本が米国の保有する核兵器で他国を攻撃すること（核攻撃の下請け）です。相手国は、核兵器には核兵器で対応してくるでしょう。それは、日本がこの核攻撃という非人道的な役割を担いながら、核反撃によって甚大な惨害をもたらされる危険な位置に立つことを意味します。つまり、ミサイル基地を設置したり、「核共有」をしたりすることは、日本を「**アメリカ様を撃つなら、私を撃って！**」と身を挺する悲劇のヒロインにするようなものなのです。

日本政府の「米国の核の傘に入っていれば、攻撃を受けることはない」という「核抑止力神話」に囚われた思考停止あるいは惰性的思考によって、日本の国土と国民に計り知れない大きな危険をもたらすことが懸念されます。そもそも日本は、攻撃されれば、脆弱な国なのです。なぜなら、日本には多数の原子力発電所があり、ミサイルで攻撃されれば、核弾頭がなくとも核爆発による破滅的な被害を受けます。石油コンビナートを攻撃されれば、大規模な火災と毒ガスなどによる惨害がもたらされるでしょう。日本政府は「列島線防衛」と称して沖縄や南西諸島を意識してミサイル基地の配備を進めていますが、いざ戦争という場合には、指令機能中枢を保有している東京など人口密度の高い本州も攻撃されることを全く考慮していないように思われます。もし、そうでないと言うのならば、**決して攻撃されないような外交努力こそが大切**なのです。外交の背景に軍事力がなければいけないというのであれば、その軍事力が相手国に脅威を与えて軍事力で対抗しようという意思をつくりだす「戦争の源」だという理解が欠けているのではないでしょうか。これまでは、日本政府は「専守防衛」を国是として、他国に軍事的脅威を与えないように配慮してきました（少なくとも建前としては）。しかし、いまやこれを実質的に（看板は「専守防衛」のまま）放棄しています。これによって安全保障環境を一層悪化させることには全く無頓着のように見えます。つまり、「軍事力神話」の呪縛に陥っています。私たちは、日本政府が信奉する「軍事力神話」「核抑止力神話」の呪縛から解かれ、そして日本政府の政策を変更させることが大切だと思います。もし、政府が政策を変更しないなら、政府を変えるしかないのです。

また、米国・中国・ロシアなどの大国が目指す覇権は、国連憲章に示された国家主権と領土保全の尊重に反する時代遅れの思想であり、歴史を1世紀も前に戻すことです。このようなことを許してはいけません。外交によって国連憲章の遵守を徹底し、「覇権主義神話」を世界から葬り去ることが求められます。超大国や大国が軍事力を背景に小国を支配・抑圧する世界など過去のものとして葬り去るよう外交努力することが必要です。第2次世界大戦の中で、この「領土不拡大」の大義を世界に示すことで世界の諸国が「連合国」として結集し日・独・伊三国同盟に勝利したのです。[注1] しかし、その精神は徹底されていません。その実例が日本の「北方領土問題」でもあるのです。そうであるならば、いまこそこの原則を徹底していくべきです。覇権主義を信奉する米国、ロシア、中国などに対して、日本政府が、そんな古くて間違った考えを止めなさい、と説得する外交努力が大切です。国際連合憲章を遵守することを、国連加盟国に（大国であれ、小国であれ）求めることは当然のことだからです。[注2] このためには、軍事力で敵対するのではなくて対話することから始めることが大切です。

さらに、私たちの日常生活にも目を向けることが大切です。軍備増強は、軍需産業の利潤拡大の手段となっています。しかし、これらは「防衛」や「安全保障」の名で進められており、軍需産業があたかも国民を守るためのものという「防衛産業神話」が産み出されています。そこには企業における雇用の問題も出てきます。武器は使われれば人を殺傷するものですが、これを「防衛」「安全保障」のためのもの、と言われるとそう思い込みたくなるものです。しかし、私たち一人ひとりが企業における武器製造への協力を拒否できるか、どうかが問われています。なぜなら、米国からの兵器の爆買いに対して国内軍需産業からも調達要求が高まっており、学問・研究分野の予算を使った軍事研究への誘導も図られるなど、軍事国家化が急速に強まっているからです。戦争の準備だと知りながら、企業の雇用を維持したい、あるいは大学の研究を維持・継続したいという理由で、「戦争への道」を拒否できなければ、戦前の二の舞となることは明瞭だからです。私たちは、何らかの仕事を通じて生活の糧を得ています。その仕事がなくなれば、生活ができなくなるという恐怖が付き纏います。しかし、私たちの仕事の現場で「戦争への道」を拒否することができなければ、戦争はなくなりません。武器の研究・開発・製造が、その消費である戦争（大量殺人・資源破壊）を産み出しているのが、現実だからです。

「戦争への道」を拒否することは、難しいことでしょうか。そうではありません。雇用を失い生活ができなくなる恐怖は、政治のあり方を変えさえすれば、なくせるものです。いまの政府は、企業・団体献金を通じて、軍需産業など経済界によって支配されています。ですから、企業・団体献金を受け取らない政党を選挙で選べばよいだけなのです。そもそも戦争をしないつもりなら、武器をつくる浪費をなくせます。その分生活を豊かにすることを研究・開発し製造することもできます。あるいは、その分の労働時間を減らし余暇に充てることもできるのです。国家が武器を購入するのは税金によってですから、納める税金を減らすこともできます。あるいは、その分の税金を社会保障などに回すこともできます。さらに言えば、世界から戦争の原因の一つである貧困や飢餓をなくす「積極的平和」構築の資金に充当することもできます。このことによって、将来の「戦争」は回避できるのです。

以上を纏めていえば、次のとおりです。日本政府は、本来であれば、米国に対しても中国に対しても、軍事力増強は止めなさい、もちろん核兵器は廃絶しよう、軍備を縮小して国際的緊張を緩和しよう、と呼びかけるべきなのです。国民の幸福にとって何の意味もない国家間の威勢を張る競争ではなく、両国民の福祉増進のための協力こそが大切だと説くことこそが必要なのです。ところが、いまの政府は、米国に従属して軍事一辺倒の政策しか採っていませんし、米国からの武器の爆買いに加えて、財界の要求に応えて国内軍需産業の利潤追求を応援しようとしています。いまの政府は、世界から核兵器をなくす『核兵器禁止条約』が発効しても、米国に忖度して批准しようとしません。いまの政府の危険な政策から逃れるためには、まず私たちが神話の呪縛から解放されなければなりません。そして、平和への道を進む政策を実行する政府へ変えることから始めなければなりません。そのためには、外国からの干渉を受けない自主・独立の政党、企業・団体から賄賂を受け取らない政党を国政選挙で選べばよいだけなのです。

それでは、これからは、先に挙げた4つの神話を1つずつ解明していきましょう。

（注1）**大西洋憲章**

（1941年8月14日大西洋上にて署名：米国大統領ローズベルト、英国総理大臣チャーチル）

一、両国は領土的その他の増大を求めず

二、両国は関係国民の自由に表明せる希望と一致せざる領土的変更の行われることを欲せず

三、…両国は主権及び自治を強奪せられたる者に主権及び自治が返還せられることを希望す

（注2）**国連憲章第2条**

1項　この機構は、そのすべての加盟国の主権平等の原則に基礎をおいている。

4項　すべての加盟国は、その国際関係において、武力による威嚇又は武力の行使を、いかなる国の領土保全又は政治的独立に対するものも、また、国際連合の目的と両立しない他のいかなる方法によるものも慎まなければならない。

▼コラム1『米中対立（軍事面）―「列島線防衛」』、▼コラム2『米中対立（経済面）―「貿易統制・経済封鎖」』、▼コラム3『安全保障3文書』を参照ください。

1.「戦争反対！」に2つの潮流

(1) ロシアのウクライナ侵略

2022年2月24日早朝、ロシアのプーチン大統領は、国連憲章51条（自衛権）に基づき、2月22日に連邦議会が批准したドネツクおよびルガンスク人民共和国との友好相互援助条約に基づき、「特別軍事作戦」を実施することを決定した、と宣言しました。ウクライナの首都キーウ（キエフ）からは現地時間午前5時過ぎに爆撃が始まり、爆発音が市の全域を突き抜けていると伝えられました。その後テレビ映像での戦禍を観ていると、国連があるのになぜ戦争をすぐに止めさせ、ロシア軍を撤退させることができないのか、と歯痒い思いをし、国連は無力だ、頼りにならないと言われると、そうだなと合点しそうになります。でも、それは本当でしょうか。米国バイデン大統領は「民主主義と専制主義のたたかい」、日本の岸田文雄首相は「自由、民主主義、法の支配」の「価値観を共有するG7主導の秩序回復」と言って、ロシアを非難し、経済制裁を強め、ウクライナへの軍事支援を進めています。他方、国連は、ロシアの行為は**国連憲章違反**（注）であり、**国際人道法違反**（注）である、と指摘します。国連加盟国は現在１９３カ国です。そのうち１４０を超える国々がこの指摘に基づき、ロシアは戦争をすぐに止めて、ウクライナから撤退せよと求めています。

大多数の諸国民は、戦争の惨禍と非人道性を目の当たりにして、戦争をすぐに止めよという気持ちを抱いていると思います。一方で、国際政治においては、いま述べたように戦争反対と言っても、基本的考え方で２つの異なる潮流があることに気づきます。どちらが正しい主張かを見極めることが、いま私たち一人ひとりに問われています。なぜなら、平和の国際秩序をつくることができるか、それとも戦争が絶え間なく起きる世界を放置するのかという選択に外ならないからです。同時に主権者である国民が戦争に反対するならば、その意思によって、戦争する「政府」の手を縛る具体的な行動へ結びつけることが必要になります。**戦争は政府の意思によって行われ、犠牲になるのは常に国民**だということが、万古不易の真理だからです。

（注）**国連憲章違反**

①国連憲章２条３項「紛争の平和的解決義務」に違反

「すべての加盟国は、その国際紛争を平和的手段によって国際の平和及び安全並びに正義を危くしないように解決しなければならない」

②国連憲章２条４項「武力行使禁止原則」に違反

「すべての加盟国は、その国際関係において、武力による威嚇又は武力の行使を、いかなる国の領土保全又は政治的独立に対するものも、また、国際連合の目的と両立しない他のいかなる方法によるものも慎まなければならない」

国際人道法違反
①「区分原則（軍事目標と非軍事目標を区分して、攻撃できるのは軍事目標だけという原則）」に違反〈民間の施設や民間人への攻撃〉
②「医療組織への特別の保護義務」に違反〈病院等への攻撃〉
③「危険な力を内蔵する工作物および施設への攻撃の禁止」に違反〈原子力発電所等への攻撃〉

（2）戦争反対の2つの潮流

さて、国際政治において戦争反対を主張する基本的な考え方には2つの潮流がある、と言いました。それは、ロシアのウクライナ侵略の原因の見方、戦争を止めさせる根拠・大義の相違によるものです。1つの潮流は、戦争の原因をあたかも政治体制（専制主義、民主主義などの相違）や価値観（自由、民主主義、法の支配などの相違）によるものとみなして、同じ政治体制と価値観の勢力を結集した「力」によって戦争停止を求めようとするものです。もう1つの潮流は、ひとまず原因は措いて、国連憲章や国際法の遵守（「法の支配」）によって戦争停止を求めるものです。なぜこのように2つの潮流が現れたかを探る前に、基本的な見方を提示しておきます。

いったん戦争から離れてみた方が、わかりやすいでしょう。例えば、泥棒をした人は、刑法に基づいて裁かれます。その泥棒がどのような出自か、どのような価値観を持っているかは関係ありません。ただし、なぜ泥棒をしたのか、その原因は究明されるべきです。なぜならば、原因に対する適切な再発防止対策が、社会には求められるからです。この例と比較して見れば、第1の潮流が、「法の支配」という価値観の共有を装いながら、「刑法」によって裁こうというのでなく、「出自や価値観」が問題であるかのような取り上げ方をして、同じ政治体制と価値観の勢力を結集した「力」で裁こうとしています。これに対して、第2の潮流は、「刑法」に照らして泥棒という行為を非難するやり方で、国連憲章や国際法の遵守（「法の支配」）の徹底を図ろうとしています。

それではまず、国家間の戦争に関して、なぜこのような2つの潮流がいま現れているのでしょうか。いま起きていることだけに目を奪われるとわかり難いかもしれません。しかし、歴史を辿ってみるとわかってくるのです。実は、米国も旧ソ連も今回のロシアと同じように国連憲章や国際法で禁じられている武力による干渉や侵略戦争を繰り返してきました。それだけではありません、近い将来再び同じように侵略戦争を起こすかもしれません。米国が「アメリカ・ファースト」を追求するのであれば、これまでの覇権主義を改めることなく、固執するでしょうし、現にそうしています。ですから、米国の「国益」（これは、「国民の利益」ではなく、政府の背後にある「軍需産業も含む経済界の利益」を意味します）が最重要視されて、国際連合さえ無視されてきたのです。したがって、これから自ら侵犯することになるかもしれない国連憲章や国際法を守れとは、自ら進んで主張したがらないのです。米国に忖度する日本政府も同様です。つまり、日本政府は口先では「法の支配」と言いながら、実際には国連憲章と国際法を遵守することよりも「国益（＝米国追随）」を優先するのです。

一方、世界の流れは、本当の「法の支配」を世界に拡げる方向にあります。第1次世界大戦後に国際連盟が設立され、第2次世界大戦後には国際連合が設立されたのは、この動きの最たるものです。そしていま、国際連合は超大国が牛耳る時代から民主主義によって運営される時代へと変化しつつあります。国連憲章と国際法を遵守せよ、という声が広がり、高まりつつあるのです。そして、この動きを促進することは、中国など新たな覇権主義国家が同様の過ちを犯すことを阻止する上で、非常に重要なことなのです。

(3) 2つの潮流がもたらすもの

それでは、この2つの潮流の主張は、結果として何をもたらすでしょうか。1つ目の政治体制や価値観の相違を根拠にする潮流は、もうすでに始めていますが、「軍事同盟の拡大・強化」と「軍備の増強」です。これは、後で見るように今回のロシアのウクライナ侵略から導き出される、「**軍事力による脅威が戦争を誘発する**」などの教訓に反し、新たな戦争の火種を残すだけでなく、その火種を大きくしていくことにつながるのです。2つ目の国連憲章と国際法の遵守を根拠にする潮流は、「法の支配」によって「平和の国際秩序」を強固にする道を進むことになるでしょう。そして、それは後で見るように、軍事力で平和をつくれるとする「安全保障神話」の呪縛から人類を解放すること、すなわち、日本国憲法・前文と9条を世界の現実にすることへつながるのです。

ところで、国連は無力だとする意見がありますが、これは、妥当なものでしょうか。国連が本来の機能を十全に発揮しているかと問われれば、答えは否です。誰の目にもそう見えないことでしょう。しかし、どの国が国連の機能を阻害し、無力にしてきたのかと問われれば、その咎が米国と旧ソ連・ロシア等の超大国であったことは、誰の目にも明らかです。他方で、近年このような超大国（軍事大国）であっても、国連憲章や国際法に違反すれば、厳しく非難されるようになりました。今回のロシアのように常任理事国でさえ、国連総会で非難決議がなされ、経済制裁などを受けるという状況変化が生まれてきたのです。だからこそ、ロシアのウクライナ侵略を政治体制や価値観を共有する諸国の結束によって終結させるだけに留めるのか、それとも国連憲章と国際法に基づいて、すなわち「法の支配」によって終結させて、平和の国際秩序を構築していくのか、この選択がいま問われているのです。

これは将来の世界平和を築く上で重要な分岐点になります。なぜなら、前者であれば、「法の支配」は口先だけの有名無実のものとなり、政治体制や価値観の相違などを口実にして、物事を軍事力で片づける悪習を引き摺り、戦争の火種を残したままになります。一方、後者であれば、国際社会において国連憲章や国際法の遵守が当然のこととして受け入れられるようになり、違反国を生まない方向へ、すなわち**「法の支配」が貫徹する方向**へ向かえるからです。なお、現状はこの２つの潮流が併存したままです。これは、選択すべき第２の潮流が、第１の潮流によりその機能を弱められていることでもあります。国連１９３カ国中、ロシアを非難し、即時撤退を求める国連決議に際して、１４０カ国余が賛成、５カ国が反対、50カ国弱が棄権となりました。国連憲章違反の行為ですから、ロシアを除くすべての国が賛成しないとおかしいのですが、そうなっていません。また、経済制裁に参加している国も40カ国程度です。これは、国際政治の分断状況を表していると思います。その原因は、第１の潮流が米国を中心に軍事力による勢力争いをしてきたことにある、と筆者には思われます。

▼コラム４『「憲法９条無力」神話』、▼コラム５『「国連無力」神話』を参照ください。

2. 何を教訓とすべきか？

（1）欧州の安全保障体制

ロシアのウクライナへの侵略が国連憲章や国際法に違反するものだということは、わかりますが、なぜロシアはこのような行動をとったのでしょうか。その理由と原因は何だったのでしょうか。これは、世界の平和を守るために何が求められるのかを明らかにするために必要な問いです。この理由と原因を探るためには、欧州と旧ソ連・ロシアにおける安全保障の歴史を遡ってみることが必要です。

①第1次・第2次世界大戦

19世紀後半に顕著になった、「帝国主義」の時代。資本主義列強は、植民地や勢力圏拡大をはかる膨張政策によって、19世紀末には軍備を増強し「世界政策」を掲げる列強間の抗争が激化しました。20世紀の初め、ヨーロッパではドイツ・オーストリア・イタリアの「三国同盟」とイギリス・フランス・ロシアの「三国協商」が対立していました。そんな中の1914年に第1次世界大戦が勃発します。オーストリア皇太子夫妻が暗殺されるという事件が起きました。そして、これが世界大戦の発火点となったのです。両陣営合計で、戦死者（軍人・民間人合計）は1、466万人、傷病兵は2、122万人にも上りました。なぜ1つの暗殺事件でこのような世界規模の戦争になったのでしょうか。その鍵は、「軍事同盟」にあります。

オーストリア皇太子夫妻を暗殺したのは、セルビア人でした。オーストリアはドイツの支持を得てセルビアに宣戦布告しました。そうすると、ロシアがセルビア側にたって参戦しました。でも「三国同盟」と「三国協商」とでせいぜい6カ国間の戦争かと思うと間違います。実際には、次から次へと参戦して、三国同盟側は4カ国、三国協商側27カ国、合計31カ国間の戦争となりました。例えば、イギリス帝国の同盟国であった大日本帝国（日本）までもが参戦したからです。なお、この31カ国は、現時点の国家に当てはめると約50カ国に達するとのことです。

この世界規模の大惨事を目の当たりにして、世界の人々は、どうしたら戦争を止めることができるのか探求します。そして、国際連盟を設立し、「**集団安全保障**」の仕組みや「**戦争違法化**」の取組みがなされました。しかし、帝国主義国として牙をむき始めた大日本帝国（日本）が、1931年9月に満州事変を起こし、翌年「満州国」をつくります。これを国際連盟に非難されると、国際連盟から脱退するなど無法な行動を繰り広げることになります(注)。

アジアでは、1931年に日本が中国侵略の口火を切り、ヨーロッパでは、1939年にドイツとソ連がポーランドの侵略で口火を切って、第2次世界大戦が始まります。ドイツのナチス・ヒットラーは、なかなかの慧眼を持っており、スターリンが指導者になってからのソ連がもはや共産主義を止めたと見抜いて、ドイツとソ連と日本の3国でヨーロッパとアジア全域を3分割する案を提示してソ連を油断させます。そして、ドイツとソ連の2国でポーランドを侵略する一方、時機を伺いソ連侵略に乗り出すのです（なお、ソ連が共産主義ならば、その思想・運動の原則によれば、他国領土の分割や侵略などするはずがないのです。しかし、当時の指導者・スターリンは粛清という名目で自分に対立する共産主義者をすでに大量に殺害していました）。このようなヒットラーの隠した意図を日本は知らずに、ソ連と中立条約を結びます。そして、終戦間際にはソ連に停戦の仲介をしてもらおうとします。日本の同盟国ドイツがソ連を侵略したのですから、日ソ中立条約はその時点で反故になったようなものです。しかも、日本政府はソ連に停戦の仲介を依頼しようとしただけでなく、在満州日本人をソ連で使って欲しいと依頼することによって、あの苛酷なシベリア抑留の人々をつくりだしたのです（スターリンの指示によってドイツ人捕虜がすでに国際法に違反する強制労働に就かされている情報を得ていたと思われるのに）。日独伊三国同盟のドイツがソ連を侵略していることを放置しながら、ソ連に停戦の仲介を依頼する、また、中国から奪った土地に満州開拓民を置き去りにする際に、中国ではなくソ連に依頼するなど、なんと能天気なことだったのでしょうか。

さて、このようにして第2次世界大戦でも、第1次世界大戦を大きく上回る犠牲者を出して終結します。戦死者（軍人・民間人合計）は5、473万人、傷病兵は1、026万人にも上りました。これも「軍事同盟」のなせる業です。さらには新たに開発された大量殺戮兵器である原子爆弾や航空機による無差別爆弾投下によるものです。

なお、日本は1951年9月に連合国の一部と平和条約（サンフランシスコ講和条約）を締結します。これを見ると、連合国の数は47カ国に上ります。この中には連合国を構成したソ連や中国、植民地化していた朝鮮などが含まれていません。**日本が敵に回した国々が50カ国を超える**ということに改めて驚きます。

（注）**満州事変から国際連盟脱退へ**

1931年9月18日、中国の東北地方の中心都市・奉天（現在の瀋陽）郊外の柳条湖で、南満洲鉄道の線路を関東軍が爆破し、これを中国軍のしわざとして交戦を開始して、関東軍がほぼ満州の全域を制圧します。

また、同様の謀略事件で上海事件を起こし、満州から目をそらしておいて、1932年に傀儡国家・「満州国」をつくりました。国際連合はリットン調査団を中国に派遣し、その調査結果に基づき、国際連盟総会では、中国の統治権を承認し、日本軍の撤退を求める報告案に対して、賛成42、反対1、棄権1という各国の意思が示されました。反対票を投じた松岡洋右ほか日本代表団は議場から退場。後日、国際連盟に脱退を通告しました。なお、外務大臣・松岡洋右は、岸信介元首相の叔父にあたります。後に見るように、この血族―松岡洋右、岸信介、佐藤栄作、安倍晋三、岸信夫は、日本の外交にとって、とんでもない悪影響をもたらしたことにも注意が必要です。

▼コラム6「満州国建国之碑」、▼コラム7「自民党の政治とカネの系譜」を参照ください。

②東西冷戦（米ソ冷戦）

第2次世界大戦の終結を迎えようとしていた時期に、これまで日・独・伊三国同盟に対抗して、英国・チャーチル、ソ連・スターリンとともに連合国を指導してきた米国・ルーズベルト大統領が死去します。1945年4月にトルーマン副大統領が大統領に昇格しますが、彼は外交には全く未経験で側近に頼ることが多かったうえ、小心者のため虚勢を張って、決断力を誇示しようとし、ためらいを見せずに政策決定を行ったといわれます。このため、ルーズベルトが採ってきたソ連との協調路線を捨て、ソ連との対決を外交の中心としてしまいました。

その発端となり、米国の冷戦政策を主導したのは、外交官のジョージ・ケナンです（以下の引用は『オリバーストーンが語るもうひとつのアメリカ史』、早川書房）。かれは「共産党のイデオロギーとソ連の行動は、ソ連指導者の究極的な目標が世界制覇であることを如実に示している」という誤った分析の上に、「ソ連が世界制覇を狙っていると強調し、ソ連の粉砕とアメリカの覇権の維持を目標に据えて、ソ連の膨張に対する『封じ込め』計画を提示した」のです。そして、これが両国の核兵器の軍備拡大競争へつながるのです。しかし、その後これが全くの誤りだと気づきます。「スターリンには、…世界支配を目指す意思もなければ、その手段もない」、むしろ「われわれが政策や公式声明で軍事色を強め過ぎたことが、アメリカは戦争を企てているとモスクワ［ソ連政府のこと］が考える一因となっている」と。つまり、**米国の武力による威嚇が、ソ連に脅威を与えてしまった**というのです。

ジョージ・ケナンは「スターリンには、…世界支配を目指す意思もなければ、その手段もない」ということにもっと早く気づかなければいけませんでした。冷静に事実を見れば、「共産主義の究極的な目標が世界制覇である」という共産主義に対する全くの誤解を前提にしても、ヒットラーが見抜いていたように、スターリンが指導者になってからのソ連がもはや共産主義を止めていたこと、また、第2次世界大戦の被害が、ソ連では、総戦死者数2、132万人、傷病兵500万人と交戦国全体の4割も占める最大の被害国であり、戦後復興に取り組むことで精一杯なことは明らかだったのです。

そしてジョージ・ケナンは、新たな認識に基づき「水素爆弾の開発に猛反対する人々のひとり」として、「ソ連が核兵器の包括的な制限協定を結ぶ用意ができていると考え、むしろその道を進むよう…進言した」ということです。しかし、米国政府はこれを受け入れることがなかったので、ジョージ・ケナンは「その後、自分の言葉がソ連に対する軍事的対応の根拠として解釈されたことを長く悩むことになった」また、「アメリカの政策がますます軍国主義の色を強めていくことに嫌気がさし」「国務省政策企画室長の職を退いてしまった」ということです。

要するに、ジョージ・ケナンの事実に基づかない観念的な情勢認識と愛国心の熱病に浮かされたかのようなソ連『封じ込め』の提案が、「東西冷戦」をもたらしたのです。歴史に、「もし」はないと言われますが、ソ連の実情をよく知るルーズベルト大統領がもう少し長生きしておれば、ジョージ・ケナンの誤った情勢認識を見抜いて、「東西冷戦」は起きなかったのではないか、と惜しまれます。

▼コラム８「東西冷戦と日本政治の歪み」、▼コラム９「共産主義とは何か？」を参照ください。

　このようにして、トルーマン大統領のもとで東西冷戦がはじまります。そして、１９４９年にソ連を仮想敵国とする軍事同盟である**北大西洋条約機構**（ＮＡＴＯ）が米国を中心に12カ国で結成されます。その後、ソ連の崩壊までに４カ国追加されて16カ国となりました。一方、１９５５年、ソ連は東欧諸国７カ国との軍事同盟である**ワルシャワ条約機構**（ＷＰＯ）を結成し、ＮＡＴＯに対抗することになります。しかし、この対立関係・冷戦構造は、ソ連の崩壊によって終結を迎えます。普通に考えれば、仮想敵国であるソ連が崩壊したのですから、これに対抗する軍事同盟であるＮＡＴＯは無用の存在になると思われます。そして実際にＮＡＴＯは、１９９０年７月に「我々はもはや敵対者ではないことを厳かに宣言し、いかなる国家の領土保全と政治的独立に対しても武力による威嚇あるいは武力の行使、また国連憲章の目的と原則および**全欧州安全保障協力会議**（CSCE）**最終文書**[注]と両立しないいかなる形の行為も慎む」との共同宣言を提案。これを受けて１９９１年３月にワルシャワ条約機構（ＷＰＯ）が解体されました。ところが、ＮＡＴＯは同年11月の首脳会議で、「欧州戦線全体に対する同時的全面攻撃の脅威は取り去られ、もはや同盟戦略の焦点ではない」と宣言したものの、**条約区域外の安全保障関与を新たな任務**にさだめました。すなわち、軍事同盟を残し、軍事的介入先・新たな敵を見つけだすことにしたのです。

（注）全欧州安全保障協力会議（CSCE）最終文書

ＣＳＣＥは、米国のベトナム侵略戦争終結を機に、１９７５年ヘルシンキにおいて米国、ソ連を含む東西35カ国で設立されました。１９７５年７〜８月、フィンランドのヘルシンキにおいて開催されたＣＳＣＥで採択された最終の合意文書のことです。「ヘルシンキ宣言」とも呼ばれます。

「ヘルシンキ宣言」は、国家主権の尊重、武力不行使、国境の不可侵、領土保全、紛争の平和的解決、内政不干渉、人権と諸自由の尊重などの原則、信頼醸成措置の促進などの安全保障や技術協力などの推進を掲げ、冷戦時代の東西対話に大いに役割を果たしました。その後、１９９５年、欧州安全保障協力機構（ＯＳＣＥ）と改称。57カ国が加盟しています。

③東西冷戦の終焉と欧州安全保障の失敗

１９９１年11月のＮＡＴＯ首脳会議では、東欧５カ国、バルト３国およびソ連に年１回の閣僚レベル会議を提案し、同年12月、ＮＡＴＯ本部で全対象国外相参加の会議がもたれます。このとき、エリツィン・ロシア大統領がモスクワからＮＡＴＯ加盟要請発言をします。ＮＡＴＯ側は「申請しているとは認識していない」と反応しました。ロシアのＮＡＴＯ加盟要請を無視したのです。しかし、これも歴史に「もし」はないと言われますが、もし、ロシアがこのときＮＡＴＯに加盟していれば、ロシアは仮想敵国でなくなり、ＮＡＴＯは存続の意義を失って消滅していた可能性も否定できません。もしそうであったら、今回のロシアによるウクライナ侵略の原因がなくなっていたかもしれません。

さて、１９９７年５月、ＮＡＴＯ・ロシア基本文書において「お互いを敵とはみなさない」ことを確認し、ＮＡＴＯは「新規加盟国の領土に核兵器を配備する意思、計画を持たず、理由もないことを確認する」とし

2．何を教訓とすべきか？

ました。しかし、歴史は異なる方向へ動きました。NATOとロシアの合同常設理事会があったものの、NATOは集団安全保障問題やNATOの拡大問題など、NATOの戦略的重要問題については、ロシアを蚊帳の外においてNATO理事会で討議したのです。その後ポーランド、チェコへのミサイル防衛システム配備問題などで、NATO・ロシアの関係は悪化しました。さらにNATOは、ロシアの懸念に逆らうように、東欧・中欧の諸国の加盟を進めました。2008年4月、NATOは「ウクライナ及びグルジアのNATO加盟という欧州・大西洋的願望を歓迎する。我々は本日、これらの国がNATO加盟国となるであろうことに、合意した」と宣言。NATOの「新規加盟国の領土に核兵器を配備する意思、計画を持たず、理由もないことを確認する」との宣言は反故にされ、ロシアと隣接する**ウクライナにミサイルが配備される危険**が迫ってきたのです。ロシアが、これを脅威と感じることは自然です。なぜなら、人類は、核戦争寸前にまで至った「キューバ危機」を覚えているからです。

1962年10月、ソ連がキューバに核兵器ミサイル基地建設を開始しましたが、米国がこれを発見し、海上封鎖しました。一触即発、あわや第3次世界大戦の勃発かと世界中の人々が肝を冷やした事件でした。日本・沖縄の米軍基地でも核戦争の準備がされたのです。結局は、米国のケネディ大統領もソ連のフルシチョフ首相も核戦争という最悪のシナリオに恐怖し、「トルコにある米国のミサイル基地を撤去すれば、キューバのミサイル基地も撤去しよう」というソ連側の申し出をケネディ大統領が承諾し、核戦争という最悪の事態は避けることができました。

つまり、米国もいわば喉元に核ミサイルを突き付けられ、脅威を覚えて核戦争のボタンを押しかねない状況に追い込まれた、ということです。今回のロシアの状況は、ちょうどこのキューバ危機での立場を逆にした状況なのです。ですから、米国内の識者の間でも、ロシアがウクライナのＮＡＴＯ加盟を阻止するために、何らかの行動を起こすように追い込まれる、との危惧の念が示されていたのです。

こうした中で、２０１４年３月にロシアがウクライナのクリミアを併合。同年４月には、ウクライナ東部ドネツク、ルガンスクで親ロシア派勢力が独立共和国を宣言。軍事介入したロシアとウクライナ政府との間で戦闘が激化しました。プーチン大統領が、この戦闘による犠牲者をウクライナによるロシア系住民の「ジェノサイド」と主張するものです。国連の推計では２０１４年～２０２２年の８年間で死者１４、２００～１４、４００人、民間人を含む負傷者３９、０００人ということです。

以上見てきたように、欧州安全保障協力機構（ＯＳＣＥ）やＮＡＴＯ・ロシア常設合同理事会、ＮＡＴＯ・ロシア理事会など安全保障問題を協議する場がつくられたものの、外部に仮想敵国を想定し、核兵器を中心とする軍事力による抑止に基礎を置いた排他的な軍事同盟を「安全保障」であると位置づける限りは、ＮＡＴＯの枠外におかれたロシアとの関係は疑心暗鬼を伴うものにならざるをえず、結局は地域全体の平和秩序をつくることに失敗したのです。

(2) ロシアのウクライナ侵略の原因

①「勢力均衡神話」

もともと「軍事同盟」は、仮想敵国の軍事力に対して、自国が同等以上の軍事力を持っていれば、攻撃されることはないという論理に基づいて結成されます。つまり、勢力（軍事力）が均衡していれば攻撃されることはないので、安心・安全だということです。しかし、仮想敵国が同等以上の軍事力を持とうとすれば、自国もさらに軍事力を増強するか、あるいは同盟国を増やして同等以上の軍事力を持とうとします。つまり、「勢力均衡」というのは、軍備拡大のエスカレーションを招き、例外的・一時的に「勢力均衡」することはあっても、常に「勢力均衡」が保たれない状況にあるのです。したがって、「勢力均衡」による戦争のない状態というのは、現実にはほとんどありえない状態を目標にしていることになります。また、仮想敵国が軍事力を増強していると聞けば、その前の有利な状況で攻撃した方がいいという判断も出てきます。あるいは、相手国の軍事力の目算誤りも出てきます。非常に不安定な緊張関係がつくられると同時に双方の軍事力・破壊力が拡大することだけは、確実なことです。

「勢力均衡」を求めて軍事同盟の結成に走った結果、第1次および第2次の「世界大戦」を招いた、ということも重要な事実でしょう。発端が2国間の戦争であっても、あっという間に複数の同盟国を巻き込んでしまうからです。この歴史に学んで、国際連合は「**集団安全保障体制**」の仕組みをつくりました。そうであれば本来は、同盟国をつくる「集団的自衛権」を認めるべきではありませんでした。なぜなら、「集団安全保障体制」は侵略国が現れた場合には、他の国連加盟国全体で（「経済制裁」や「国連軍」により）防衛する仕組みですから、それで十分なのです。しかし、国連憲章草案の段階では、そうなっていたにもかかわらず、「個別的自衛権」に加えて米国の要請にソ連も同意して「集団的自衛権」まで認めたのです。このことによって、「集団安全保障体制」が機能しなくなっています。ただし、国連憲章では、これらの「自衛権」を行使できるのは、国連が関与するまでの間だけしか認められないことになっています。

さて、ソ連の崩壊によって東西冷戦は終焉しました。ソ連という仮想敵国がなくなったらＮＡＴＯは解消されてもよいと思われますが、先に見たとおりＮＡＴＯは存続し、新しい活動分野（紛争への介入、戦争）

を探します。米国が新しい敵をつくりだし、「悪の枢軸」とか「ならず者国家」と名付けて、イラン、イラク、リビア、北朝鮮などを仮想敵国としたのと同じように。

なお、具体的にＮＡＴＯとロシアの関係を見ると、次のとおりです。東西冷戦の終焉後にＮＡＴＯ加盟国はウクライナ侵略前には14カ国増えて30カ国になっています。旧ソ連の衛星国だった東欧諸国からも旧ソ連からの独立国からも加盟国が続出したからです。そして、ロシアはＮＡＴＯから１９９７年に「お互いを敵とはみなさない」「新規加盟国の領土に核兵器を配備する意思、計画を持たず、理由もないことを確認する」と宣言されたものの、「仮想敵国」から外されなかったことは確かです。しかも、ＮＡＴＯはロシアを包囲するように東方へ拡大していきました。この結果は明らかです。ロシアはＮＡＴＯに軍事的脅威を覚えていました。そして、隣国ウクライナも加盟すれば、核弾頭を搭載できる中距離ミサイルが配置されるかもしれません。これが脅威を増幅したであろうことは容易に想像できることです。そこで、ロシアが先手を取って侵攻することになったと観ることができます。つまり、ＮＡＴＯという軍事同盟の「**武力による威嚇**」が、ロシアへ脅威を与えて**ウクライナ侵略戦争を誘発**したのではないでしょうか。

国連憲章は、武力による威嚇や武力の行使を禁止しています。ところが、国連憲章で容認されている「集団的自衛権」に基づいて「自衛のため」あるいは、「安全保障のため」と称してつくられるのが軍事同盟です。これは、「武力による威嚇」を意図しなくても、相手からは「武力による威嚇」として感じられる、すなわち国連憲章の禁止する「武力による威嚇」となる組織ではないでしょうか。「軍事同盟」を強大にすれば「抑止力」が向上し、戦争の危険がなくなる、安全が保障されると考えるならば、歴史上人類が繰り返してきた誤りを繰り返すことになるでしょう。いま国連加盟国１９３カ国のうち軍事同盟に加わらない国は１４９

力国ということです。「勢力均衡」や強大な「軍事同盟」が戦争を起こらないようにする「安全保障」だ、ということは神話に過ぎません。このような神話の呪縛から解き放たれて、**軍事同盟の解消をさらに加速することこそが何よりも大切**です。

そもそも安全保障というと、最新・最強の軍事力を保有することが最も安全で安心できる、というように思うかもしれません。しかし、軍事力がないと安心できないというのは、どこかおかしいと思いませんか。日本で禁止されている個人が銃砲を所持することを米国では認めています。その結果、銃殺事件が繰り返されています。私たちの日常生活で周囲の人々とお付き合いする上で、もう弓矢や刀、銃砲などを必要とするでしょうか。何か揉め事があっても話し合いで解決するのが当たり前になっています。また、このために規則（法律）もできています。それでも揉める場合は裁判もあります。これを国家と国家との関係でも同じようにすればいいのです。なお、国家と国家との関係というと語弊があるかもしれません。諸国政府の関係ではなく、諸国民の関係として、友人のようなお付き合いが大事なのではないでしょうか。なぜなら、**戦争を起こすのは政府であり、犠牲になるのは常に国民である**からです。また、軍事と軍事、力と力で対抗することは、軍事力が戦争を誘発することから明らかなように、平和を求める手段としては、逆効果です。**軍事力で平和はつくれない**ことに気づかなければなりません。地球の同じ仲間として対話と協力を重ねることこそが、「平和への道」なのではないでしょうか。

「勢力均衡神話」あるいは「軍事力神話」の呪縛から解放され、地球の仲間として胸襟を開いて対話することが大切です。

②「核抑止力神話」

ⅰ.「核抑止力」論の前提条件

ところで、ロシアのプーチン大統領は、核兵器の使用をちらつかせてウクライナと国際社会を威嚇しています。「核抑止力」論とは、もし攻撃すれば、核兵器で反撃するので重大な結果（「全人類の破滅」「人道上の悲惨」等）を招くぞという威嚇によって相手の攻撃を思い留まらせて、自国の安全を確保するという「理論」です。ということは、この理屈には2つの前提条件があることにお気づきでしょう。

1つは、核兵器保有国は、いざとなっても核兵器を使用してはいけないという理性が働くこと。

2つ目は、相手国にも、核兵器使用による影響を回避しないといけないという理性が働くこと。

つまり、核兵器使用による重大な影響を考慮すれば、核兵器は絶対使用しない（理性が働く）ということ、また、核兵器による威嚇があれば、戦争を思い留まらない国家指導者はいない（理性が働く）ということです。つまり両方の国家指導者の理性が働くことで、この「理論」は成り立つのです。

ⅱ.「核抑止力」論の前提が破綻

ところが、いま注目を集めているのは、核兵器保有国ロシアの侵略に対して核兵器を持たないウクライナが反撃し、これにロシアのプーチン大統領が核兵器を使用するぞと威嚇している事態です。しかもロシアでは、通常兵器により攻撃される場合でも「国家存立の危機」と判断すれば、核兵器を使用する方針が決められています。これを知りながらもウクライナは徹底抗戦の構えです。先程の「核抑止論」の2つの前提条件に当てはめてみましょう。1つ目、いざとなっても核兵器を使用しないという前提条件は、ロシアの「国家存立の危機」には核兵器を使用するという方針と合致しません（ロシア側で理性が働かない）。2つ目、ウクライナは徹底抗戦と言っており、ロシアの核兵器による威嚇が通用しません（ウクライナ側でも理性が働かない）。つまり**両者に理性が働かずに、結果として「核兵器による抑止力」が働いていません**。このままで、ウクライナに戦況が有利となり、ロシアが「国家存立の危機」と判断するような局面になれば、ロシアが既定方針に従って核兵器を使用する可能性があります。すなわち、核兵器の非保有国に理性が働かないし、保有国にも理性が働かない、という事態が現出しています。核兵器を保有すれば、あるいは核兵器の傘の下に入れば、他国から攻撃されることはない、また、核兵器保有国同士では核兵器が使用されることはない、ということは「神話」に過ぎないことがわかります。つまり、「核抑止力」というのは、いざというときには核兵器を使用する、いざというときには広島、長崎のような非人道的惨禍を引き起こすことをためらわない、ということになる危険な議論なのです。以上から、核兵器を持てばあるいは核の傘に入れば安全だとする「核抑止力」論の破綻は明瞭ではないでしょうか。

なお、プーチン大統領はロシアが核兵器保有大国であるとして、ウクライナを威嚇しています。これも「核抑止力」そのものが、「武力による威嚇」であることを意味します。すなわち、**核兵器の保有それ自体が国連憲章の禁止する行為**なのです。いや威嚇しているわけではないという反論があるかもしれません。しかし、核兵器保有国は相手国へ攻撃を思い留まらせる（行動を抑止せざるをえない）脅威を感じさせるのですから、実態として「武力による威嚇」そのものではないでしょうか。

なお、「核兵器禁止条約」において、核兵器は「悪」の烙印を押され、使用はもちろん保有することも禁止されました。ロシアを含め核兵器保有国が、この条約を批准していないとはいえ、効力を持ったこの条約に違反している事実は重いものがあります。

▼コラム10『「抑止力」神話』を参照ください。

③「覇権主義神話」

さらに、プーチン大統領がスターリンと同様に、過去のロシア帝国の復活を夢見た領土拡大という覇権主義的な野望を持っていることも重要です。プーチン大統領の歴史認識は、「ロシア人、ウクライナ人、ベラルーシ人はいずれも、ヨーロッパ最大級の国家であった古代ルーシの末裔だ」として、これらの一体化を求めるものです。それは、領土拡大を求める覇権主義に過ぎません。この観点からプーチン大統領は、民族自決権を民主主義的課題と捉えてウクライナなどの独立を認めたロシア革命の指導者・レーニンを非難し、またスターリンを批判してクリミアをウクライナに編入したフルシチョフを非難します。そして、これらを取り戻すことを自身の使命と考えています。今回のウクライナ侵略の原因には、プーチン大統領の「大ロシア主義」と言われる「覇権主義」があることにも注意することが必要です。

ところで、1917年のロシア革命の指導者・レーニンによって提唱され[注]、1941年8月の「大西洋憲章」、1943年12月の「カイロ宣言」で宣言された「**領土不拡大」の原則**こそは、国際的原則として守られるべきものであり、「覇権主義」がまかり通ると考えるのは、「神話」に過ぎないのではないでしょうか。ところが、この原則で糾合された「連合国」の戦後処理において例外を設けたのが、1945年2月の「ヤルタ協定」でした。米国・ルーズベルト大統領と英国・チャーチル首相が、日本への「ソ連の参戦」と引き換えに「千島列島の引き渡し」をソ連のスターリンに約束したのです。この密約が、大国の「覇権主義」を温存したのです。しかもプーチン大統領と安倍晋三首相（当時）は、最近の「北方領土交渉」において、これまで日本政府が要求していた「南千島2島と北海道2島の計4島返還」を転換して、「千島列島は引き渡したまま・北海道2島のみ返還」の交渉を行いました。これによって、安倍晋三自公政権が「領土不拡大」の国際的原則を破るロシア・プーチン大統領の姿勢を助長したことは確かです。

しかし、いまや「覇権主義」と決別し、国際的原則である「領土不拡大」を徹底することが求められています。

（注）**ソビエト政府の「平和に関する布告」**
1917年、ロシアのソビエト（労働者・農民・兵士理事会）が政権を執った翌日に発せられたのが「平和に関する布告」です。この中で「**無併合・無賠償の即時の講和**」が提案されました。第1次世界大戦は、ヨーロッパの領土と世界の植民地の争奪をめぐる帝国主義戦争でした。第1次世界大戦までは「戦争が国境を決定する」という国際関係でした。これに対してロシアは、**戦争による領土拡大を否定**したのです。強制的併合を否定することによって、植民地を含むすべての民族自決の権利を承認しよう、という提案でした。レーニンは、民族自決権が民主主義の課題であると認識していました。つまり、国内において身分や階級間の支配・従属の関係をなくすためには、民族間あるいは国家間の支配・従属関係をなくすことが必要であり、これを民主主義の課題と捉えました。そして、共産主義の運動が、この課題を解決する役割を担っている、と考えていたのです。言い換えれば、共産主義とは、民主主義を徹底していく先にある、ということです。共産主義について、民主主義を否定する独裁政治のように見られていますが、全くの誤解です。共産主義は民主主義の擁護者であり、その徹底を図ろうとする運動なのです。旧ソ連のスターリンなど共産主義と異なる思想を持つ指導者によってもたらされた社会を「共産主義」とするのは、誤解なのです。

レーニンの提唱による「民族自決権」は、その後の植民地独立をもたらし、「領土不拡大の原則」も第２次世界大戦の大義として受け入れられたのです。

▼コラム11「覇権主義批判」を参照ください。

④「防衛産業神話」

さらにもう1つの神話は、「防衛産業神話」です。毎日のテレビ放映を観てのとおり、戦争では凄まじい破壊が行われています。ドローンや無人機など最新の兵器が投入され、サイバー攻撃も加わるなど日進月歩の軍事技術の様子が覗えます。そもそも東西冷戦の終焉によって欧米の軍需産業は破産寸前に追い込まれていたのでした。しかし、これを救ったのは、１９９1年の湾岸戦争です。そして、軍事同盟が解体されずに新たな仮想敵国づくりが行われました。また、２００1年の米国同時多発テロ事件がこれを加速しました。

それ以降、「防衛産業」の名で武器・弾薬を各国へ、敵にも味方にも、ばらまいて吸血鬼のように膨れ上がっているのが、軍需産業の現状です。かつては「死の商人」と呼ばれた軍需産業の独占資本こそが、各国政府を動かす背後霊のような存在となっています。政治や軍事面からの報道だけがなされる中、これを支える経済面にも注目することが必要です。「防衛産業」は、戦争なしには生存できない存在です。ですから、政府を動かして、防衛装備品の販売を拡大しようとします。国民が納めた税金で防衛費を賄うだけでなく、その防衛装備品を戦争で消費することによって自国民と他国民の生命と財産を破壊するのです。防衛産業と聞くと国土と国民を守るためのものと誤解するかもしれませんが、テレビなどでウクライナの惨禍を観るとおり国民の殺戮と住居などの破壊を目的としたものです。さらには、戦災の復興需要をあてにした産業も含まれます。「防衛」という言葉は、事実に当てはまらない言葉ではないでしょうか。「防衛産業」という言葉は、真実を覆い隠すものではないでしょうか。かつて「死の商人」と言われた「**軍需産業**」こそは、「**戦争屋**」と呼ぶべき存在になっているのです。

いまロシアのウクライナ侵略にともなって、軍需産業と石油産業がどれだけ巨額の利潤を上げているか、目を凝らして観ておくことが大切です。

なお、米国の軍産複合体にも細心の注意が必要です。米国政府の国防長官には、軍需産業の幹部が任命されています。前職のエスパー国防長官も、現職のオースティン国防長官もレイセオン（現在名はレイセオン・テクノロジーズ）の幹部でした。エスパー前国防長官は２０２２年７月台湾を訪問し、軍事費をＧＤＰ比３・２％まで倍増するよう要求、同年９月バイデン大統領は11億ドルという過去最大規模の武器売却を承認しました。米国は「一つの中国」を支持すると言いながら、「独立するか決めるのは台湾」と発言しています。米国は、**中国と台湾の緊張を煽る火付け役**になっています。日本政府や自民党は「台湾の有事は日本の有事」と言って、トマホーク・ミサイルを爆買いしていますが、これはレイセオン製です。日本にとってみれば、中国が日本に攻めてくることなどほとんどない一方、中国と台湾が戦争状態になれば、米国が台湾を支援し、日本も戦争に巻き込まれることになるのですから、中国と台湾の緊張緩和のために、外交努力をすべきです。ところが、火付け役の応援団になっており、大変危険な役割を果たしています。しかも、いざ戦争となれば、日本が最前線に立たされる想定で共同作戦が計画されているのです。

3. 日本政府と各政党の対応

(1)「軍事同盟」の拡大・強化

日本政府の対応は、どうでしょうか。岸田文雄首相は、自由、民主主義、法の支配など価値観を共有する国の結束を呼び掛けて、価値観を共有するG7主導の秩序回復を追求するとしています。ロシアのウクライナ侵略から何を教訓としたのでしょう。日本政府が引き出した教訓は次のようなものと思われます。ウクライナのようになりたくなければ、中国・ロシア・北朝鮮に対して、日米同盟を中核とする軍事同盟の拡大および軍備の大増強をしなければならない。また、ウクライナは核兵器を保有していなかったから攻撃された。日本は米国の「核の傘」に入るだけでなく、米国の核兵器を持ち込み配置(「核共有」)しなければいけない。つまり、軍事力こそが解決策だということでしょう。

そこで、尻に火が付いたような慌てぶりで、米国の要請である中国に対する軍事的・経済的包囲網の構築に走り回っています。これまで、中国包囲網をつくるため、日・米・韓、日・米・豪・印(QUAD)等で対抗することにしていたのに加え、NATOとも連携する動きを強めています。つまり、軍事同盟拡大・強化のための「外交」を進めているに過ぎません。軍備増強や軍事同盟拡大が戦争を誘発することに無反省だからです。また、核抑止力が「神話」だったことにも気づいていません。これでは、本当に教訓を導き出したと言えるでしょうか。

国会での答弁でも、ロシアの行為に関して国連憲章違反とは積極的には言いません。なぜでしょうか。これまで日本政府は、侵略が米国によるものである場合には、それを一度として批判したことがありません。それどころか米国に追随して侵略の共犯者となってきました。ですから、国連におけるロシア非難の決議に賛成した１４０カ国余の中に、今回は日本も含まれますが、将来また米国が侵略戦争を起こすときには、これまで同様に米国非難決議に賛成しないでしょう。だから、国連憲章や国際法の遵守を根拠にしたくないのだろうと思われます。このためにロシアやプーチン大統領を「悪」とする口実として持ち出してきたのが、専制主義や価値観の相違です。しかし、これこそ「法の支配」を掘り崩す危険な動きではないでしょうか。

日本政府は口先では、自由、民主主義、法の支配という普遍的価値観を共有する国々と結束するなどと言いますが、実際にはこれまで米国の国連憲章や国際法に違反する行為を容認してきました。しかも、２０２２年12月16日の「安全保障３文書」の閣議決定は、どのような政治過程で行われたのでしょうか。岸田文雄首相は、自ら「安全保障政策の大転換」と称しながら、次のような進め方をしました。

①国民の代表者で構成する国会（立法府・国権の最高機関）の審議を全く行わずに、内閣（行政府）だけで決めています。つまり、「民主主義」を否定するものであり、独裁政治（＝専制主義）です。

②行政府は立法府の決めたことを執行することが原則であり、三権分立を基本とする憲法にも違反しています。つまり、「**立憲主義**」**延いては**「**法の支配**」**を否定**するものです。

③安全保障政策の内容から見ても、「専守防衛」を投げ捨てて「敵国攻撃」能力保有へ切り換えるものであり、これまで解釈によって憲法９条の枠内にあるとしてきた自衛隊を「自国領域内で自国を防衛するためのもの」から「自国領域外でも自国が攻撃されなくとも他国とともに敵国を攻撃できるためのもの」へ変質させるものです。したがって、**憲法９条に明白に違反**するものです。

つまり、「民主主義」を否定するものであり、「立憲主義」を否定し「法の支配」を掘り崩すものです。これでは、「法の支配」に基づく平和の国際秩序をつくることはできません。国民の命や暮らしを守ることもできません。いや最強国・米国に追随しておれば、攻撃してくる国などないのだから、国民の命や暮らしを守ることができるのだ、と思っているのかもしれません。しかし、戦争は、「窮鼠猫を噛む」の諺どおり相手を追い詰めてしまって起きる場合もありますし、偶発的に起きる場合もあります。戦争が起きれば、国民の命や暮らしは守られません。暫くして世界の最強国が米国でなく中国になったときに、今度は中国を頼りに米国などに敵対するつもりなのでしょうか（日本は、そのつど最強と思われる国と同盟関係をつくってきました。第1次世界大戦では英国、第2次世界大戦ではドイツ、戦後は米国）。そんな日本がいざ攻撃されたとき、節操も何もない無法国家の日本を救おうとする国があるでしょうか。

いまならまだ、日本を「平和国家」として評価している国々もあります。しかし、「戦争国家」（米国に追随して海外で戦争する国家）に変われば、そうはいきません。しかも軍事費をいまの2倍にすれば、「軍事大国」（軍事費世界第3位）として現れるのですから、アジア太平洋戦争で日本に攻撃された諸国は、ポツダム宣言の降伏条件を忘れたのか、また侵略するつもりか、国連憲章違反の「武力による威嚇」ではないか、と大きな脅威と得体のしれない不安を感じるでしょう。これまでどおり「専守防衛」を堅持すると口先で言っても、これまでは自国領域外を攻撃する能力は持たないと言っていたのに、いまは先制攻撃を含む攻撃能力を持つことを閣議決定したのですから、信用されないでしょう。しかも重要なことは、安倍晋三自公政権は「武器輸出三原則」を放棄して、どんどん武器を世界中にばら撒く方針（「経済成長のため」と称して）に変えたのです。しかも、政府開発援助（ＯＤＡ）は、発展途上国の経済発展や福祉の向上を目指した援助や出資が建前（実態は必ずしもそうでなく、外国支配層の私腹を肥やしたり、日本企業の需要確保が絡んだりしていました）でしたが、いまや同盟国への囲い込みを意図した武器輸出が狙われています。ですから、日本は世界に武器や弾薬を拡散する危険な国だと思われても、それは当然なのです。なぜなら「戦争する国」というだけでなく「戦争をつくる国」にもなったのですから。

▼コラム12『「平和国家」神話―日本は侵略国家』を参照ください。

（2）軍事力の増強（GDP比2％の軍事費）

ロシアのウクライナ侵略に便乗して、日本では一斉に軍事費増額の議論が起きています。岸田文雄首相は、2022年5月23日の日米首脳会談で、「防衛費の相当な増額」を公約しました。また、同年6月10日シンガポールでのアジア安全保障会議で、「国内総生産（GDP）比2％」を念頭に、「日本の防衛力を5年以内に抜本的に強化し、その裏付けとなる防衛費の相当な増額を確保する」と表明しました。参議院選挙を前にした党首会談では、「数値ありきではない」と否定しながら、海外では正直に話しています。政府は「骨太の方針」で軍事力を「5年以内に抜本的に強化」すると明記、北大西洋条約機構（NATO）加盟国のGDP（国内総生産）比2％を目標としています。そして、2022年12月16日の閣議で5年間で43兆円の軍事費予算とし、段階的にGDP比2％まで軍事費を増やす計画を決定したのです。

ウクライナの悲惨な状況を経験したくなければ、「備えあれば憂いなし」ということでしょうか。そうではありません。米国軍需産業の利潤拡大に寄与すべく安倍晋三首相（当時）が米国製兵器を爆買いしてきました。これに拍車をかけるだけでなく、経団連からは国内軍需産業からも調達するよう要請がありました。これを受けて、日本共産党と社民党を除く与野党は、２０２２年参議院選挙公約や公開討論の場で次のように、「防衛費増額を積極的に増やすべしとするもの」から「やむをえないとするもの」までニュアンスの違いはあるものの、軍事費の増額を認めていたのです。

自由民主党「防衛予算の増額という今回の総理の発言は重要だ」
増額の規模・金額については「まず積み上げてみないとわからない」
公　明　党「防衛費の増額は避けて通れない」
立憲民主党「積算根拠や財源を示す必要性や不平等なＦＭＳ（有償援助）の見直し」条件付きで「防衛費の増額の議論はすべきだ」
日本維新の会「日本の防衛費はＧＤＰ比１％という枠にとらわれている」
「現実を踏まえた見直しをしていくべきだ」
「他国がたくさんの装備を持っていたらこちらも持たないと安全にならない。日本の比較優位を保つことが必要だ」
国民民主党「必要な防衛装備は準備する必要がある。増額もやむをえない」
れいわ新選組「必要な防衛装備ならば増額が必要というのは分かる」
「一方でこれまで装備が適正価格で購入されてきたかというチェックは必要だ」

（３）「敵基地攻撃能力」の保有

安倍晋三元首相から岸田文雄首相に言い渡された「**敵基地攻撃能力**」保有の検討には、安倍晋三元首相の実弟、すなわち岸信介元首相の孫である岸信夫防衛大臣（当時）も加わっていました。この「敵基地攻撃能力」とは、次のようなものです。ミサイル攻撃を受ける前に攻撃しなければ重大な打撃を受けてしまう。だから、相手国がミサイル攻撃に着手した段階で攻撃する。ミサイル基地を攻撃するだけでなく、指令機能中枢をも攻撃する。つまりは、先制攻撃するという、しかも指令機能中枢まで攻撃するという。そうすれば全面戦争を仕掛けるようなものです。敵基地攻撃ではなくて**「敵国攻撃」と言う方が的確**でしょう。まさに国際法上の「侵略」に該当する行為を行うということです。しかも、これをもって「専守防衛」の範囲にはいると強弁するのですから呆れます。また、世間の目や耳や口を欺くために、「敵基地攻撃能力」という言い方は止めて、**「反撃力」**と言うことにしたのです。攻撃されたのに対してこちらも攻撃するのであれば、反撃と言いますが、攻撃されていないのに「反撃」と言うのは、悪質なウソと言うしかありません。

これが実行されれば、明らかに国連憲章に違反することになります。ここでも、備えあれば憂いなし、能力を保有するだけで、実際には使用しない、という言い方がされるでしょう。しかし、お互いに脅威を覚えてミサイルの増強がエスカレートすることは目に見えています。極度の緊張がもたらされるでしょう。何がきっかけでミサイルの応酬が始まるかわかりません。核兵器搭載ミサイルかもしれません。しかも、設置場所は、日本本土から沖縄など南方の島々まで40カ所になると言われています。有事の際には、ミサイル基地が攻撃対象となり、日本列島が戦場になるでしょう。もともと米国からすれば、日本は最前線基地であり、ここでくい止めて米国本土が守られればよいわけです。相手国からの攻撃目標とされること、日本の国土が廃墟となること、日本国民や自衛隊が犠牲にされることに、日本政府やこの政策を支持する諸政党は何の心の痛みも感じないのでしょうか。この一番大事なことが、マスメディアでもほとんど報じられていません。

まったく不思議なことです。なお、日本が敵国攻撃力としてミサイルの配備を決めたことから、在日米軍基地で計画されていたミサイル配備を止めたとのことです。**日本は米軍と米国軍事費の肩代わりをさせられているのです。**

しかも、日本国民の判断で戦争が始まるわけではありません。２０１５年に成立した平和安全法制（＝戦争法）によって米国や密接な関係国などが受けた攻撃に対し、集団的自衛権の行使として、日本が反撃する（相手国からすれば、日本の先制攻撃になる）こともあるでしょう。そもそも、「専守防衛」は、攻撃されれば、専ら守る、防衛するだけ、ですから日本領域内の話でした。したがって、これまで日本政府は、他国に脅威を与えない範囲でしか武器を保有しない、と公約してきました。つまり攻撃された場合にだけ、それに応じた最小限度の反撃をする、あるいは攻撃されたのに相当するだけの反撃に留めることにしていたのです。いまに至って相手国がミサイル攻撃に着手した段階で攻撃すると公言しておいて、これで「専守防衛」だという、子どもでも嘘だとわかる理屈が通用すると思っているのでしょうか。これまでの日本政府には、建前だけであっても相手国の立場で考えてみる、という姿勢が見られましたが、その一かけらもなくなりました。厚顔無恥というか、鉄面皮というか、国民の一人として恥ずかしい限りです。

(４)「核共有」の提案

ロシアの核兵器使用の威嚇および「国家存立の危機」における核兵器使用がロシア政府の既定方針であることを知れば、「核抑止力」論が破綻していることは、明らかだと思います。この事態を見て、核兵器の存在自体が人類にとってこの上なく危険だ、という認識をもたなくてはいけません。そして、人類が核兵器によって滅ぼされる前に核兵器を廃絶しなければいけない、という結論を得るはずです。そして、これこそ唯一の被爆国日本の平和運動がよって立つ基本思想だったはずです。

ところが、あくまでも「核兵器」にしがみつく人々がいます。安倍晋三元首相や維新の会からは、米国の核の傘の下にあるだけでは不安だ、米国と「核共有」をすべきだという主張がなされました。そもそも「核共有」とは、何でしょうか。北大西洋条約機構（ＮＡＴＯ）の「核共有」とは、米国の核爆弾を常時、欧州の同盟国に配備して、いざとなったらその国の戦闘機で核爆撃を行うという、いわば「核攻撃」の下請けです。これを日本に置き換えてみれば、中国と米国が対峙する第一列島線（日本本土・沖縄など最前線基地群）に米国の核爆弾を配備して、いざとなったら日本が中国へ向けて核弾頭付きミサイル攻撃を行う、あるいは核爆弾を搭載した戦闘機で中国を攻撃するということです。当然のことながら、最前線基地にあたる日本は、中国の第一の反撃目標になり、甚大な被害を受けることになるでしょう。米国にとっては、それでよいのです。**米国本土を守ることが最優先**（アメリカ・ファースト）なのですから。そのために、はるか遠くの日本に前方基地を置いていたのですから。しかし、この主張は、最前線基地である日本を犠牲にしても、核被爆国の日本を再び核被爆国にしても、米国本土は守りたい、ということです。このような政策に協力するのは、どこの国の政府か、どこの国の政党か、どこの国の政治家か、と訊きたくなるような主張です。日本の政府、政党や政治家の主張だと知れば、他国の人々なら驚くのではないでしょうか。しかも、今回だけではありません。先般、秋田県と山口県に配備しようとして断念した、イージス・アショアも同じ構図でした。米国のハワイとグアムへ向かうミサイルを撃墜するためのもので、地域住民を犠牲にして米国を守ろうとしたものです。核弾頭を搭載したミサイルを秋田県や山口県の上空で撃墜するならば、広島・長崎・福島と同様の惨禍を被るはずのものでした。

なお、ここで想い出すのは、安倍晋三元首相が自著『新しい国へ　美しい国へ　完全版』(文春新書)の中で憲法前文を貶めたことです。「われらは、平和を維持し、専制と隷従、圧迫と偏狭を地上から永遠に除去しようと努めてゐる国際社会において、名誉ある地位を占めたい」を引用して、「じつは、これから自分たちは、そうした列強の国々から褒めてもらえるように頑張ります、という妙にへりくだった、いじましい文言」と評したのです。漢字を読めないと言われた元首相もいましたが、漢字は読めても日本国憲法すら正確に理解できないこの元首相。日本国民を核攻撃の危険にさらしてまで、米国に褒めてもらえるように頑張っている自分の姿に気づかなかったのでしょうか?

長崎の被爆者5団体は、維新の会の「核共有」提言に関して抗議声明を発表しました。声明は「このような主張は、核兵器による威嚇が国際平和に有効であるとする、誤った考えを広げ、世界中を核兵器の脅威にさらすことにつながる」と批判しました。長崎原爆被災者協議会の田中重光会長も次のように述べています。「『核共有』によって日本に核基地ができれば、そこに攻撃を仕掛けようとする。かえって危険度が増し、国民をも核戦争に巻き込んでしまうことになる。核兵器禁止条約にも違反する。唯一の戦争被爆国でありながら、そういう発想をするなど核兵器による被害を想像できない人たちだ。軍事には軍事ではなく、人対人の外交をしていかなければならない」。

(5) 神話の呪縛からの解放

ロシアのウクライナ侵略に至る歴史的経過と目の当たりにしている戦禍から、その原因を探り、そこから教訓を得てきましたが、いよいよこれを教訓として「何をなすべきか」をまとめてみます。

①「軍事力神話」から「友好と協力」へ

歴史的に見て、「軍事同盟」は「（集団による）自衛のため」とか「安全保障のため」とか言われますが、結局は戦争を誘発するものだ、ということではないでしょうか。また、「軍事（力）対軍事（力）」では、軍備の拡大競争によって、いざ戦争となれば破壊力が拡大されているので、それだけ大きな被害をもたらします。これでは、平和を求めているのに、「自衛」や「安全保障」という名目で、より大きな「戦争」を求めていることになります。そうではなくて、**国家間で揉めごと・紛争はあっても戦争にしないという原則**に立って、外交努力をすることが大切です。軍事同盟は、仮想敵国をつくり、「仲間はずれにして、力で敵対する」関係をつくるので、状況（安全保障環境）を改善できません。相手国を「仲間として受け入れて、対話し協力する」関係をつくっていくことが求められます。そもそも、軍事力で物事を決するやり方は、野蛮なことですよね。「軍事力」や「軍事力を背景にした外交」で物事を決するやり方が許されるという考えは、既に1世紀も前に否定された「神話」に過ぎないのです。目の前の戦争を見て、軍備増強で「安全保障」と叫ぶ人々は、歴史から教訓を学ばずに同じ過ちを繰り返すことになるのです。

国連憲章は、紛争を解決する手段として、武力による威嚇又は武力の行使を慎まなければならないとし、全加盟国にこれを遵守するよう求めています。これを原則として、安全保障を考えるべきです。そうすれば、軍事力に頼らない方法こそが真の安全保障であり、これが、日本国憲法の前文の「平和的生存権」と9条の「戦力の放棄」であることが明瞭になるでしょう。それでも、安全保障には、軍事力が必要だと考える方は、次の**「戦力の放棄」**(注)を読んでみてください。日本国憲法には、人類の叡智が込められていることが確認できると思います。

なお、国際紛争を解決する手段として戦争という行為に訴えること自体が違法であるとする考えは、1世紀も前に確立されており、1919年の国際連盟規約、1928年のパリ不戦条約に結実しました。それ以前の国際法は、戦争を国家の行為として許容するものでしたから、大きな転換でした。しかし、第2次世界大戦がまた起こりました。それには、戦争は違法だが、「自衛戦争」は認められるとして、事実に反して「侵略」を「自衛」だと主張するなどの抜け道があったからです。日本が、「戦争」でなく「事変」だ、「侵略」でなく「自存自衛」だと称して世界を欺いたことはご承知のとおりです。

しかし、国連憲章や国際法は、これらの経験を踏まえて、基準を明瞭にしました。**「武力による威嚇又は武力の行使」を禁止し、先に武力の行使をすれば「侵略」としています**。このルールに照らして違反を許さない国際世論をつくることが大切になっています。そして武力を持たないようにしていくべきです。戦争をしないのなら、武力は無用なのですから。

（注）**「戦力の放棄」**

国連憲章ができてから日本国憲法ができるまでの間に「日本への原爆投下」がありました。その惨禍を目の当たりにしてこれからの戦争は、核兵器の出現によって人類の破滅を招きかねないものになったと認識して、日本は「戦力の放棄」を決意したのです。

なお、憲法施行に合わせてその内容を普及するためにつくられた『あたらしい憲法のはなし』では、憲法第9条について次のように説明しています。

「そこでこんどの憲法では、日本の国が、けっして二度と戦争をしないように、二つのことをきめました。その一つは、兵隊も軍艦も飛行機も、およそ戦争をするためのものは、いっさいもたないということです。これからさき日本には、陸軍も海軍も空軍もないのです。これを戦力の放棄といいます。「放棄」とは「すててしまう」ということです。しかしみなさんは、けっして心ぼそく思うことはありません。日本は正しいことを、ほかの国よりさきに行ったのです。世の中に、正しいことぐらい強いものはありません。もう一つは、よその国と争いごとがおこったとき、けっして戦争によって、相手をまかして、じぶんのいいぶんをとおそうとしないということをきめたのです。おだやかにそうだんをして、きまりをつけようというのです。なぜならば、いくさをしかけることは、けっきょく、じぶんの国をほろぼすようなはめになるからです。また戦争とまでゆかずとも、国の力で、相手をおどすようなことは、いっさいしないことにきめたのです。そうしてよその国となかよくして、世界中の国が、よい友だちになってくれるようにすれば、日本の国はさかえてゆけるのです。みなさん、あの恐ろしい戦争が、二度とおこらないように、また戦争を二度とおこさないようにいたしましょう。」

②「核抑止力神話」から「核兵器禁止条約」へ

ロシア・プーチン大統領の核兵器による威嚇とウクライナの徹底抗戦を目の当たりにして、「核抑止力」は神話であること、人類が核兵器使用による破滅から免れるためには、核兵器を完全に廃絶するしかないことも明瞭になりました。そして何よりも大事なことは、すでに核兵器の開発、実験、生産、製造、その他の方法による取得、保有、貯蔵、そして「使用」と「使用の威嚇」を禁止する「**核兵器禁止条約**」が発効しています。国連で同条約の成立に賛成した国は122カ国に上り、現時点（2023年1月9日）で68カ国が批准を終えています。

なお、「核拡散防止条約（ＮＰＴ）」が第６条に規定する、核兵器保有国の負う以下の義務を履行させることも緊急に重要になっています。

「第６条　各締約国は、核軍備競争の早期の停止及び核軍備の縮小に関する効果的な措置につき、並びに厳重かつ効果的な国際管理の下における全面的かつ完全な軍備縮小に関する条約について、誠実に交渉を行うことを約束する。」

唯一の被爆国である日本が、世界のこの流れを促進することが、緊急の課題になっています。しかし、自民・公明政権はこれを無視し、むしろ足を引っ張っています。「核拡散防止条約（ＮＰＴ）」の義務履行を核兵器保有国に促すこと、および「核兵器禁止条約」の批准を国連全加盟国へ拡げることは、「法の支配」を確立することです。この点でも日本政府が米国に追随して「法の支配」を掘り崩す側に立っているという恥ずかしい状況にあることを見ておくことが大切です。

③「覇権主義神話」から「国家主権と領土保全の尊重」へ

ロシア・プーチン大統領の歴史認識と覇権主義の問題は先に述べましたが、同様の問題が「中華帝国」の復活を思わせる中国・習近平国家主席の言動にもあります。また、米国も戦後一貫して覇権主義によって世界中で紛争に介入したり、侵略戦争を繰り返してきました。改めて、国連憲章の原則である国家主権と領土保全の尊重のために、すべての覇権主義に反対する国際世論を確立する必要があります。覇権主義国のそれぞれの人民は覇権主義を望んでいるわけではなく、一部の独占資本が政府を動かしているにすぎません。国内外の世論によって、これらの国の政府を包囲することが求められます。これも、ひと言で言えば、**国連憲**

章と国際法を遵守しようということです。また、いかなる国の覇権主義の表れにも世界人民の世論で一つひとつ批判して止めさせることが大切です。このことによって、「法の支配」が確立されていくのです。この点でも、日本政府が米国に常に追随して米国の「覇権主義」を批判できずにいることを見ておくことが大切です。日本政府のこのように卑屈な態度が変われば、世界を「覇権主義のない世界」へ変える大きな力になることが明らかだからです。

④「防衛産業神話」から「平和産業創出」へ

テレビで放映されるウクライナでの凄まじい破壊の様子を見ていると、戦争とは、とんでもない浪費だということを思い知らされます。しかも投入される最新の軍事技術の開発や軍備に要する費用を考えれば、もったいない！　と思わず口に出ます。東西冷戦の終焉によって廃業の瀬戸際に立たされた軍需産業。この復活を許したのは、新たな仮想敵国づくりが行われて、「防衛産業」の名で武器・弾薬を各国に、敵にも味方にも、ばらまくことにしたからに外なりません。そして、戦争が終わるたびに、つぎは空前の利潤を上げる復興需要が待ち受けています。**軍需産業の利潤拡大こそが「戦争への道」**だということに注意が必要です。軍需産業は、戦争なしに存続できない吸血鬼のような存在です。このことにこそ、戦争が起こる真の原因が潜んでいるし、戦争を止めさせる鍵もあります。戦争の動機について、奴隷制時代は「奴隷獲得」、封建制時代は「領土獲得」、資本制時代は「利潤獲得」と言われます。私たちは、強力な武器・弾薬によって灰燼と化していく営々と築かれてきた資産を見るにつけ、これらの強力な武器・弾薬がなぜ準備されたのか、どのように準備されたのか、その経済的仕組みにも目を向けることが大切です。

また、ロシアとウクライナとの戦争で、両国に依存するエネルギーや食料不足が問題となっています。これからは、戦争の準備・戦争による破壊・復興に係る一連の費用を浪費であり、無駄であると認識して、これらに注がれる力をエネルギー開発や食料生産など平和産業創出の力へ転換することが大切です。日本政府は、この点でも無策であるばかりでなく、軍事費を2倍（GDP比約1％→2％）に引き上げようとしています。しかも、日本共産党などを除く与野党はともに軍事費増を容認し、国内軍需産業の比重を増やせとの政策を掲げています。これでは、戦争への歩みを加速するだけになります。経済界や企業の軍事化に協力する労働組合が支持する政党は、戦争への道を進みます。実際に、「防衛生産基盤強化法」（いわば、軍需産業支援法）に国民民主党だけでなく立憲民主党まで賛成しました。ですから、企業・団体から政治献金を受け取らない政党（日本共産党など）を選挙で伸ばす以外に「戦争」は止めきれないかもしれません。

4. 各政党の安全保障政策

(1)「安全保障政策」の対立―「軍事力」か、「平和外交」か

各政党の外交・安全保障政策が2022年参議院選挙政策と各党の公開討論によって明らかになっています。これを見ると2つの主張に分かれています。1つは、防衛力を強化するということで軍事力に依存するもの。もう1つは、平和外交によって対話と協力の関係を構築しようとするもの。前者は、日米同盟を基軸として日米地位協定の改定にすら全く触れない自民党から日米地位協定の見直しを求めるものまで、また、軍事費のNATOの目標（GDP比2％以上）を念頭に5年以内に2倍化を目指す自民党から必要なものは

増やさざるをえないとするものまで幅はあるものの、自民党・公明党・維新の会・国民民主党・立憲民主党・れいわ新選組までを含んでいます。

一方後者は、国連憲章に遵い、日米安保条約は**日米友好条約へ転換して日米軍事同盟を解消**しようとするものです。日本共産党と社会民主党は、ウクライナ危機に便乗して軍事費を2倍化することに反対しています。そして、「軍事（力）対軍事（力）」は緊張関係をつくり、戦争を呼び込みかねないと批判し、対話と協力の関係を構築する平和外交こそが大切だとしています。

（2）東アジアの平和構想

こうした状況は、日本を取り巻く東アジアにおける国際秩序をどのようなものにするかを問うものになっています。日米同盟を基軸とする政党は、先に見たように軍事力の増強一辺倒であり、仮想敵国として中国・北朝鮮に加えロシアを挙げて、軍事的・経済的包囲網を構築しようとする米国の戦略に呼応しています。ただし、立憲民主党とれいわ新選組は、平和安全法制（「戦争法」）を憲法違反としており、米国の戦略に取り込まれているわけではありません。しかし、立憲民主党は軍事費に関して次のとおり国内軍需産業界の代弁者となっています。「国内防衛産業基盤の維持・育成はわが国の安全保障に直結するため、デュアルユース技術開発への支援、防衛装備品の国内調達の割合の引き上げ等を行います」。つまり、「安全保障」という名目で軍事力に依存するやり方を是認するものです。これでつくられる東アジアの安全保障環境というものは、ますます高度化される軍事力による緊張関係の強化であることに疑問の余地はありません。

一方、日本共産党は、憲法9条を生かして東アジアに平和をつくる「外交ビジョン」を提案しています。

日本共産党の提案は、かつて紛争と戦争の絶える間のなかった東南アジア諸国が、**「紛争があっても戦争にしない」原則**を確立して平和の地域をつくったことに習って、東アジア全体を東南アジア諸国連合（ASEAN）のような戦争の心配のない平和な地域にしようというものです。

ASEANは、加盟10カ国に加え、日本、中国、韓国、米国、ロシアなど8カ国が参加する18カ国による東アジアサミット（EAS）をつくり、2019年には、ASEANインド太平洋構想（AOIP）を決めました。この構想は、中国、米国、ロシアも入って、みんなを包み込んで、平和の枠組みをつくるところに一番の意義があります。しかもこれは、ヨーロッパの教訓を生かす道でもあります。ロシアがウクライナを侵略した背景には先に見たように外交の失敗がありました。簡単に振り返ると次のとおりです。ヨーロッパではソ連崩壊後の1991年、欧州安全保障協力機構（OSCE）が、北米、ヨーロッパ、ロシアの全てを含んだ平和の枠組みとして発展し、1999年には欧州安全保障憲章でOSCEを「紛争の平和的解決のための主要な機構」と位置づけました。しかし、ロシアの加盟意思を無視した北大西洋条約機構（NATO）が東方へ拡大して、ロシアに脅威を与えました。これがロシアの覇権主義を呼び覚まし、「軍事対軍事」の対立が進んで、OSCEが生かされなかったのです。この外交の失敗が、今度のウクライナ侵略につながりました。つまり、軍事同盟は外部に仮想敵国を設けて包囲していきますが、AOIP（ASEANインド太平洋構想）は中国、米国、ロシアもみんなを包み込んで、平和の枠組みをつくることで、このようなヨーロッパの失敗を克服しようというものです。

（3）ウクライナ侵略の教訓を生かす道

4．各政党の安全保障政策

以上、日本の政治における2つの主張を見てきました。その上で、ウクライナ侵略の教訓を生かす道を選択しなければいけません。自民党などが「ウクライナを見ろ」と軍事力強化を主張しています。[注] しかし、それは真逆の対応と思われます。米国の対中国包囲網の戦略と共同作戦計画では、日本こそが「ウクライナになる」（戦場になる）位置づけとなっているからです。

日本がヨーロッパから学ぶべきは、**「軍事（力）対軍事（力）」では平和はつくれない**ということではないでしょうか。地域のすべての国を包摂した平和の枠組みをつくること、このために憲法9条を活かした平和外交こそ大事だということ、これがヨーロッパ安全保障政策の失敗から導かれる教訓です。

いま東アジアは、大きな岐路に立っています。東アジアサミット（ＥＡＳ）を生かして、戦争の心配のない平和な地域に進むのか、ヨーロッパのように、欧州安全保障協力機構（ＯＳＣＥ）をつくったけれど横に置かれ、「軍事（力）対軍事（力）」の対立になってしまうのか。もし後者なら、東アジアも戦争へ向かってしまう危険があります。そういう点では、日本の進路だけでなく、東アジアの進路も問われていると思います。ヨーロッパの失敗を繰り返してはなりません。

ヨーロッパにおける失敗は、①ロシアがＮＡＴＯ加盟の意向を示したときに排除したこと、②ＮＡＴＯ（軍事同盟）の東方拡大とミサイル基地設置でロシアに脅威を与えたこと（「武力による威嚇」）によるものです。欧州安全保障協力機構（ＯＳＣＥ）は、衣の下に鎧（ＮＡＴＯ）が見えるようなことだったので、うまく機能しなかったのです。

したがって、ＡＳＥＡＮインド太平洋構想（ＡＯＩＰ）をおしすすめる際には、軍縮も含めて（その時には、これまでの日本の国是である「専守防衛」が重要な指標になるでしょう）平和をつくる仲間としての信頼感の醸成が欠かせないでしょう。日米軍事同盟の強化ではなく、どの国とも平和と友好の関係をつくろうという憲法前文と9条を活かした平和外交が求められるでしょう。また、日米安保条約、ＮＡＴＯ、ＱＵＡＤなど軍事同盟を解消していくことが鍵を握ることになるでしょう。

（注）ウクライナのNATO加盟とロシアの関係

安倍晋三元首相は、参院選公示日にウクライナについて「ＮＡＴＯに入っていれば、あんなことにはならなかった」と述べています。事実は、正反対です。２００８年4月ＮＡＴＯ首脳会議でウクライナ等のＮＡＴＯ加盟を歓迎する宣言が出されました。これには、米国有識者の間にも懸念の声があがりました。「ＮＡＴＯに入っていれば」ではなく、「ＮＡＴＯに入ろうとするだけで」ロシアに脅威を与え、反作用が現れるということが危惧されていたのです。そして、そのとおり２０１4年にロシアによるクリミア併合などが起きました。ＮＡＴＯに加盟させようとしただけで大きな反応が出たことに対して、安倍晋三元首相が無知だったのか、無頓着だったのか、プーチン大統領との蜜月を演出していただけに、呆れるしかありません。

しかも、２０１4年にロシアがウクライナの一部であるクリミアを一方的に併合した際、欧米諸国が厳しい制裁を科す中で、安倍自公政権はロシアには実質的に何の害もない措置にとどめ、２０１6年の日ロ首脳会談では北方領土4島での共同経済活動に関する交渉の開始や8項目の経済協力プラン（日本政府と企業の投資額3、０００億円）の具体化で合意しました。２０１8年の首脳会談では、安倍首相は、「4島返還」という従来の日本政府の立場さえ投げ捨て、事実上、歯舞、色丹の「2島返還」で終わらせようとする合意をプーチン大統領と結ぼうとしました。これらが、ロシアへの戦争資金の提供（お金に色はついていません）となり、プーチン大統領の覇権主義を助長したことは明らかです。ロシアのウクライナ侵略については、その責任を安倍晋三元首相と自公政権も負わなければならないのです。

しかし、そうは言っても、中国の侵略にどう備えるのだ、という疑問があると思われます。そこで、若干の補足をしておきます。

中国が尖閣諸島の領有権を強く主張し、付近で監視船の活動を活発化し、領海侵犯を恒常的に行うようになったのは、もともとの「領有権問題は棚上げして、後世代の智恵に委ねる」との日中両政府の合意に反して、日本政府が挑発し、現状変更と映る行為に出たからではないでしょうか。

２０１０年９月の尖閣諸島沖での中国漁船拿捕を、筆者はたまたまＹｏｕＴｕｂｅの漏洩ビデオで観たのですが、海上保安庁の「領域外への退去命令に留める」内規に違反して、巡視船が漁船を追い回し、追い詰めたために、体当たりされたように見えました。

２０１２年４月の石原慎太郎都知事の「尖閣諸島を購入する」発言を収束するため、同年９月、野田佳彦首相はアジア太平洋経済協力会議（ＡＰＥＣ）の合間に胡錦濤主席へ「国有化」の方針を告げましたが、「反対」の意思表示をされました。ところが、何の協議もなしに一方的に、翌日には国有化を閣議決定したのです。このため、中国各地での反日デモや暴徒化を招きました。野田佳彦首相には「平穏かつ安定的な維持・管理」のためには「国有化」が最善との思いはあったでしょうが、時間を掛けて理解を得るようにするとか、別の方法で目的を達成するようにするとか、検討の余地があったと思います。

要するに、**尖閣諸島をめぐる緊張関係は、日本政府が引き金を引いた**ことだ、というのが筆者の見方です。

なお、本件については、民主党政権に困難や混乱をもたらそうとする何者かの意図が働いたのだろうと思われます。

したがって、尖閣諸島の問題から、中国に侵略の意図があるかのように捉えることは誤りであり、この問題で緊張関係を強めることは、馬鹿げたことだと思います。対話と協議を通じて問題解決が可能なことだからです。

２０２２年11月、日中首脳会談で岸田文雄首相と習近平主席は、「互いに脅威とならないこと」を確認しました。２００８年5月の日中首脳会議（福田康夫首相・胡錦濤主席）において『「戦略的互恵関係」の包括的推進に関する日中共同声明』のなかで「双方は、互いに協力のパートナーであり、互いに脅威とならないことを確認した」のですが、それ以降も、「互いに脅威とならないこと」は、両国首脳間で繰り返し確認されてきたことなのです。

ところで抑止力とは、相手に脅威を与えることによって、攻撃を思い留まらせることです。岸田文雄首相が進めようとしている、抑止力を高めることは、「互いに脅威とならないこと」に反することではないでしょうか。またもや日本政府が日中首脳間の合意事項に反することをしようとしているのです。これでは、日中両国間の信頼関係を損ねて、緊張関係を一層強めることになります。抑止力（軍事力）に頼ることは止めて、お互いに両国間の合意事項を誠実に遵守することを最優先すべきではないでしょうか。

さて、対話と協議を通じて「互いに脅威とならないこと」を実現してゆくには、どうしたらよいでしょうか。差し迫った危険は2つあります。1つ目は、**「統合防空ミサイル防衛（ＩＡＭＤ）」への日本の参加**です。2つ目は、**「台湾有事は日本有事」とする考え**です。まずＩＡＭＤは、米国と同盟国による中国包囲網であり、中国に対する先制攻撃を含む共同作戦が行われます。万一、中国に対する攻撃が行われると日本の焦土化・悲惨な犠牲は免れえません。このことが予め明白な共同作戦に参加することは止めるべきです。そもそもＩＡＭＤは、その性格（武力による威嚇、先制攻撃）からして、国連憲章にも日本国憲法にも、日米安保条約にも違反するもので、先制攻撃すれば国際法にも違反することになります。日本の焦土化・悲惨な犠牲の危険を冒してまで、しかも無法なことを行うべきではありません。次に台湾問題は、日本も米国も「一つの中国」を認めています。ところが、いま米国は、武器を売り込むため台湾の独立を煽り立てています。日本はその尻馬に乗ってはいけません。内政不干渉の国際的原則に従って、日本には中国と台湾が協議を通じて問題解決に当たれるよう環境を整えることが求められていると思います。

つまり、問題は、中国と米国の対立をいかにしてなくすか、軍需産業の暗躍をいかにして抑えるか、ということです。そもそも、米国が中国を名指しで唯一の競争相手と捉えることがおかしいのではないでしょうか。地球温暖化問題や1億人を超える難民の問題など、地球的規模で解決すべき問題が山積しているのですから、「**競争よりも協力を！**」と米国と中国の両大国へ要請することが大事なことではないでしょうか。また多額の軍事費を浪費することも無駄です。そのような予算があれば、地球的課題の解決に充当しよう、と呼び掛けるのが日本の役割ではないでしょうか。そのことによって、日本の焦土化・悲惨な犠牲を回避できるのですから。また、このような場は、既にできています。日本共産党が提案するように米国も中国も包摂した東アジアサミット（ＥＡＳ）を通じて、ＡＳＥＡＮインド太平洋構想（ＡＯＩＰ）をおしすすめることが、確実な近道なのです。

▼コラム13「武力行使による破壊には賠償義務を！」、▼コラム14「ＡＳＥＡＮインド太平洋構想（ＡＯＩ

P）」を参照ください。

II

「日米安保」神話

「日米同盟・最後のリスク
―なぜ米軍のミサイルが日本に配備されるのか」

アメリカにとって日米同盟とは、日本を防衛するためのものではなく、アメリカの国益を追求するための手段の一つでしかないのです。
しかし、日本政府はこれまで一貫して、この重要な事実を国民に説明せず、「日米安保条約は日本防衛のためにある」と意図的にミスリードしてきました。その結果、私自身がかつてそうだったように、「在日米軍は日本を守るためにいる」「いざとなったらアメリカが守ってくれる」という幻想を抱く国民が今なおたくさんいるのが現状です。

（布施祐仁著　創元社）

科学的な態度

教科書がすべて正しかったら科学は進歩しないわけで、教科書に書いてあることが間違っていることはたくさんある。人が言っていることや教科書に書いてあることをすべて信じてはいけない。「なぜか」と疑っていくことが大事だと思っている。

（本庶佑さん　２０１８年　ノーベル生理学・医学賞受賞）

はじめに

冒頭に書かれた布施祐仁さんの「私自身がかつてそうだったように、『在日米軍は日本を守るためにいる』『いざとなったらアメリカが守ってくれる』という幻想を抱く国民が今なおたくさんいる」と実感がこもった言葉に、みなさんはどう思いますか。本庶佑さんの「人が言っていることや教科書に書いてあることをすべて信じてはいけない。『なぜか』と疑っていくことが大事だと思っている」という科学的態度にならって、これから「日米安保」とは何かを探っていくことにします。

世界中で戦争をつくりだす米国との軍事同盟（この「日米軍事同盟」を以下、「日米同盟」と記します）を強める第2次安倍晋三自民党・公明党連立政権を含む歴代自民党・公明党連立政権（以下、「自公政権」又は「自民・公明政権」と記します）のもとで、いま日本国民は、自国の平和と安全をどのようにして守るのか、その前提となる平和の国際秩序をどのようにしてつくっていくのか、を問われています。

▼コラム15「米国の軍隊＝資本主義のためのギャング」を参照ください。

100年前の世界の状況を思い出してみましょう。2、600万人の犠牲者を産んだ第1次世界大戦が1918年に終わり、その反省に立って、世界大戦の再発を防ぐために1920年に国際連盟がつくられ、1928年には「不戦条約」が締結されるなど戦争を違法とする世界の流れがつくられました。しかし、日本と軍事同盟を結んだドイツ・中立条約を結んだソ連がヨーロッパで第2次世界大戦の口火を切りました。それに先立ってアジアで戦争を違法とする国際連盟のルールを破り1931年に中国への侵略戦争をはじめ、それを指摘されると国際連盟を脱退して、第2次世界大戦への導火線の役割を果したのが、わが国・大日本帝国（日本）でした。その結果、第2次世界大戦は5、355万人の犠牲者（うち、日本軍による犠牲者2、000万人、日本人の犠牲者310万人）とともに人類の生存に脅威を与える核兵器まで産み出しました。
▼コラム16「天皇の軍隊（好戦的な無法国家・日本）」を参照ください。
ところが、この核兵器の最初の被爆国となり敗戦した日本が、70年余を経たいま、また「日米同盟」によって世界中の戦争に首を突っ込もうとしています。しかも、日本は戦争を阻止しようとすれば、国際的にそれなりに大きな影響力をもつようになっていながら、そうしないのです。これが日本政府の現状ですが、なぜそうなっているのでしょうか。一体これは、私たち国民の意思なのでしょうか。もし、そうでないとしたら、どうするべきなのでしょうか。この解決策を探るために、日本の安全保障政策について調べてみましょう。まず日本政府が安全保障の根幹と言う「日米同盟」からお話をはじめます。

1.「日米安保神話」

(1) 米国に日本を守る義務はない

みなさんは「原発安全神話」のことは知っていることでしょう。2011年の福島第一原子力発電所の苛酷事故が起きて初めて、それまで「絶対安全」と言われていたことが神話に過ぎなかったことに多くの国民が気づいたのでした。これと同じことが、日本の安全保障政策にもあると思います。みなさんは日本が米国と安全保障条約を結ぶことによって「日本は米国に守ってもらっている」と新聞やテレビで見たり聞いたりしていることでしょう。それでは、**「日米安全保障条約」**(注1)を実際に読んで確かめたことはありますか。あるいは、それを具体化した「日米防衛協力のための指針（ガイドライン）」（「防衛協力」と称しながら、その対象に外交はなく専ら軍事だけですので、誤解を避けるため、以下、「軍事協力」と記します。そもそも米国での通称はウォー・マニュアル、戦争手順書だそうです）を読んでみましたか。これらを読んでみると、日本が米国に対して日本の領域とその周辺に軍隊を配備する権利を認めている一方で、**米国には日本を守る義務がない**ことがわかります。いやいやそれは旧安保条約の時のことで、改定された日米安保条約のもとでは米国に日本防衛の義務が課されたのではなかったか、と思われる方があるかもしれません。しかし、改定された日米安保条約においても、米国が日本を防衛できるのは、連邦議会の承認があった時に限られます。承認がなければ、日本を守る行動をとれません。例えば、ＮＡＴＯ（北大西洋条約機構）において無条件に直ちに防衛の措置を執ること（すなわち、義務）になっているのとは違います。つまり、日本に対する攻撃があった時に、米国が自らの「国益」を考慮してどうするか決めるということが、日米安保条約に規定されていることなのです。

(2) 誤った「事実」が流布されている

ところが、教科書の出版で有名な山川出版社の『もういちど読む 山川 日本史』では、このあたりのことを次のように述べています。「１９５７（昭和32）年に成立した岸信介内閣は，日本の自立化を強めようとして自衛力漸増計画をおしすすめるとともに，日米安全保障条約の改定をはかり，１９６０（昭和35）年1月，日米相互協力及び安全保障条約（新安保条約）に調印した。新安保条約では，アメリカ軍の日本防衛義務，軍事行動に際しての日本側との事前協議，相互の防衛力強化などが規定されていた。(注2)」

これを読めば、「アメリカ軍の日本防衛義務が規定されていた」ということになります。しかし、日米安保条約第5条には、「自国の憲法上の規定及び手続に従って共通の危険に対処するように行動することを宣言する」とあるだけです。「自国の憲法上の規定及び手続に従って」ということですから、先にお話ししたとおり、米国側であれば、連邦議会へ上程されることとそれが承認されること、このふたつが「共通の危険に対処するように行動する（米軍が日本を防衛する）」ための先決条件となるのです。連邦議会で承認されなかったり、連邦議会へ上程すらされなかったりすれば、米軍は行動できないことになります。「アメリカ軍の日本防衛義務…が規定されていた」という記述が、明白な誤りだとわかるのではないでしょうか。なお、NATOの条文と比較すれば、もっとはっきりします。NATOでは、ある加盟国が攻撃を受けた場合、全加盟国に対する攻撃と認識して、「個別的又は集団的自衛権を行使して、…必要な行動（兵力の使用を含む。）を直ちに執る」ことになっており、全加盟国が無条件に防衛義務を負っているのです。

（注1）「日米安全保障条約」

以下、1960年に改定される前の条約（正式名称：「日本国とアメリカ合衆国との間の安全保障条約」）を「旧安保条約」、改定後の条約（正式名称：「日本国とアメリカ合衆国との間の相互協力及び安全保障条約」）を「日米安保条約」と称します。

（注2）『市販本　新しい歴史教科書』（扶桑社）

「それは，日米経済協力と日本の防衛力の強化，アメリカの日本防衛義務の明記，在日米軍の行動に関する両国政府の事前協議などを内容とするもので，これにより日米両国は，より対等な関係になった。」

この本においても「アメリカの日本防衛義務の明記」という表現であり、誤った内容が記述されています。

(3)「平和国家」神話

次に、みなさんは、日本は「平和国家」であり、日本政府は核兵器禁止を世界に訴えているし、国連平和維持活動にも参加しているし、さらに言えば安倍晋三元首相も「積極的平和主義」を掲げて、国際平和に貢献しているというイメージをお持ちではないでしょうか。もしそうだとしたら、米国のトランプ元大統領の言うことに何でも追随する安倍晋三元首相の姿について、どう思いましたか。国際法も国連も無視して「アメリカ・ファースト」で国益を追求し、無法な軍事介入を繰り返す米国に協力する役割を日本が担っていることについては、危険だと思いませんでしたか。

日本は、日米安保条約によって、米国が海外で起こす戦争に、軍事基地を提供し、兵站(後方支援)を行ってきました。国際法上は、米国の侵略戦争にこのような協力をした国(日本)は、侵略の共犯者とみなされます。侵略された国が遠方にあったため、日本が報復攻撃を受けることが、いままではありませんでした。日本には、たまたま戦争の被害が及んでこなかっただけなのです。しかし、それだからといって「平和国家」だと言えるでしょうか。

(4)「平和」も「核兵器のない世界」も望まない日本政府

①朝鮮半島の平和を望まない日本政府

２０１８年3月、それまで一触即発ともいえる緊張が続いていた米国と北朝鮮との関係が劇的に解決の方向へ向かい始めました。「核戦争の回避」と「分断されていた民族の融和」という歓迎すべき大きな歴史の流れが始まったのです。しかし、奇妙なことに世界でただ1カ国だけ、これにブレーキをかける国がありました。最も核戦争の危機にさらされていた国・日本です。朝鮮半島に平和な環境がもたらされれば、それまで進展がなかった拉致問題も解決しやすくなることは誰にでもわかることです。安倍晋三自公政権にとっては、「平和安全法制（内容からすれば、「戦争法」というべきものです。したがって、以下「戦争法」と記すことがあります）」をつくる口実に挙げた北朝鮮の核兵器開発などがなくなっては困るということなのでしょうか。あるいは、「朝鮮戦争」が終結してしまうと日本に駐留している国連軍・米軍の駐留する理由がなくなってしまうので困るということなのでしょうか。平和な国際環境をつくるよりも軍事優先で「大国化」を目指す、安倍晋三自公政権の本音が透けて見えるように感じられました。

なお、安倍晋三自公政権は朝鮮半島の非核化・平和創造に積極的な文在寅大統領の失脚を望んでいるかのように、２０１８年10月韓国大法院（最高裁判所）の徴用工問題に関する判決に対して、悪質なデマを流し、韓国政府に対し判決へ介入するよう要求し、これが容れられないと見るや、貿易問題で報復しながら譲歩を迫るという異常な強圧的外交を展開しました。

▼コラム17『「徴用工問題」・「従軍慰安婦問題」』を参照ください。

②「核兵器禁止条約」に背を向ける日本政府

２０１７年7月、国連において「核兵器禁止条約」が採択されました。これを早期に批准し、その効力を発生させようと多くの国々が動いています。しかし、唯一の被爆国でありながら、核兵器禁止を悲願としてきた被爆者をはじめ多くの国民の期待に背を向けて自公政権は「核兵器禁止条約」に反対しています。このため、同年8月の広島・長崎の原爆記念日に安倍晋三元首相は被爆者から「あなたはどこの首相だ!?」と悲痛な叫び声を投げ掛けられています。ここにも、米国の核抑止力（核兵器による威嚇）によって守ってもらっているという虚構にすがりつく自公政権の哀れで情けない姿勢が表れています。

また、オバマ政権が、核兵器による先制攻撃をしないことを宣言しようとして、各国の意見を聴取した際に、日本政府は、そうすれば核抑止力を喪失するので、「核の傘」の下にいる日本に不都合であるとの理由で反対しました。このため、米国の「核兵器の先制不使用」宣言は取り止めとなりました。核保有国が先制攻撃をしない原則ができるなら、北朝鮮などが核兵器を開発・保有しようとする理由を失います。なぜなら、北朝鮮が核兵器の開発を進めてきたのは、米国に核兵器で威嚇されたためですから。ところで、日本政府が、明らかに核兵器拡散防止に資する政策にさえ反対する理由があるのでしょうか。実は、あるのです。日本政府は、いつでも核兵器を保有する能力を持ち、そして機会があれば核兵器を保有したいという意思を持ち続けているのです。これが、核兵器の材料をつくる原子力発電にこだわり続ける理由でもあるのです。

日本政府が国民の意思とかけ離れたことを考えたり、行っていることに注意が必要です。

2. 安全保障政策の変遷

（1）日本国憲法の安全保障政策

第1次と第2次の世界大戦の反省のうえに、国際連合がつくられ、またその構想に沿って日本国憲法もつくられました。日本国憲法は、前文において「われらは、全世界の国民がひとしく恐怖と欠乏から免かれ、平和のうちに生存する権利を有することを確認する。」と全世界の国民の「平和的生存権」を確認しました。同時に「われらは、平和を維持し、専制と隷従、圧迫と偏狭を地上から永遠に除去しようと努めてゐる国際社会において、名誉ある地位を占めたいと思ふ。」として、日本国民が積極的に国際平和を維持する役割を担うと述べています。悲惨な戦争経験をもった多くの国民は、憲法の「平和を愛する諸国民の公正と信義に信頼して、われらの安全と生存を保持しようと決意した。」との前文を自らの決意ともして、憲法第９条の「戦争放棄、戦力不保持・交戦権否認」を心から歓迎したのでした。

（2）米国の世界戦略と日本の再軍備

しかしその後、東西冷戦の開始と朝鮮戦争の勃発を背景として、連合国軍最高司令官・マッカーサーの指令により、再軍備が始まりました。日本政府は**在日米軍基地を守る警察予備隊**をつくらされました。これは、さらに保安隊から自衛隊へと脱皮します。また、連合国の軍事占領は１９５１年にサンフランシスコ講和条約の締結と同時に押しつけられた「旧安保条約」（１９５２年4月28日発効）により事実上、米国の軍事占領として継続されることになりました。しかも、旧安保条約によって日本は、「押しつけられたこと」ではなく自ら「希望すること」として、米国に「**望むだけの軍隊を望む場所に望む期間駐留させる権利**」を与えました。他方、**米国には「日本の安全と独立を保障するいかなる義務もない」**ものでした。この状況は、１９６

0年に改定された「日米安保条約」においても、全く変わっていません。日本政府は国民向けに、「日米安保条約」は、それまでの片務的・不平等な条約から双務的・対等な条約になったと説明しました。しかし、密約によって、そのような見せかけはすべて骨抜きにされて、片務的・不平等な条約のままになっているのです。米国は日本全土を基地にできる権利をもつ一方、米国は日本を防衛する義務を負っていません。加えて日本は軍備漸増の義務まで負うことになりました。しかも、有事における自衛隊の指揮権はこれも密約により米軍が握ることになっています。つまり、自衛隊は米軍の一部隊の位置づけとなっています。

(3) 国連加盟と新たな選択の可能性

日本は1956年に国際連合に加盟することができました。国際連合の集団安全保障体制に組み込まれたのです。これによって他のいかなる安全保障対策も不要になったと言えます。「日米安保条約」はいらない状況ができたと言えます。なぜなら、もし日本を攻撃する国があったら、米国を含む国連加盟国が束になって、その攻撃から守ってくれることになったからです。そして、その実例を既に朝鮮戦争で見ていました。北朝鮮の韓国への侵略に対して国連軍が結成されて、北朝鮮への反撃が行われました。これを見て、日本は**軍隊を持たなくとも国際連合が守ってくれる**ことを理解したのです。

例えば、コスタリカは、軍隊を廃止して、日本国憲法・前文と第9条に記されたとおりの積極的平和外交を展開しています。そして、近隣諸国の戦争停止を仲介し、平和をもたらすなどの貢献をしています。また、コスタリカは、当時国家予算の3割を占めた軍事費をそのまま教育費に充てることにしました。これも素晴らしいことだと思います。その教育の成果として、国連で「核兵器禁止条約」を決議した際の議長を産み出しているのです。

しかし、日本はそうした道を選択できませんでした。日本を守るためのものでなく、米国が世界戦略に基づいて前方基地を配備するためのものである「日米安保条約」を、いわば押しつけられたからです。

（4）再軍備と解釈による憲法改定

さて、米国は当時「アジア人はアジア人と戦わせよ」を基本方針としていました。つまり、できるだけ米軍を使わずに他国の軍隊を使って戦争する方針でしたから、日本政府へ憲法9条を変えて再び軍事力を整備するよう要請してきました。歴代自民党政府は米国に言われるまま軍備を増強してきました。しかも、国民が希求する平和との矛盾を巧妙に糊塗するために、先の安倍自公政権と同様にウソとゴマカシで対応してきたのです。すなわち、国民の抵抗によって憲法を変えることはできないと判断し、憲法の条文は変えずに、解釈を変更することで軍備増強を行おうとしたのです。

憲法第9条で否認した交戦権については「急迫不正の武力攻撃に対する自衛権（個別的自衛権）」は、いかなる国も保有する固有の権利だから日本も保有できる。戦力の不保持については、当初は戦力ではなく「警察力」である、次には自衛隊は戦力ではなく、「防衛のための必要最小限の実力組織」である。以上の理屈を並べました。しかし、日本政府は自衛隊が「自衛」のためのものと国民に説明している建前から、軍備の範囲を「**専守防衛**」（守るための装備は持つが、攻撃のための装備は持たない、他国に脅威を与える装備も持たない）、「**海外に自衛隊を派遣しない**」（守備範囲は日本領域内だから）という、それなりの理由を付けて枠をはめざるをえなかったのです。

米国からすれば、在日米軍基地は、自由に設置でき、かつ自由に使用でき、駐軍経費は他国に比較して格安ということでは大いに満足していました。しかし、海外における米国の戦争で自衛隊を自由に使えないという点で不満が残っていました。この不満を解消しようとすれば、本来であれば、日本国憲法を変えなければなりませんし、日米安保条約も改定しなければいけません。しかし、日本の政治状況ではその実現が困難であるとみて、日本国憲法も日米安保条約もそのままにして、両政府は、国会審議を回避して三次にわたる「日米軍事協力のための指針」に合意してきました。日本政府はその合意内容を実行するために、必要に応じて法律をつくって、自衛隊が海外で米軍の指揮のもとで共同作戦に当たり、また国内からは兵站活動で支援する体制を整えてきました。こうして第三次ガイドラインに基づいて、２０１５年９月に国会で強行採決されたのが、「平和安全法制」（＝「戦争法」）でした。

（５）「戦争法」のもとでの自衛隊

これによって、日本の安全保障政策は、自衛隊が、日本の国土・国民への武力攻撃に対する自衛という任務ではなく、地球上どこであろうと、いつであろうと米国を含む密接な関係にある国に対する攻撃に対して反撃する、あるいは必要と思えば先制攻撃する、すなわち**戦争に参加することが任務**に変わりました（これは「集団的自衛権の行使」と言われるものです）。しかも、このような行動は米軍の指揮下で、米軍その他密接な関係にある国の軍隊と一体化・融合して行われるようになります。ですから、日本の法令に従って自衛隊だけ途中で抜けるなどということは実際にはできなくなります。「戦争法」は、明らかに憲法９条（戦争放棄、戦力不保持・交戦権否認）に違反するだけでなく、日米安保条約における「日本国の施政の下にある領域」からも逸脱し、同条約が尊重するとしている国連憲章の「武力の行使」禁止にも違反するものです。また、日本と密接な関係にある国は、米国だけではありません。米国との間には、日米安保条約がありますが、他の国とは条約もなしに、政府が「存立危機事態」(注)と判断すれば、その国の戦争に参加することができるようになったのです。さらに、「米国に対する攻撃」「密接な関係にある国に対する攻撃」というものは、米国あるいは密接な関係にある国による先制攻撃（侵略）に対する反撃であることもありえます。要するに政府の判断（政府の判断と言っても実際上は米軍の統合司令官の判断によることになります）で侵略戦争に参加するということになりかねないということです。そうなれば、明らかに国際法の「侵略（先制攻撃）禁止」にも違反することになります。

戦争法によって集団的自衛権が容認されたものの、その行使に限定があり、国会承認が必要などの制約があります。岸田文雄自公政権は、この制約を完全に取り除いて、米国などと肩を並べてあるいは一体化・融合して戦争することができるように「安全保障3文書」によって、敵国攻撃のための装備を整えようとしています。さらに、これによって、日本国憲法に違反することが明々白々となるため、適合する憲法へ改悪しようとしているのです。

（注）**存立危機事態**

わが国と密接な関係にある他国に対する武力攻撃が発生し、これによりわが国の存立が脅かされ、国民の生命、自由及び幸福追求の権利が根底から覆される明白な危険がある事態以上のような歴史的変遷と現況の中で、自公政権が進めている安全保障政策は、米国が国際法や国連憲章を無視して起こしている戦争に巻き込まれ、いたずらに「日本の若者が血を流す」ことになるのではないかと思われます。みなさんにはここで原点に立ち返って日本の平和と安全をどのようにして守っていくのか、考えてみていただきたいと思います。広く世界を見渡してみれば、①日本の憲法9条を世界各国の憲法へ採り入れようとする動き、②戦争の元凶でありかつ連鎖的に一瞬のうちに世界規模に拡大する要因となる軍事同盟から脱却して「非同盟・中立」へ向かう動き、③「核兵器禁止条約」に反対する米国など核兵器保有国や日本政府に対してその批准を求める各国民の動きの拡大、などもあります。このような世界の動きの中で、日本の安全保障をどうしたらよいのか、さらにお話を進めたいと思います。

3.「日米同盟」の現況

概要―「日米同盟」の全体像と特徴

まずは、日本政府・与党や一部の野党が安全保障の根幹という「日米同盟」について、全体像を見ておきましょう。「日米同盟」は、通常の軍事同盟（これは、主権国家として対等・平等な関係を前提とした攻守同盟です）とは全く異なったものです。詳しい内容は後でお話しするとして、先に簡単にまとめてみます。

「日米同盟」では、米国に日本を守る義務がありません。一方、日本は米国に日本全土を基地として利用する権利を与え、核兵器を搭載した航空機や艦船の自由な出入、通告すれば核兵器を配備できる権利を与え、他国への自由な出撃の権利も与えています。また、日本の側は、日本領域内で在日米軍を守る義務を負っていましたが、「戦争法」の施行によって、さらに海外においても米国及び密接な関係を有する国まで守る責務さえ負うことになりました。また自衛隊が戦争に加わる際には、米軍の司令官に自衛隊を指揮する権利まで与えています。すなわち、自衛隊は米軍の一部分として米軍の軍事作戦のもとでのみ活動することになっているのです。

しかも、基地の利用に関しては、日米地位協定によって国内法の適用免除や在日米軍犯罪者に対する裁判権の放棄など治外法権の状態、世界に類を見ない植民地的な隷属関係があります。また、日米地位協定に定められた駐留軍費用負担を超えて日本が負担する「思いやり予算」や米軍再編費用の肩代わり（米国軍事費の日本負担）など世界の歴史でも見られない売国的・朝貢的な状態に陥っています。さらに「戦争法」の施行とともに、これまで米国自身が軍備してきたものを肩代わりして日本が軍備する様相を呈してきており、米国製兵器の爆買いとして現れています。そして、事実を誇張した「安全保障環境の悪化」を口実として、軍事費を今後5年間で2倍化することが計画されています。

以上が、「日米同盟」の概要です。マスメディアを通じて日本政府や安倍晋三元首相がこれまで言ってきたこととは、全く違うなと思いませんか。にわかには信じられないという気持もあるだろうとお察しします。

それでは、真実は何か？　これを確認するため、まず特徴的な項目を列挙して、次に項目ごとに説明していきます。

①米国には日本を防衛する義務はありません。

②米国には日本全土にいつでも・どこでも基地をつくり軍事利用する権利があります。

③米国には日本の基地から自由に出撃し、他国を攻撃（含む侵略）する権利があります。
④米国と日本が一緒に戦争するときには、自衛隊を指揮する権利は米国にあります。
⑤米国には核兵器を搭載した航空機や艦艇が日本国内へ自由に出入する権利があり、通告さえすれば、核兵器を日本国内に配備する権利もあります。
⑥*日本は米国だけでなく密接な関係を有する国も防衛する責務を負うことになりました。
⑦*日本は自国領域内だけでなく地球規模で、自衛という名目で、他国を攻撃（含む侵略）できるように軍備する責務を負うことになりました。
⑧*日本は第三次ガイドラインの「互恵的な防衛調達の促進」にそって、米国の軍事費を肩代わりし軍備拡大を始めることになりました。
（＊）以上のうち⑥～⑧は、第三次ガイドラインに沿った日本政府の「集団的自衛権」行使容認の閣議決定と「戦争法」の施行によって生じたものです。

以下、項目ごとに内容を確認していきます。

（1）米国に日本防衛の義務なし

①日米安保条約とＮＡＴＯの規定の相違

日本の防衛に関して、条約ではどうなっているのでしょうか。１９６０年6月23日に成立した日米安保条約の該当箇所は、第5条です。そこでは、「各締約国は、日本国の施政下にある領域における、いずれか一方に対する武力攻撃が、自国の平和及び安全を危うくするものであることを認め、自国の憲法上の規定及び手続に従って共通の危険に対処するように行動することを宣言する。」とされています。「有事の際の相互防衛」という表題を付けた解説書もありますし「米国の日本防衛義務が規定された」と解説するものもあります。このような解説書を読みますと、米国はいざとなれば日本を守ってくれる、と誰でも思ってしまいますよね。これらには、条文の「自国の憲法上の規定及び手続に従って」の意味することの解説が欠落しています。そこで、もっとはっきりさせるためにＮＡＴＯ（北大西洋条約機構）と比較しておきましょう。ＮＡＴＯ第5条の関連部分は、次のとおりです。

「締約国は、ヨーロッパ又は北アメリカにおける一又は二以上の締約国に対する武力攻撃を全締約国に対する攻撃とみなすことに同意する。したがって、締約国は、そのような武力攻撃が行われたときは、各締約国が、国際連合憲章51条の規定によって認められている個別的自衛権又は集団的自衛権を行使して、北大西洋地域の安全を回復し及び維持するためにその必要と認められる行動（武力の使用を含む。）を個別的に及び他の締約国と共同して直ちに執ることにより、その攻撃を受けた締約国を援助することに同意する。」

ここでは、**何の条件もなしに、必要と認められる行動を直ちに執る**ことになっていますね。すなわち、守ってもらう権利と守る義務が明瞭に示されています。

先に見たように日米安保条約では、「自国の憲法上の規定及び手続に従って共通の危険に対処するように行動する」とあります。これは国家間の契約ですから、主観的な解釈を排して、客観的かつ正確に理解する必要があります。「自国の憲法上の規定及び手続に従って」を「これは決まり文句のようなもので意味がない」とか、「日本が憲法上の制約があることに配慮した文言だ」とか、安易に考えてはいけません。米国にとってどのようなものかをきっちりと読まなければなりません。米国憲法は第1条（連邦議会の立法権と2院制）・

第8節（連邦議会の立法権限）・11項において連邦議会に戦争を宣言する権限を与えています。このために、米国では連邦議会に武力行使の権限付与の決議案が上程され、可決されると、最高司令官である大統領がこれを遂行することになります。連邦議会の承認があれば、日本を防衛する行動は起こせますが、承認がなければ、日本を防衛する行動を起こせません。つまり、日米安保条約のこの「自国の憲法上の規定及び手続に従って」という条文がある限り、米国にとって日本を防衛することは義務ではなく、**事態が発生したときに「国益」を基準に判断される**ことだということが、おわかりいただけると思います。

②旧安保条約の規定

それでは、旧安保条約（1952年4月28日効力発生）では、どうなっていたのでしょうか。第1条に「平和条約及びこの条約の効力発生と同時に、アメリカ合衆国の陸軍、空軍及び海軍を日本国内及びその附近に配備する権利を、日本国は、許与し、アメリカ合衆国は、これを受諾する。この軍隊は、極東における国際の平和と安全の維持に寄与し、並びに、一又は二以上の外部の国による教唆又は干渉によつて引き起こされた日本国における大規模の内乱及び騒じようを鎮圧するため日本国政府の明示の要請に応じて与えられる援助を含めて、外部からの武力攻撃に対する日本国の安全に寄与するために使用することができる。」とあります。最後の一行に注意してください。米軍を「使用することができる（may be utilized to）」というだけです。この日本文から読み取れるのは、「使用するかもしれない」し、「使用しないかもしれない」ということです。つまり「必ず使用する」あるいは「使用する義務がある」ということではありません。英文から読み取れるのは、「使用されることがある」ということで、条約の理解として米国にすれば「使用しなくてもよい」ということになります。「日米安保条約」と同様で、その時に「国益」を基準に判断するということです。米国の交渉当事者は、「**日本の安全と独立を保障するいかなる条約上の義務も負っていない**」と明言したのです。

③ガイドラインの規定

歴史をさかのぼって条約の改定後と改定前を見ましたが、一貫して米国には日本防衛の義務がないことは明瞭です。以上は、東西冷戦という国際環境のもとでの米国と日本の関係でしたが、冷戦終焉後にはどうなったのでしょうか。１９６０年に改定された「日米安保条約」は、そのまま継続しています。そのうえ米国の世界戦略に沿って、『日米軍事協力のための指針』（いわゆる『ガイドライン』。第一次１９７９年、第二次１９９７年、第三次２０１５年）によって、日本の安全保障への米国の関与は次のように変遷してきました。

なお、日本政府の翻訳は「仮訳」と称して、誤解を招くような意訳が行われていますので、以下では、『知ってはいけない２　日本の主権はこうして失われた』（矢部宏治著　講談社現代新書）の適切な要約から引用させていただきます。

第一次　原則として、日本は小規模な侵略を自国で撃退する。自国だけで撃退できない侵略については、アメリカの**協力**のもと、これを撃退する

第二次　日本は武力攻撃に対し、即座に行動してそれを撃退する第一次的な責任をもつアメリカはそれに適切な**支援**を行う

第三次　自衛隊は日本の国土とその周辺海域・空域における防衛作戦を行う第一次的な責任をもつ米軍はそれを**支援**し、**補足**する

弾道ミサイルの防衛や、島嶼の防衛と奪還についても、日本が第一次的な責任をもつ米軍はそれを**支援**し、**補足**する

このとおり、一貫していることは、日本を守るのは米軍ではなく、専ら自衛隊の責任であり、米軍は「協力」から「支援」へ、さらに「補足」へと関与の度合いを後退させているのです。しかも大事なことは、第一次から第三次にわたる「ガイドライン」は、いずれも日米安保条約及びその関連取極めに基づく権利及び義務並びに枠組みは変更されないと明記しているのです。つまり「米国に日本防衛の義務はない」ことは明らかです。したがって、連邦議会の承認がなければ、米軍は「協力」や「支援」や「補足」すらしない、ということなのです。また現実にも、在日米軍には日本を守る任務を持った部隊は存在していません。これも、数々の米国の公文書で明らかにされています。

一つだけ紹介しておきましょう。ディック・チェイニー国防長官は1992年、連邦議会で「米軍が日本にいるのは、日本を防衛するためではない。米軍が必要とあらば、常に出動できる前方基地として使用できるようにするため。加えて日本は駐留経費の75％を負担してくれる」と発言しています。

④米国は日本を守らない

米国は一貫して、日本が自国防衛に責任を負い、かつ、その能力を発展させるよう要求して、条約にもそのように規定してきました。旧安保条約においては、前文に「アメリカ合衆国は、日本国が、攻撃的な脅威となり又は国際連合憲章の目的及び原則に従って平和と安全を増進すること以外に用いられうべき軍備をもつことを常に避けつつ、直接及び間接の侵略に対する自国の防衛のため漸増的に自ら責任を負うことを期待する」と、日本の防衛力整備への期待を規定していました。日米安保条約の第3条においては、「締約国は、

個別的に及び相互に協力して、継続的かつ効果的な自助及び相互援助により、武力攻撃に抵抗するそれぞれの能力を、憲法上の規定に従うことを条件として、維持し発展させる」と、日本の自国防衛能力の維持・発展を義務づけるものとなりました。つまり、米国は日本に対し一貫して自国防衛に責任を負うよう求めてきたのです。これは米国が日本を守る無駄（米国資源の浪費）を回避するためです。ただし、さらに大事なことは、日本が再軍備しても、それが米国や国際社会への脅威（敵対行為）にならないようにすることでした。このため、米国は、再軍備に当たって組織や装備を米軍に合わせて、米軍統合司令官の指揮のもとでしか自衛隊が行動できないようにしてきたのです。

⑤「日米安保神話」

そんなことはないだろう、と思われる人たちのほうが多いと思います。安倍晋三元首相は、米国の若者が日本のために血を流すときに、日本は何もしないでよいのか、と盛んに米国が日本を守る話をしました。米国のトランプ元大統領も「もし日本が攻撃されれば、私たちは最大限の力で日本のためにたたかう。しかし米国が攻撃されても日本はたたかう必要がない」（２０１９年6月29日　記者会見）と言いました。これが事実だ、と思っている人たちのほうが多いのではないでしょうか。しかし、「原発安全神話」を思い出していただけると、もしかしたら日本政府はマスメディアなどと一緒に「日米安保神話」をつくっているのかもしれないと、思っていただけるかもしれません。日米安保条約のうえで日本を守る義務がない米国が、自国の若者の血を流すことなどありえるでしょうか？　これから先で、この「日米安保神話」をさらに解き明かすことにしていきます。おしまいまで読んでいただくと、両国政府と軍事評論家やジャーナリストなどがマスメディアを通してつくりだした「虚像」が跡形もなく消え去り、「実像」が現れてくると思います。

なお、トランプ大統領の発言は、実業家らしいもので、安倍晋三元首相の「米国に日本防衛義務がない」ことに関する無知（あるいは、「米国に日本防衛義務がある」との思い込み）を最大限に利用して、米国製武器を爆買いさせるためのものだったことは明瞭です。

⑥自衛隊は日本を守れるか？

ところで、日本を守る責任を負う自衛隊にその能力があるのか？　これについて、『日本はなぜ、「戦争ができる国」になったのか』（矢部宏治著　講談社＋α文庫）の中で、著者は、次のような自衛隊の知人からの話を紹介しています。

「そもそも現在の自衛隊には、独自の攻撃力があたえられておらず、哨戒機やイージス艦、掃海艇などの防御を中心とした編成しかされていない。『盾と矛』の関係といえば聞こえはいいが、けっして冗談ではなく、自衛隊がまもっているのは日本の国土ではなく、『在日米軍と米軍基地』だ。それが自衛隊の現実の任務《ミッション》だと、かれらはいうのです。しかも自衛隊がつかっている兵器は、ほぼすべてアメリカ製で、コンピューター制御のものは、データも暗号もＧＰＳもすべて米軍とリンクされている。『戦争になったら、米軍の指揮下にはいる』のではなく、『最初から米軍の指揮下でしか動けない』『アメリカと敵対関係になったら、もうなにもできない』もともとそのように設計されているのだというのです。」

先程、日本の再軍備は米国や国際社会への脅威（敵対行為）にならないように進められたこと、このため、米国は再軍備に当たって組織や装備を米軍に合わせて、米軍統合司令官の指揮のもとでしか自衛隊が行動できないようにしてきたと述べたとおりなのです。そうすると、本当に自衛隊が日本を守れるようにするためには、日本の意思で動けるように「自衛隊」を改編することが必要になるのでしょう。

（2）米国に全土基地化の権利

①辺野古新基地建設の根拠

２０１９年2月、沖縄の辺野古に新基地をつくることに反対という沖縄県民の意思が県民投票によって明らかにされました。それにもかかわらず、日本政府は新基地建設を止めようとしません。沖縄県の翁長雄志知事（当時）が仲井真元知事の公約に違反する不当な新基地建設承認を「撤回」したのに対して、日本政府は法律をねじ曲げて無法な「撤回の取消し」を二度まで行いました（後述④参照）。菅官房長官（当時）は、沖縄県民に向かって「日本は法治国家である」と口にしましたが、やっていたことは、真逆で「無法国家」と言われても仕方ありません。県民投票の結果により県民の意思が明確になったのですから、新基地建設を強行することは、憲法に保障された「地方自治」「民主主義」に違反する無法な行為となります。

なぜこのような頑なな態度を日本政府がとるのでしょうか。世界で一番危険な普天間基地の閉鎖・撤去のための代替地として辺野古新基地しかないと日本政府は言います。しかし、国際法に違反してつくられた普天間基地は、日本に返還させればよいはずです。代替地など必要ないのです。ですから、根本にあるのは、日米安保条約によって、米国に対して日本全土を基地にできる権利を供与していることであり、このために拒否できないのだと思います。

②日米安保条約による権利供与

旧安保条約は、第1条で次のように定めていました。

「平和条約及びこの条約の効力発生と同時に、アメリカ合衆国の陸軍、空軍及び海軍を日本国内及びその付近に配備する権利を、日本国は、許与し、アメリカ合衆国は、これを受諾する。」

なお、これと一体に「日米行政協定」が締結されました。通常であれば、基地の所在地や貸与期間・条件などが明記されるはずですが、その記載はありません。米国が「望む数の兵力を 望む場所に 望む期間だけ駐留させる権利を確保」した、と言っているとおりなのです。このことにより、米国は日本の軍事占領状態をそのまま継続することができました。しかも、１９６０年の日米安保条約の改定に際しても、第6条において「…アメリカ合衆国は、その陸軍、空軍及び海軍が日本国において施設及び区域を使用することを許される。前記の施設及び区域の使用並びに日本国における合衆国軍隊の地位は、１９５２年2月28日に東京で署名された日本国とアメリカ合衆国との間の安全保障条約第3条に基づく行政協定（改定を含む。）に代わる別個の協定及び合意される他の取極により規律される。」と規定されています。つまり、表現は変わったものの、中身は何も変わっていません。「日米行政協定」も「日米地位協定」へそのまま引き継がれました。

なお、外務省の機密文書『日米地位協定の考え方　増補版』は、次のように記しています。

「1施設・区域の提供　…このことは、次の二つのことを意味している。第一に、米側は、我が国の施政下にある領域内であればどこにでも施設・区域の提供を求める権利が認められていることである。第二に、…提供目的に合致した米側の提供要求を我が国が合理的な理由なしに拒否し得ることを意味するものではない。…」

これからみても、米国側が「望む数の兵力を 望む場所に 望む期間だけ 駐留させる権利を確保」した、と述べていることが間違いないことだと、おわかりいただけると思います。

少し脱線します。辺野古の新基地建設をめぐって、日本政府は、辺野古しかないと言います。しかし、この『日米地位協定の考え方　増補版』の「合理的な理由なしに拒否し得ることを意味するものではない」という考え方によれば、合理的な理由さえあれば、提供目的（日米安保条約第6条「日本国の安全に寄与し、並びに極東における国際の平和及び安全の維持に寄与するため」）に合致する限り、拒否できるし、代替施設を提案できるという解釈ができます。つまり、県外、国外という提案が可能だということであり、そうしないのは、歴代政権の怠慢だということです。

③日米合同委員会と主権侵害の合意（＝密約）

しかも、日米安保条約の大事な点は、「別個の協定」＝日米地位協定だけでなく「合意される他の取極」によっても「合衆国軍隊の地位」が規律されると改悪されたことです。この規定によって、日米合同委員会を通じて、国権の最高機関であり国の唯一の立法機関である国会の承認なしに、日本の主権を侵害するような取極がなされることを可能にしました。しかも、**日米合同委員会の議事録は、両国の合意がなければ公開されない**ことになっており、事実上の密約として国民の目に触れずに、知らないうちに国民生活に影響を及ぼすことになっているのです。人権侵害に当たる事象が発生しても、防衛省と法務省は、この密約を隠蔽したまま、是正処置をとらずに済まそうとしています。被害者が裁判に訴えて勝訴し、損害賠償は認められても（日本政府が米国の肩代わりをして賠償金を支払うことが多いのです）、是正処置はとられない状況にあります。日米安保条約の規定にある「合意される他の取極」が、憲法で守られるべき基本的人権よりも優先されるという「あってはならないこと」が起きているのです。みなさんは、このことからも「米軍が日本を守る」ということに疑問を抱くことと思います。日本の何を守るというのでしょうか？　先に見たように、米国が「米軍が日本にいるのは、日本を防衛するためではない。米軍が必要とあらば、常に出動できる前方基地として使用できるようにするため」と明言しているとおりなのです。

④無法な辺野古新基地建設

沖縄県が行った辺野古公有水面埋立承認の撤回（取消処分）について、沖縄防衛局長は国土交通大臣（公明党）に対し、行政不服審査法に基づく審査請求及び執行停止の申立てをしました。これに対して、国土交通大臣は、沖縄防衛局長の申立てを有効と判断したうえ、埋立承認撤回の取消し（効力停止）を認容しました。しかし、そもそも行政不服審査法は、「国民の権利利益の救済を図るとともに、行政の適正な運営を確保することを目的とする」法律です。国民が行政機関に不服申立てをするものであって、沖縄防衛局など行政機関が申立てすることができない法律です。それにもかかわらず沖縄防衛局長が「一国民」に成りすまして、審査請求及び執行停止の申立てをしたのですから、明らかな違法行為であって、国土交通大臣としては、却下すべき事案でした。ところが国土交通大臣は、まずこのような事案を却下しない、という誤りを犯しました。次に沖縄県の「辺野古公有水面埋立承認の撤回（取消処分）」は沖縄県の権限で行えるものなのに、国土交通大臣は勝手に埋立承認撤回の取消し（効力停止）を認容するという越権行為をしました。これは、地方自治の否定にもなります。国土交通大臣はこのような**違法な申立ての受理と越権行為**（地方自治の侵害）をしたことで二重の誤りを犯したことになります。先に述べたように、沖縄県民の意思は県民投票によって「辺野古新基地建設反対」であることが明らかにされており、**民主主義の否定**でもあります。

弁護士や司法書士の団体は、防衛省と国土交通省の不適法を厳しく批判していますが、日本政府は、「戦争法」を審査会で3人の憲法学者全員から「憲法違反」と指摘されたときと全く同様に、これを無視して済まそうとしています。日本は本当に、菅官房長官（当時）が偉そうに言う「法治国家」なのでしょうか？　日本政府のやっていることを見れば、「法治国家」を自ら否定しており、「無法国家」であることは、はっきりしています。

（3） 米国に日本から自由出撃の権利

①自由出撃の権利（旧安保条約）

旧安保条約の第1条には、「…平和条約及びこの条約の効力発生と同時に、アメリカ合衆国の陸軍、空軍及び海軍を日本国内及びその付近に配備する権利を、日本国は、許与し、アメリカ合衆国は、これを受諾する。」とあります。米軍配備の目的は、「極東における国際の平和と安全の維持に寄与」することでした。このため、米軍を配備する権利を日本国内に限定せず「その付近」まで含めています。米国は、韓国及び台湾との相互防衛条約でも同様の権利を認めさせ、極東において米軍が自由に移動・出撃できる状況をつくったのでした。当時は、朝鮮戦争の真っただ中にあり、日本政府も国連軍としての米軍に対する支援をやむをえないもの、というよりもむしろ国際的責務と感じていたのかもしれません。

②自由出撃の密約（日米安保条約）

改定後の日米安保条約のもとではどうなったでしょうか。もう一度『もういちど読む　山川　日本史』を読んでみましょう。「新安保条約では、アメリカ軍の日本防衛義務、軍事行動に際しての日本側との事前協議、相互の防衛力強化などが規定されていた。」みなさんは、ほー、安倍晋三元首相が尊敬するだけあって祖父・岸信介元首相はなかなかやるじゃないか！　事前協議の際に日本が嫌ならＮｏ！　と言えばよくなったのだから、対等な関係になったのだな、と思われるかもしれません。日本政府が国民へそのように説明していたのですから、当然でしょう。ところが、これにも密約がありました。核兵器の配備については、通告さえあれば容認する、その他は可能ならば事前協議する（したくないなら、事前協議をしなくても良い）というものでした。他国への出撃については、沖縄（施政権返還前）を経由・他国の米軍基地経由なら可、別目的で出発・途中から出撃も可とするような、**抜け穴をわざわざつくって自由出撃を認めるもの**でした。

旧安保条約に先立ち同日に署名した「サンフランシスコ講和条約」（「平和条約」）によって日本国は独立したのです。ところで、独立した国家として、米軍が無条件に他国へ移動・出撃することを認めることに問題はないのでしょうか。参考になる事例があります。米国などが２００３年に侵略したイラクが、「イラク・アメリカ地位協定」（２００８年）において米国の草案に追加修正した条項です。そこには「イラクに駐留する米軍が、イラクの国境を越えて周辺国を攻撃することを禁じる」とあります。あれだけコテンパンにやられたイラクでさえ主権国家としての誇りと意地を見せて他国への攻撃を禁じています。みなさんはなぜだと思いますか。これは、国際法において侵略国に軍事基地を提供した国家も侵略国とみなされるということに留まらず、相手国からの報復対象になり、国土と国民を危険にさらすことになるのですから、当然のことだと思います。

この事例一つをとってみても、歴代自民党政権・自公政権が米国に自由出撃の権利を認めていることが、いかに異常なことかわかると思います。はたして日本は、独立して主権を有する国家と言えるのでしょうか。みなさんも疑問に思うことでしょう。他国には軍事基地を貸さない、たとえ貸しても出撃には厳重な制限を設けるということは、主権国家として当たり前のこと、これが国際的な常識なのですから。つまり、**米国に主権を侵害されている国家**、あるいは**自ら主権を放棄している国家**、という状況下にあるのが、いまの日本だということです。

（4）米国に自衛隊指揮の権利

①旧安保条約のもとでの密約

旧安保条約と一体の「日米行政協定」の締結に当たって、「日本有事」において「日本国 保安組織（地方警察を除く）」（この保安組織とは「警察予備隊」のこと。1952年10月に「保安隊」となる）は米軍の指揮下に入るという「日米統合司令部」の密約が1952年7月に「口頭了解」として確認され、また自衛隊が発足した1954年7月にも、この密約が確認されます。ともに吉田茂首相（麻生太郎元首相の祖父）によるものでした。なお、これについて当初米国側は「日米行政協定」の条文で規定することを提案し、日本側はこの内容を「当然」のこととして容認しました。しかし、日本政府はこれに対して与野党を問わず強い反発が起こることを懸念して、「国の法制上、又、国内政治上、かような明文規定をおくことは、政府として、同意困難」と判断しました。そして、「将来両政府においてとりあげるにしても、そういうことは、**交換公文や議事録などにも一切残さない**」ことにしたのです。したがって、この「口頭了解」は密約となりました。この結果、日米行政協定第24条では次のように規定されました。「日本国政府及び合衆国政府は、日本区域の防衛のための必要な共同措置を執り、且つ、…直ちに協議しなければならない」

日本政府は、この「協議」を通して、「日米統合司令部」を設置し、米国がその「司令官」を任命することを容認したのです。

②日米安保条約のもとでの密約

1960年の旧安保条約の改定に伴って、「日米行政協定」は「日米地位協定」に引き継がれます。ところが、この第24条は「日米地位協定」から姿を消しました。しかし、それは日米安保条約の中に姿を変えて現れ、本文の第４条と第5条に分かれて規定されることになったのです。第４条には、次のような規定があります。「…日本国の安全又は極東における国際の平和及び安全に対する脅威が生じたときはいつでも、いずれか一方の締約国の要請により協議する。」

日本政府は、この「協議」を通して、「日米統合司令部」を設置し、米国がその「司令官」を任命することについて、引き続き合意したのです。これは、先にお話ししたように第6条において「…アメリカ合衆国は、その陸軍、空軍及び海軍が日本国において施設及び区域を使用することを許される。前記の施設及び区域の使用並びに日本国における合衆国軍隊の地位は、１９５２年2月28日に東京で署名された日本国とアメリカ合衆国との間の安全保障条約第３条に基づく行政協定（改定を含む。）に代わる別個の協定及び合意される他の取極により規律される」として、包括的に引き継がれていることからも確認できることです。

③密約は生きている

そして、現実の動きを見れば、もっとはっきりしてきます。第一次から第三次の「ガイドライン」において、自衛隊と米軍の一体化が着々と進められています。当初は、共同作戦を研究することから始まり、共同作戦計画の策定・演習を開始し、現在は、共同作戦において自衛隊が米軍防護の任務に就くところまで進んでいます。このような状況下で、共同作戦・実戦の指揮を執るのは、「当然」米軍の司令官になります。１９７６年に日米安全保障協議委員会のもとに「日米防衛小委員会」が設けられました。これが、「**米軍司令官の指揮権**」**を前提とした**「**日米合同司令部**」です。

一国の軍隊（自衛隊）の指揮を執る司令官が、他国（米国）の軍人であることに、みなさんは日本政府と同じように「当然」と思いますか、違和感はありませんか。みなさんも疑問に思うでしょう。それゆえに日本政府は「当然」としながらも、国民には絶対隠さなければいけないと考えたのです。それは主権国家ならありえない異常なことだからです。この点を見ても、日本政府が国民に真実を隠蔽する「民主主義国家」と言えない政治をしていることがわかります。

（5）米国に核兵器配備の権利

①「非核三原則」看板に偽りあり

日本政府は、「非核三原則」を国是であると言ってきました。それは、「核兵器を持たず、つくらず、持ち込ませず」というものです。しかし、これは日本政府が掲げた偽りの看板であり、つくられた「虚像」ともいうべきものです。安倍晋三元首相が尊敬する祖父・岸信介元首相の実弟・佐藤栄作元首相が、「非核三原則提唱」を理由にノーベル平和賞を受賞しました。厚顔無恥とはまさにこのことでしょう。また、日本政府は、日本は米国の「核の傘」に守られているとか、米国の核の拡大抑止力のもとにあるから「安全」であるとか言います。これも、いざとなれば、真っ先に核兵器の犠牲になる「危険」と表裏一体にあることを隠蔽した話です。さて、この「非核三原則」の現実は、どうなっているでしょうか。

ⅰ．「核兵器を持たず」と、日本政府は言いながら、米国の「核の傘」に守られている、米国の拡大抑止力（注）のもとにある、とも言っています。ということは、「自国は持っていないが、代わりに米国に持ってもらっている」ということです。これでは、事実上「核兵器を持っている」のと同じことではないですか。あるいは、日本が保有していなくても、米国のものを借用しているようなものですから、事実上「核兵器を持っている」と同じことではないでしょうか。

（注）米国の拡大抑止力

本来的には、「抑止力」は「武力による威嚇」そのものです。「武力による威嚇」は、国連憲章第2条4項で「慎まなければならない」とされ、日本国憲法9条1項で「永久にこれを放棄する」としていますから、国連憲章違反であり、日本国憲法違反でもあります。同時に日米安保条約・第1条（国連憲章の遵守）にも違反するものです。

ところが、安倍自公政権は2016年4月「憲法9条は、一切の核兵器の保有および使用を禁止しているものではない」との閣議決定をしました。これは、憲法9条は自衛のための実力の保有や行使を禁止していないので、防衛目的のための核兵器の保有や使用は憲法違反ではないという論理です。このような論理であれば、国際的に禁止された化学兵器などの大量破壊兵器でも「防衛目的」なら憲法違反ではないと言い出しかねませんね。

ⅱ.「核兵器をつくらず」については、確かにまだつくっていません。しかし、いつでもつくれる技術力と材料を保持することを国策としてきました。日本政府は、潜在的な「つくる」能力を持っているぞ、と国際的に示すことで外交上の力になると信じ込んでいるようです。また、将来「核兵器をつくりたい・持ちたい」と思っている人々もいるのです。危険極まりない原子力発電所を持ったのも、核兵器材料のウランやプルトニウムを手に入れることを重要な目的の一つにしているのです。そのため、福島第一原子力発電所の苛酷事故のあとでも、再稼働に反対する大半の国民の声に耳を傾けずに、再稼働を止めようとしていません。発電コストの面で最も高いのが原子力発電だとすでに明らかになったにもかかわらず止めようとしないことからも、このことが裏付けられます。しかも、2012年6月に「原子力基本法」が改悪されました。元々「原子力利用は、平和の目的に限り」とあったものに、「わが国の安全保障に資すること」が付け加えられたのです。このことは、**「軍事転用」の可能性に道を開いた**と言えるでしょう。

しかし、世界はそんなに甘いものではありません。日本が核兵器をつくることをどの国よりも米国が許すはずがありません。仮に日本が核兵器をつくるとしても米国の資源節約のためであり、使用するとしても米国の指揮のもとでしか使用できないでしょう。なぜならば、日本に再軍備させるとしても、米国あるいは利害を共有する国に敵対する攻撃力を持たせないように（これが『ポツダム宣言』の重要な項目の一つでした）最も警戒しているのが米国だからです。このことは日米安保体制の中でしっかり歯止めがなされているのです。旧安保条約にも日本の再軍備について他国の脅威や平和の阻害要因にならないことが前提条件である旨明記されています。自衛隊の「指揮権」を米軍が握ることも、これによって自衛隊が米軍に敵対しようとしても、できなくする、ということに最大の狙いがあるのです。

ⅲ.**「核兵器を持ち込ませず」**については、真っ赤な嘘です。１９７２年に沖縄の施政権が日本に返還される前には、約１３００発の核兵器が沖縄に持ち込まれており、旧ソ連や中国・北朝鮮に脅威を与える役割を果たしていたことが明らかになっています。また、沖縄の施政権返還後でも、岸信介元首相の実弟・佐藤栄作首相（当時）の密約で、いざというときには、沖縄の核兵器格納庫にミサイルや核兵器を持ち込むことを許容しています。また、米軍の核兵器を搭載した航空機や艦船が何の制約もなく日本に出入りすることを許容しています。これらは、いずれも国民には知られないように隠蔽するため、密約にされてきました。このような事実を踏まえて、米国は１９７３年10月に事前協議もなしに空母ミッドウエイの横須賀・母港化を行いました。これは核攻撃基地が日本の港湾内につくられたようなものです。

②米国の「前方基地」・日本

さて、米国は本土から遠く離れた日本を「前方基地」として利用してきました。アジアで戦争が起きても、すぐ対応できるようにしたいこともありますが、自国本土へすぐには戦禍が及ばないようにしたいためです。これは米国の戦争に核兵器を使用する場合も同様のことで、日本を核戦争の軍事拠点として利用することになります。米国が核兵器の使用を検討しながら、世界の世論によって思い止まったことが、3度ありました。朝鮮戦争、キューバ危機、ベトナム戦争です。そのたびに日本から核兵器を搭載した戦闘機が出撃する寸前まで事態が進んだことを忘れてはいけません。米国の本土にいる大統領がボタンのスイッチを押すだけで、日本から核兵器攻撃がなされる。そうすると、日本が核兵器で報復される可能性が高くなるのは当然のことです。核兵器格納庫や原子力発電所などが標的にされるかもしれません。そうなると潰滅的打撃を受けるのは、米国本土や米軍ではなく日本の国土・国民となるでしょう。在日米軍は、そういう時には事前に素早く日本から撤退することでしょう。

さて、中国、北朝鮮、あるいはロシアが仮に日本に核攻撃を仕掛けた場合、みなさんは米国が核兵器の使用に踏み切ると思いますか。米国への攻撃がないのに、米国本土への核報復攻撃を覚悟してまで、核兵器を使用するなどということを、米国連邦議会や米国民が容認するとは考えにくいのではないでしょうか。つまり、「**拡大抑止**」「**核の傘**」**も幻想に近い**のではないでしょうか。いま日本では維新の会などから「核共有」という提言が出されています。これは、中国、北朝鮮、あるいはロシアとの間の核戦争において、日本が核攻撃を請け負うことになります。そうすれば、核の報復攻撃を受けることになるので、日本の国土を焦土と化し、国民に潰滅的な犠牲をもたらす危険を背負い込むことを意味しています。

③「核の傘」は神話

以上お話したことから、日本政府が言う「日本は米国の『核の傘』に守られている」ということを、みなさんは本当に「守られている」と感じるでしょうか。見方を変えれば、日本は身を挺して米国を「守るためにある」「守らされている」というのに過ぎないのではないでしょうか。日本に配備することを検討されていたイージス・アショアは、北朝鮮からハワイとグアムに向けて発射されるミサイルを秋田県と山口県の上空で撃ち落とすことを目的としたものです。住民の反対運動で設置が取り止めとなりましたが、イージス艦の建造とともに新たに南西諸島など40カ所にミサイル基地建設が計画されているとのことです。これらは、中国包囲網の一環となるものですが、中国の言う第一列島線に沿ったところ、すなわち米国の最前線基地になります。「アメリカ様を撃つなら　私を先に撃って！」と身を投げ出す日本の様子が目に浮かばないでしょうか。ここでミサイルの応酬があれば、日本を戦場とした戦争状態に入り、いまのウクライナと同じ惨状を目にすることになること、またそれが核弾頭付きミサイルであれば、壊滅的な惨状を招くことを思い浮かべてみることが大切です。戦争が始まっても、「冷静に、理性でもって核兵器の使用を思い留まるはずだ」などという論理は通用しないでしょう。日本は米国の「拡大抑止」「核の傘」で守られている、だから「安全」だということは、神話に過ぎないのです。

(6) 日本に米国等防衛の任務

日米安保条約の上で米国には日本防衛の義務はありませんが、一方、日本は「在日米軍基地・米軍を防衛する」ことになります。日本が自国を防衛することは、自国領域内の米軍基地・米軍をも防衛することになるからです。ところが、ここで忘れていけないことは、日米安保条約で米軍基地・米軍を防衛することは日本領域内のことでしたが、「戦争法」の施行によって、その範囲が地球規模に拡大して、米軍を守り、かつ共同作戦・実戦を行うことになったのです。つまり、自衛隊に米軍の肩代わり（日本資源の活用）をさせようということです。既に見たとおり日米安保条約には日本がこのような地球規模で米軍を守る義務はありません。ところが、安倍晋三自公政権が自らこの任務を買って出たのです。なお、これは憲法9条2項に明らかに違反します。そこで、この違憲状態を合憲化するとともに、さらに一歩進めて米軍と肩を並べてあるいは一体化・融合し戦争することをも可能にするために、安倍晋三以降の自公政権によって、憲法改悪がたくらまれているのです。

ここまで読んでこられたみなさんは、米国に日本防衛の義務がないのに、日本に米軍防衛の任務を負う必要なんかあるのだろうか？　と思うかもしれません。そのとおりなのです。そこで、自衛隊がつくられた状況から調べてみたいと思います。

①自衛隊の任務（旧安保条約）

まず旧安保条約のもとでは、「日本国は、武装を解除されているので、…固有の自衛権を行使する有効な手段をもたない。」という状況認識に基づいて、米国は日本に対して「自国の防衛のため漸増的に自ら責任を負うことを期待する」だけに留まっていました。しかし、朝鮮戦争が始まっていたため、米軍が国連軍として朝鮮半島に派遣され、米軍基地が空っぽになるので、これを埋めるべく警察予備隊がつくられました。警察予備隊は、米軍基地と米軍を守るためにつくられたのですが、その後に保安隊、自衛隊と発展を遂げるとともに有事においては米軍の指揮下で戦うという密約が交わされていました。なお、朝鮮戦争においても日本は、国連軍支援ということで兵站業務や機雷掃海など積極的に戦争協力し、犠牲者も出たことも忘れてはいけないことです。

②自衛隊の任務（日米安保条約）

次に改定後の日米安保条約のもとでは、どうなったでしょうか。第5条は次のように規定しています。「各締約国は日本国の施政の下にある領域における、いずれか一方に対する武力攻撃が、自国の平和及び安全を危うくするものであることを認め、自国の憲法上の規定及び手続に従つて共通の危険に対処するように行動することを宣言する。」つまり、憲法上の規定及び手続に従って、という条件はありますが、自衛隊も「共通の危険に対処する」ことになったのです。しかし、この条文のうえでは、どのように行動するのかは、日本と米国が独自に「憲法上の規定及び手続に従って」決めることです。つまり、それぞれに**「個別的自衛権」**(注1)を行使することになるでしょうが、それもそれぞれの国の「憲法上の規定及び手続に従って」行う、ということです。しかし日本側は、日本にある米軍基地に対する武力攻撃も日本領土に対する侵略ですから、その場合にも自衛の措置を執ることになるでしょう。そうなれば、自国の防衛といっても、これは米軍基地・米軍を守ることに外なりません。このために、自衛隊は、日米安保条約第3条（自衛力の維持・発展）と「日米相互防衛援助協定（MSA）」に基づいて、米国の余剰兵器を買わされながら、組織も装備も運用も米国に合わされながら、いざというときに統合司令官の指揮のもとで効率的に戦えるように再軍備を進めてきました。そして、ここが肝心なところですが、自衛隊は自国防衛に必要な装備をするのではなく、米国の軍事戦略に従っていれば日本の平和と安全が確保できるという前提のもとに、米軍を防衛するための装備を進めてきたのです。なお、自衛隊が「防衛出動」できるのは、自衛隊法によって日本への武力攻撃及びその危険が切迫した事態になったときだけでした。

③自衛隊の任務（「戦争法」）

さて、**「集団的自衛権」**(注2)の行使を認めた、戦争法によって現在はどのようになっているでしょうか。自衛隊法は次のように改定されました。「我が国と密接な関係にある他国に対する武力攻撃が発生し、これにより我が国の存立が脅かされ、国民の生命、自由及び幸福追求の権利が根底から覆される明白な危険がある事態」（存立危機事態）にも、出動ができるとされました。それまでは、日本領域内での武力攻撃を想定していました。しかしいまは、これは存立危機事態だ、と政府が判断すれば、自衛隊は日本領域外でも米軍の統合司令官の指揮のもとで戦うことになりました。しかも、「戦う」と言いましたが、その内容は、日米同盟の歴史の中で、どんどんエスカレートしてきたのです。日本政府は、戦争を極力小さく見せようとして「戦闘」場面に限定したがりますが、現代の戦争は「総力戦」と言われるように、国家の総力を挙げた後方支援（兵站業務）が勝敗を決することになります。したがって、米国が日本に要求する内容も、単に自衛隊が戦闘することだけではありません。米軍の目的追求に沿って効果的・効率的に何ができるか、という観点で少しずつ拡大してきました。まずは国内での兵站業務から、次いで海外での兵站業務も加わり、そしていまや米軍の防護、さらに肩を並べて（慣れてくれば、前列に出されるでしょう）戦闘することまで要求されているのです。

なお、「（1）米国に日本防衛の義務なし」のところで紹介したように、自衛隊は、米国とその同盟国に敵対することのないように、装備も特定され、共同訓練もされ、かつ米軍司令官の指揮下に入ることになっているのです。

（注1）**個別的自衛権**

個別的自衛権とは、自国を防衛する権利のことです。ある国家が武力攻撃を受けたときに、これを撃退し、平和と安全を回復する権利を「自衛権」といいます。

これには3つの要件が必要であるとされています。

「武力攻撃の発生」に対して行使されること。

「必要性の原則」といって、他に手段が存在しないこと。

「均衡性の原則」といって、反撃の規模は受けた侵害に相当する程度にとどめること。

（注2）**集団的自衛権**

集団的自衛権は、先に説明した「自衛権」を集団で行使する権利です。自国と密接な関係にある外国に対する武力攻撃が発生したときに、自国が攻撃されていないにもかかわらず反撃する権利です。

「自衛権」と言いながら、「他国を防衛する義務」を含むものです。歴史的には、侵略の理由に多く使われてきました。

▼コラム18『米国の世界戦略と日本の役割（「ガイドライン」）』を参照ください。

(7) 日本に「軍備拡大」の責務

日米安保条約は、第3条において「締約国は、個別的に及び相互に協力して、継続的かつ効果的な自助及び相互援助により、武力攻撃に抵抗するそれぞれの能力を、憲法上の規定に従うことを条件として、維持し発展させる」としています。日本政府は、「戦争法」施行以前は「専守防衛」という看板を掲げて、日本領域内で武力攻撃を受けた場合だけを想定した軍備を行う旨、国民向けにも対外的にも説明してきました。しかし、「戦争法」の施行によって海外において米国だけでなく密接な関係を有する国が攻撃された場合にも、「自衛あるいは他衛の措置」を執ることになりました。そうすると、これに対応した軍備が必要になります。つまり、①自国領域から地球規模で海外に出るための軍備 ②米国以外の複数国への攻撃に対応するための軍備が必要となるので、いやおうなしに軍備拡大せざるをえなくなったことになります。例えば、早速検討されているのは、護衛艦の航空母艦への改修とステルス戦闘機の艦載、ミサイル基地の建設、等です。なお、米国領土（ハワイ・グアム）攻撃ミサイルを迎撃するイージス・アショア（陸上配備ミサイル迎撃装置）の配備（秋田・山口両県）は、住民の反対運動で取り止めとなりましたが、これに代えてイージス艦の建造、南西諸島へのミサイル基地建設等を進めています。これらは、これまで他国へ軍事的脅威を与えるものとして、保有することを自ら禁じてきたものです。つまり、「戦争法」によって日本政府は、日米安保条約における防衛能力の維持・発展義務と全く異なる軍備拡大を自らの責務としたのです。

なお、２０２２年12月「安全保障３文書」を閣議決定。軍事費をＧＤＰ比２％まで順次拡大し、当面は5年間で43兆円とする計画です。その後は毎年11兆円（5年間で55兆円）規模まで拡大（現状比２倍化）することになるでしょう。

（8）日本は「自主的に」米国軍事費を肩代り

前項で述べた軍備拡大の大半は、「戦争法」施行以前であれば、米国が自らの必要に応じて調達してきたものです。「戦争法」の施行によって、自衛隊は海外においても米軍と共同作戦のもとに融合して行動することになりました。軍備は一体のものとして機能するものですから、米軍が米国の財政事情が悪くなり予算措置がとれないとなれば、日本など米国の同盟諸国で調達させられることになります。これがＮＡＴＯへのＧＤＰ比２％以上という要請になっているのです。自衛隊は産まれた時から、米軍の組織・装備と同じにして、一体のものとして効率的に運用できるように育成されてきました。したがって、先のような要請があれば、米国製の武器を爆買いすることが当然の成り行きとなります。トランプ元大統領というよりも米国の大統領はすべて同国の軍需産業の支援を受けて当選し、閣僚に軍需産業の代表まで送り込まれていますから、軍需産業の「言いなり」に同盟国へ米国製武器を買って欲しいと要請します。安倍晋三首相（当時）なら要請されなくとも「忖度して」爆買いすることになります。ちなみに日本政府は、米国から強制されることでも、国会では「自主的に判断した」と答弁するのが通例になっています。これは、米国からの憲法改定要請を「自主憲法制定」と称したことに淵源があると思われます。

なお、安倍晋三自公政権の米国製武器の爆買いの根底にあるのは、安倍晋三元首相の日米安保条約の無理解もあると思われます。安倍晋三元首相は、条約上米国には日本防衛義務があると誤解しています。一方で、条約に書かれたことは信頼関係がなければ反故にされると考えているので、言われることにはしっかり応えて信頼関係をつくらなければならない、そのために「血を流す同盟」こそが、必要だという認識だろうと思われます。しかし、いくら言われたこと以上にやったからといって、条約上義務のない「日本の防衛」のために、米国連邦議会が「米国の若者に血を流せ！」と言えるでしょうか。米国にとってそう言えるのは、自国の国益になると判断した場合だけでしょう。

実は歴代自民党政権は、米国に日本防衛の義務がないことを知っているために、何とか忠勤を尽くしていざというときに縋りついてお願いできるようにしなければいけないと考えて、ずるずると米国の言いなりになった、という見方があります。いざという時、米国に見捨てられないように、そうしているというのです。しかし、安倍晋三元首相は、例外なのではないでしょうか。この「米国に日本防衛の義務がない」という基本的な事実すら知らずに、「対等な関係をつくる」という美名のもとに、日本の責務だけを一方的に拡大してきたのではないか、と思われます。その後の菅義偉・岸田文雄両首相も、安倍晋三元首相のこの誤りに気づいていないのではないかと感じられます。日本はいま日米安保条約を正確に理解していない歴代首相のもとで、こういう悲劇的で、重大な危機的状況に置かれつつあると思われます。

4.「日米平和友好条約」へ

(1)「日米同盟」の実像

これまで見てきたように、日米安保条約に基づく日米同盟の「実像」が明らかになってきたと思います。日米同盟で「米国が日本を守る」ということは「虚像」であり、日米両政府、軍需産業、御用学者や軍事評論家なる人々がマスメディアや教科書を通じてつくり上げた「神話」なのです。「原子力ムラ」という表現を借りるなら、「**軍事力ムラ**」**あるいは**「**戦争ムラ**」**によってつくられた**「**神話**」なのです。

「日米同盟」をもう一度整理してみると、次のとおりです。第2次世界大戦後、米国は自国の世界戦略に基づいて日本を含む世界中に前方基地を展開することにしました。そして、米国は日本全土を基地にできる権利を手に入れて、国内法の適用なしに（これは、日本政府・外務省の怠慢です）自由に軍事利用し、他国へ核兵器も含む攻撃のため（侵略の歯止めもなく）自由に出撃する権利も手に入れました。他方、米国には日本を守る義務はありません。それなのに日本は米軍の防護、兵站から海外で参戦するための軍備増強や軍事費肩代わりなど一方的に責務（条約上の義務ではありません）を拡大しつつあります。

なお、自衛隊が参戦する際には米軍の統合司令官に指揮させる権利まで与えています。これは米国が連合国の代表として「ポツダム宣言」を日本に履行させる責務を負っていたこともあったからでしょう。当初は日本に軍隊をもたせない方針でしたが、東西冷戦下において方針を転換し、日本に軍隊をつくらせることにします。その目的は、当初朝鮮戦争で派遣されてもぬけの殻となる米軍基地と米軍を守ることでした。日本の再軍備に当たって、その軍隊が米国や同盟国に敵対することがない条件のもとで、日本には自力で国土防衛させること（米国資源の節約）、さらに海外でもその軍隊を使うこと（日本資源の活用）ができるものにする、という設計がなされました。つまり、自衛隊は常に米軍の統制下に置くことが条件とされ、その指揮権を米国は握っているのです。

このような経緯を見ても、米国が日本に基地を置くのは、最初から自国の世界戦略のためであって、「日本を守るため」ではない。だから条約上も、米国は日本防衛の義務を負うことを避けた、ということを理解できると思います。

（2）日米地位協定と密約の不当性

話が少し変わりますが、「米国は日本を守らない」ということを前提とするならば、在日米軍に対して憲法に違反する人権を蹂躙する行為を許容する根拠はあるのでしょうか？　ＮＡＴＯでは米軍に国内法が適用されていると指摘されると、日本政府は日本とＮＡＴＯでは事情が異なると言います。ＮＡＴＯは相互防衛義務を負っている。日本には米国防衛の義務がないのに、米国には日本防衛義務があるのだから、日本は守ってもらう以上、人権蹂躙も我慢しなければいけないと言いたいようです。しかし、条約上「米国に日本防衛の義務がない」ことは、はっきりしているのですから、国内法の適用は当然のことではないでしょうか。国内法を適用できるように日米地位協定の改定交渉をしていないことは、日本政府・外務省の怠慢であり、余りの卑屈さに悲しみさえ覚えます。なお、侵略を繰り返す米軍の後方支援や共同作戦・実戦で、日本の資源を浪費すること（若者の血を流すことを含めて）などは、全く必要ないのではないでしょうか。

（3）「日米同盟」の危険性

また、米国が言うように「米国が日本に軍隊を配備しているのは、世界戦略上の前方基地として」ということを前提にするならば、そもそも日本に米軍基地を置かせることは、日本にとって良い選択なのでしょうか。米国が東南アジアや中東で戦争しているときは、在日米軍基地や自衛隊基地が報復攻撃を受ける可能性が低いでしょう。しかし中国や北朝鮮、ロシアを相手に想定したときの前方基地ということは、最前線基地であり、真っ先に日本が戦場になるということ、劣勢になれば捨てられるということです。しかも日本は核攻撃基地になることも想定されています。当然のことですが、真っ先に報復対象にされるでしょう。この場合には、日本の国土・国民に与える影響は潰滅的なものとなるでしょう。みなさんご承知のようにこの国土には、「民族自殺用核装置」と言われる原子力発電所や「自殺用毒ガス装置」と言われる石油化学コンビナートを多く抱えており、戦争やテロリズムによる破壊工作の攻撃に対して、日本は大変もろいからです。福島第一原子力発電所の苛酷事故によって10年以上経ても帰還できない人々が数万人もいること（運が悪ければ、この苛酷事故で首都圏を含む3、000万人の避難民を産んだであろうと言われています）を考えていただければ、日本が戦場になった場合の被害がどのように甚大なものになるか想像できると思います。

日本は島国であり、資源も乏しいため、仮に日本を侵略し占領しても、相手国は何も得るものはないのではないでしょうか。唯一、人的資源が魅力だ、と言えるかもしれません。そうであれば、日本に直接投資するとか、いま外国投資家がやっているように日本企業の株式を買い占めて配当収入を得ることの方が、気の利いたやり方なのです。そうすれば、軍事費もかからず、敗戦のリスクもなく、国際的非難や経済制裁も受けずに済むのです。仮に日本を侵略するなら、国連加盟193カ国のうち、日本を含む192カ国から強い非難と経済制裁や軍事制裁を受けることを覚悟しなければいけません。そのような危険を冒して、どの国が日本に武力攻撃をしてくるでしょうか。アフリカの国でしょうか？　ヨーロッパの国でしょうか？　アメリカ大陸やオーストラリア大陸でしょうか？　それとも東南アジアでしょうか？　誰もそんな遠くからわざわざ武力攻撃してくるとは思いませんね。

そうすると北東アジア（中国・北朝鮮・ロシア）が想定されるところでしょうか？　それであれば、この国々と平和で友好的な関係を築く努力をすれば済む話ではないでしょうか。これまでの日本政府の外交は、米国政府の言うままに「仮想敵国」に対して、軍事的対応を米国と協力して進めることしかやってきていません。外交らしい外交はやってきていないのです。北朝鮮も「窮鼠猫を噛む」という状況に追い込むことをしなければ、よいだけの話です。安倍晋三元首相のように平和の流れに逆らって、経済制裁を止めるな、対話のための対話は意味がない、と叫べば叫ぶほど、本来米国に向けられる（大陸間弾道ミサイルは米国向けです。日本向けの実力は既にあるのに発射されないでしょう）核ミサイルが日本に向けられるのです。全く愚かな対応です。日本国憲法に示された「**積極的平和外交**」**が**「**日米同盟**」**に取って代わられるべき**ではないでしょうか。日本は、「日米同盟」がなくなっても、国連の「集団安全保障体制」で守られているのですから。

（4）隷属的「日米同盟」の原因は？

なぜ「日米同盟」は、このような不平等で、日本にとって隷属的な内容になってしまったのでしょうか。主な原因が2つあると思います。

1つ目の原因。**日本政府を担う首相の資質**です。吉田茂元首相（麻生太郎首相の祖父）は、旧安保条約の屈辱的内容を認識しており、当初は旧安保条約に署名することを忌避していましたが、昭和天皇の意向に従って（新憲法下では憲法違反です）署名してしまいました。もともとはA級戦争犯罪人とされることを免れることによって、米国に忠勤を励むこととなった人です。旧安保条約を改定した岸信介元首相（安倍晋三元首相の尊敬する祖父）もまたA級戦争犯罪人を免れたうえ米国諜報機関（ＣＩＡ）から政治資金の提供を受けて首相になった人です。沖縄返還にかかわる核密約などに携わった佐藤栄作元首相（岸信介元首相の実弟）もまた「造船疑獄」において法務大臣の指揮権発動によって救済された人です。首相たちが米国に弱みを握られ、その操り人形にされたから、連合軍による占領状態を旧安保条約・日米安保条約・沖縄返還によって、そのまま継続することになったのではないかと思います。

2つ目の原因。**条約上「米国に日本防衛の義務がない」こと**です。歴代政府首脳は、本当はこのことをよく知っていたのではないかと思います。(注) だからこそ、米軍に一方的に基地を提供し、治外法権を認めて国内法適用除外などの特権を与えながら、国民には人権侵害を我慢させておいて、「米国は日本を守らないかも知れない」とは言えなかったのではないかと思われます。できることは、いざとなった場合に何とか米軍に守ってもらえるように、日頃から米国に忠勤を励むこと、これしかなかった、のではないでしょうか。

(注) **安倍晋三元首相は例外かも?**

例外は安倍晋三元首相かもしれません。『新しい国へ　美しい国へ　完全版』を読むと、本当のことを知らないのだと思われる個所があります。「米国に日本防衛の義務がない」ことを理解していなかったのかもしれません。不勉強なのでしょう。そうであれば、国会で「(ポツダム宣言を) つまびらかに読んでいません」と答弁したこともなるほどと頷けます。しかし、ポツダム宣言や日米安保条約など戦後日本の基本のキともいうべき文書の内容を理解していないとしたら、国政を預かる能力も資格もなかったのだと思います。

なお、2つ目の原因に代わる、次のような解釈もありえます。1948年6月の「バンデンバーグ決議」によって、米国が外国に対して防衛義務を負う場合には、「**継続的で効果的な自助と相互援助」の条件を満たすことが必要**とされています。日米安保条約の第3条にこの文言は入りました。しかし、この「相互援助」の捉え方によっては、日本には憲法の制約によって米国を防衛することができないので、条件を満たしていないと理解されるかもしれません。例えば、米国本土が攻撃された時に、これまでの憲法解釈では日本は海外に派兵できないので、米国本土を守れません。一方、NATOは即座に反撃してくれることになっています。したがって、日本はNATOと同等になろうとすれば、この差を埋めなければいけないという考えです。安倍晋三元首相は、このような考えで、米国と肩を並べて戦争できる国にしようと考えたのかもしれません。しかし、そうだとすれば2つの重要なことを見落としています。1つは、米国と肩を並べて、というのは幻想であって、常に**自衛隊は米軍の指揮下でその一部分としてしか機能しない**ことです。もう1つは、**在日米軍基地の提供に対する対価を米国から得ていない**ということです。米国の前方基地として、中国包囲網では最前線基地としての機能、これを格安に提供しています。これは、米国に対する日本の多大なる貢献（日本の犠牲）です。これと引き換えに、米国に日本防衛の義務を負わせることも交渉次第では可能だったのかもしれません。ですから、安倍晋三元首相の言うとおりに、米国と肩を並べて戦争への道を進むならば、米国には日本を防衛する義務がないにもかかわらず、日本は一方的に米国の戦争への協力（義務はありません。日本政府が自らに課した責務です）を拡大することになるのです。

憲法解釈を変え、憲法すら変えて、「抑止力の向上」と称して米国の戦争に貢献しようとした安倍晋三元首相の真意は、いずれだったのでしょうか？　「米国に日本防衛の義務がない」ことを理解していなかったのか、「継続的で効果的な自助と相互援助」の条件を満たし対等な関係をつくろうとしたのか。筆者には前者だと思われます。後者であれば、在日米軍の治外法権を認める隷属状態を改めるため、「日米地位協定」の改正を求める全国知事会の一致した意見を一顧だにしない姿勢はなかっただろうと思うからです。現に、日本と同様に敗戦したドイツとイタリアでさえ米軍に国内法を適用しているのですから。

(5)「日米安保条約」の解消へ

以上のとおり、「日米安保条約」は、あるよりもない方が日本にとって安全だということではないでしょうか。「日米安保条約」がなければ、少なくとも米国など外国の起こす戦争に巻き込まれないということになります。それでは、日本がどこかの国から武力攻撃を受けたらどうするのか？　これも、日本は国連加盟国なので、**国際連合の集団安全保障によって守られます**。米国が日本を武力攻撃するのでなければ、攻撃相手を除き米国を含む全加盟国（192カ国：日本含む）が守ってくれます。そして日本を攻撃する相手は、いわば世界中を敵にすることになります。そのような攻撃相手が現れるでしょうか？　日本が相手に余程酷い仕打ちをしていれば、あるかもしれませんが、普通に友好関係を維持していれば、ありえないことです。特に日本は島国で、資源も多くないので、わざわざ日本を侵略し、占領したとしても得るものはないのです。それよりも、日本と友好関係を維持し、協力関係を築く方が得るものが多い、と理解するのが一般的ではないでしょうか。つまり、「抑止力の向上」と称して敵国攻撃能力を保有するのではなくて、日本はいかなる国も攻撃しません、「専守防衛」ですと宣言すれば、日本を攻撃してくる国などないのではないでしょうか。逆に、米国などと一緒になって武力による威嚇を行えば、相手国は脅威を感じるために、かえって攻撃される危険が生じるのではないでしょうか。**その何よりの証拠が、NATOとロシア、侵略されたウクライナの関係ではないでしょうか**。しかも、このような軍事的緊張をつくる背景にあるのは、「防衛産業」と称される「軍需産業」です。シンクタンクやマスメディアを通じて世論を動かし、各国政府に武器を売り込む独占企業です。

そもそも軍需産業の利潤拡大のために、敵対し合うなど馬鹿々々しいことではないでしょうか。そのような浪費をするなら、国際的な様々な分野で、戦争の原因になる病気や貧困・飢餓や差別を取り除くことで貢献し、友好と協力の関係を築くための資金として活用できます。これが、日本国憲法の平和主義の精神です。この憲法の精神で、平和の外交を進めることがいまこそ大事なことではないでしょうか。日本は、米国と中国に「競争でなく協力」の関係をつくるべきだ、と進言すべきではないでしょうか。また、日本と米国との関係は、もうそろそろ軍事的な付き合いは止めて、平和で友好的・協力的な関係をつくることに徹するようにすべきではないでしょうか。

(6)「戦争法」は「日米安保条約」にも「日本国憲法」にも違反

①「日米安保条約」と国際連合

補足ですが、日米同盟の現状が、「第三次ガイドライン」と「戦争法」によって、「日米安保条約」にも違反する状況にあることも確認しておきたいと思います。そうすると、日米同盟の現状がいかに「日米安保条約」の理念と目的からも逸脱した危険なものになっているか、が明らかになると思うからです。また、いま私たちが行くべき道がどこにあるかも見えてくると思うのです。

まず、「日米安保条約」と国際連合との関係がどうなっているのか、について確かめるところから始めます。

「日米安保条約」は、「前文」において、「国際連合憲章の目的及び原則に対する信念…を再確認」します。「第7条」において、この条約は「国際連合憲章に基づく締約国の権利及び義務又は国際の平和及び安全を維持する国際連合の責任に対しては、どのような影響も及ぼすものではなく、また、及ぼすものと解釈してはならない。」すなわち、国際連合を中心に置いて平和の国際秩序をつくることを共通の認識にしています。また、「第1条」は「国際連合の任務が一層効果的に遂行されるように国際連合を強化することに努力する。」と結んでいます。

さらに、「第1条」は、国際連合憲章の規定に従って「国際紛争を平和的手段によつて…解決し、…武力による威嚇又は武力の行使を…慎むことを約束する。」としています。さらに、第5条において、これも国際連合憲章の規定に従って「…前記の武力攻撃及びその結果として執つたすべての措置は…国際連合安全保障理事会に報告しなければならない。その措置は、安全保障理事会が…必要な措置を執つたときは、終止しなければならない。」つまり、国際連合憲章の目的と原則に基づき対応し、日米安保条約に基づく対応措置も、武力攻撃があったときから安全保障理事会が対応措置を執るまでの期間に限られることを明記しています。

②「日米安保条約」と「戦争法」

次に、「日米安保条約」と「戦争法」とで、どこが異なるかを見ましょう。

「日米安保条約」の「第5条」において、「各締約国は、**日本国の施政の下にある領域**における**いずれか一方に対する武力攻撃**が、自国の平和及び安全を危うくするものであることを認め、**自国の憲法上の規定及び手続に従って共通の危険に対処するように行動する**ことを宣言する。」（太字は筆者による強調）

ⅰ．対象地域

「日米安保条約」が日本国の施政の下にある領域に限定されているのに対して、「戦争法」においては、地域の限定がありません。日本の領域を越えて海外へ、地球のどこへでも対象地域が広がることになりました。

ⅱ．武力攻撃の対象

「日米安保条約」が、いずれか一方に対する武力攻撃、すなわち、日本と米国を対象とする武力攻撃に限定されているのに対して、「戦争法」においては「我が国と密接な関係にある他国に対する武力攻撃」となりました。米国に限定されない他国、すなわち、時の政府が「密接な関係がある」と判断すれば、どんな他国でも対象となりえます。

ⅲ．自衛行為の対象

「日米安保条約」が、自国の憲法上の規定及び手続に従って共通の危険に対処するように行動する、としており、その自国とは日本と米国に限定されています。しかし、「戦争法」では、日米間のような安全保障条約がないのに米国以外の他国とも共同で作戦・実戦することが想定されています。

以上のように、「戦争法」は、「日米安保条約」からも重要な逸脱があり、条約に違反する内容となっているのです。

③「日本国憲法」と「戦争法」

「日本国憲法」に照らして「戦争法」をどう見たらよいのでしょうか。素直に考えれば、「戦力の不保持」「交戦権の否認」という憲法9条2項に「日米安保条約」も「戦争法」も違反することになります。しかし、異論もあることでしょうから、これは措いて考えてみましょう。憲法98条2項は「日本国が締結した条約及び確立された国際法規は、これを誠実に遵守することを必要とする。」としています。そこで、「日米安保条約」を誠実に遵守するとすれば、これに違反する「戦争法」は、同98条1項「この憲法は、国の最高法規であつて、その条規に反する法律、…は、その効力を有しない。」とされる「法律」に該当します。つまり、

「戦争法」は無効だということになります。

④「国際法」と「先制攻撃」

先に述べたように、国際連合は、国際紛争は平和的手段によって解決すること、武力による威嚇または武力の行使を慎むことを求めています。その上で、最終判断を安全保障理事会に委ねているものの、「先制攻撃は、侵略とみなす」としています。一方で、米国はすでに述べたように先制攻撃が必要だとする軍事方針を歴代政権が堅持してきました。そうすると、「戦争法」は、日本が侵略戦争に協力する、すなわち共犯者（日本も侵略国）になることを覚悟しなければならない、という問題を私たちに突きつけることになったのです。ここまで来れば、「戦争法」が「日本国憲法」に違反することが明々白々になるでしょう。

そうだとすれば、安全保障の根幹が日米同盟だとすることは、国連憲章や国際法に違反することも辞さない、という平和の国際秩序に対する挑戦とも言えるでしょう。政府・与党及び野党の一部は、「日米同盟が基軸だ」と言うのであれば、米国に対して「日米安保条約」に基づいて、米国の先制攻撃方針は、条約違反として是正を求めるか、是正しないというのであれば、条約を終了させる通告を行うのが、当然のことと思われます。ところが、全くこのような主張をしていません。米国に盲従しているかのように見えます。このような中で、日本共産党はこの危険性を指摘するとともに、米国の侵略戦争をその都度一貫して批判してきています。

9・11同時多発テロに対して、ブッシュ大統領が「真珠湾攻撃」のようだと言いながら、「これは戦争だ」として、報復攻撃を始めたとき、イラクを「大量破壊兵器がある」と言って、国連による確認を待たずに先制攻撃したとき、日本政府・与党も野党の一部も、これらに同調しました。いずれの米国の行為も国際法に違反するものでした。テロは犯人を逮捕して裁判にかけること、先制攻撃をしてはいけないこと、という国際法の常識を知らないのか、知っていても米国のすることに異を唱えることができなかったのか。このような中で日本共産党は、米国の誤った行動を国連憲章と国際法に基づいて批判してきました。

日本の政党の中では、唯一日本共産党だけが日本人の理性と良心を示してくれていたように思えます。

⑤日本に2つの法体系

このように見てくると、日本は政府が「法の支配」という価値観を持っているのか、はなはだ疑問に思えます。そこで、少し脱線することにします。日本が主権国家であり、立憲主義国家であるとすれば、当然のこととして、「憲法」を最高法規とする法体系があるのですが、実はもう1つの「日米安保条約」の法体系があるのです。このことは、教科書に書かれていないので知っている方は少ないと思います。しかし、日本が主権国家であるのか？　立憲主義国家であるのか？　を考える上で重要な点です。さらに重要なことは「**憲法」よりも「日米安保条約」が優位**になっていることです。

最高裁判所は、憲法81条によって「憲法に適合するかしないかを決定する権限を有する終審裁判所である」とされながらも、「高度に政治的な行為」は裁判の対象外だとする「統治行為論」によって「日米安保条約」に関わる事件の裁判を回避してきました。しかし、これは憲法違反です。しかも、立憲主義を否定するものです。また、憲法76条3項「すべて裁判官は、…この憲法及び法律にのみ拘束される。」と憲法99条「…裁判官…は、この憲法を尊重し擁護する義務を負ふ。」にも違反するものです。

このことは、「日本国憲法」が日本国民に保障する基本的人権を「日米安保条約」が踏み躙っても黙認されてきたということを、すなわち「軍隊は国民を守らない」という真実を、よく表していると思います。

（7）喫緊の課題は――「戦争法」の廃止

さて、「戦争法」は、日米安保条約にも日本国憲法にも違反する法律であり、無効だと述べました。いま日本国憲法の改定が議論されていますが、自民党の改定案のとおりに改定されたとすると、どうなるでしょうか。「戦争法」は、日本国憲法に適合し、有効だということになるでしょう。しかし、米国の「先制攻撃方針」、日本政府の「敵基地攻撃能力（「反撃」）と称する先制攻撃）」については、国連憲章と国際法に違反し、それゆえ「日米安保条約」にも違反することに変わりはありません。

日本国憲法を改悪して「戦争法」を憲法に適合させることまでして、国連憲章と国際法に違反する無法な行為をしてもよい、とみなさんは考えますか。しかもいまの情勢は、米中対立の中で、日本を戦場とする共同作戦を進めることになります。これを「安全保障」と言えるでしょうか？　実態は、無法な戦争の準備に外なりません。東アジアに軍事的緊張をもたらし、政治と経済のブロック化により、世界経済に停滞と浪費（軍事費の増嵩）をもたらすことも明瞭なのです。

日本は、自主・独立、中立の立場から、米国にも中国にも馬鹿々々しい覇権争いは止めよと諫言すべきではないでしょうか。この声をあげなければ、日本は戦場、しかも核兵器の戦場になるかもしれないのです。だとすれば、私たちがなすべきことは、日本国憲法に違反して、無効であるはずの「戦争法」を直ちに廃止することではないでしょうか。

そして、戦争の準備ではなくて日本国憲法が示された積極的な平和外交をこそ進めるべきです。

III 「憲法改正」神話

『「憲法改正」の真実』

小林　節「2015年9月19日の未明をもって、日本の社会は異常な状態に突入しました。この日、可決した平和安全法制整備法と国際平和支援法、そう名付けられた戦争法案は、明白に憲法に違反しています。この違憲立法によって、最高法規である憲法が否定されてしまった。今回、日本の戦後史上はじめて、権力者による憲法破壊が行われたわけです。」

小林　節「樋口先生は「護憲派」の泰斗、私は「改憲派」の重鎮だと言われてきた憲法学者です。しかしながら、憲法第九条改正論についてどのような見解をもとうが、憲法を破壊しようとする権力に対しては、護憲派も改憲派もその違いを乗り越えて、闘わなくてはなりません。」

樋口陽一「おっしゃるとおりです。」

小林　節「なぜなら、憲法を守らない権力者とは、すなわち独裁者だからです。憲法を破壊された国家で、静かに独裁政治が始まりつつある体制下に私たちは生きている。この国の主は、我々国民なのですが、その主という資格が今、奪われようとしている。私たちは侮辱されている。なめられているのですよ。」

（樋口陽一・小林節著　集英社新書）

『南原繁教育改革・大学改革論集』から

「大学は国家の名において学問研究の自由の範囲が著しく狭められ、時の権力者によって都合よき思想と学説が保護せられ、これに反するものはしばし迫害せられ、弾圧せられ来った…われわれは、わが国の教育をかような官僚主義と中央集権制度から解放し、これを民主的また地方分権的制度に改編しなければならぬ。」

「国の政治に何か重大な変化や転換が起きるときは、その前兆として現れるのが、まず教育と学問への干渉と圧迫である。われわれは、満州事変以来の苦い経験によって、それを言うのである。」

「大切なことは政治が教育を支配し、変更するのではなく、教育こそいずれの政党の政治からも中立し、むしろ政治の変わらざる指針となるべきものと考える。…いまの時代に必要なものは、実に真理と正義を愛する真に自由の人間の育成であり、そういう人間が我が国家社会を支え、その担い手になってこそ、祖国をしてふたたびゆるぎない民主主義と文化的平和国家たらしめることができる。」

（『武器輸出と日本企業』（望月衣塑子著　角川新書）から引用）

はじめに

冒頭に掲げた憲法学者の対談の中で、「憲法を破壊された国家で、静かに独裁政治が始まりつつある体制下に私たちは生きている」と書かれています。みなさんは、日常生活において、この憲法学者が言う「独裁政治」が進行していることを感じているでしょうか。昨年の安倍晋三元首相の「国葬」も、国会にも諮らず内閣の一存で強行したことでおわかりのように、独裁政治（ロシアを批判する時に用いる「専制主義」と同じ。日本もロシアと同類だということです）が始まっています。そういう中で、現行憲法を改定することは、この独裁政治を認めること、戦争の準備が整うことにもなります。

いま日本国民は、自民党・公明党・維新の会などによって提案されようとしている憲法改定に賛成か反対かの意思表示を国民投票によって明らかにすることを迫られようとしています。国民投票が近づいてくると政府とこれを提案した政党や学者・研究者およびマスメディアによる一方的な大量宣伝が、多額の資金を投じて行われることでしょう。これは、大阪で「国民投票の予行練習」と称して行われた**大阪市の「特別区設置（大阪市の廃止）」の賛否を問う住民投票**(注)で行われた事態からも明らかなことだと思います。また、現在示されている改定案4項目については、「賛成」に誘う餌＝巧妙な罠が仕掛けられています。結論を先取りして述べれば、改定案4項目は、いずれも「改悪」です。つまり、よくわからない（現状のままでよいと考える）人は「反対」に投票することが大切です。わからないからと「白票」を投じると無効とされますので、「改悪」へ有利に働きます。

なお、簡単な判断指標で表すと、次のとおりです。

要するに、戦争するための憲法、いまのロシアや中国のように自由を奪われる憲法でよいのか、ということです。

- それで、よければ、「賛成」
- よくわからなければ、「反対」
- いまのままが、よければ、「反対」
- もっとよい生活が、よければ、絶対「反対」

（注）「大阪都構想」と大阪市の住民投票

この住民投票の本質は、「大阪都構想」と称して、大阪市を大阪府に吸収すること（大阪市を廃止して大阪府直轄の特別区をつくる）でした。過去のバブル期に大阪府と大阪市はともに大型開発投資に失敗しました。維新の会は、これを「二重行政」の無駄・非効率であったかのような誤ったイメージ（虚像）をつくり、「改革」と称して、この無駄・非効率の排除によって行政費削減が可能であるという幻想を大阪府民に与えようとしました。そして、万国博覧会を起爆剤としてカジノの誘致で大阪の経済成長ができると宣伝しています。しかし、中身は、財政再建を旗印に登場した橋下徹大阪府知事が**粉飾決算**（＊）や文化・福祉予算の削減にもかかわらず悪化させた大阪府の財政＝**負債増加**（＊＊）を、大阪市の優良資産を収奪し、資産の売却などによって穴埋めし、挙句の果てに一獲千金の夢を見て、バブル期の大型開発投資失敗の反省もなしに、再び大型開発とカジノに資金を投入しようとするものです。

大阪府に特別区が設けられれば、大阪市はなくなります。大阪府はそれでもって「大阪都」になれるものでもありません。しかも、議会審議の中でも二重行政の無駄はないことが明らかにされているのに、二重行政の無駄がなくなり、「都」にもなれるかのような幻想がふりまかれました。住民投票は、2度行われ、2度とも否決されました。

しかし、維新の会と公明党は、2度目の住民投票否決の直後に、広域行政の統一化と称する条例をつくり、大阪府が大阪市の一部行政を請負う形をとり、大阪市の資産を大阪府へ無償で移管してしまう無法な行為をしています。なぜ無法というかと言えば、直接民主主義の住民投票で否定されたことを、間接民主主義の議会の多数で強行したからです。

例えば、大阪市立高校は、帳簿価格で1、500億円の価値がありながら、無償で大阪府の所有物になりました。時価では、2倍位だろうと言われます。いま進められている府立高校との統廃合によって廃校跡地が売却されると、その収入は大阪府のものになってしまいます。

（＊）**粉飾決算**

橋下徹府知事就任最初（2008年度）の決算は、119億円の黒字と報告されました。しかし、監査報告において、次の指摘がありました。5つの出資法人に対する長期貸付金が年度末に返済され（翌日あらためて貸付され）ましたが、これによる歳入増が無ければ、853億円の赤字だった、というのです。

（＊＊）**負債増加**

株式会社（企業会計）なら、借入すると（貸借対照表の）現預金と借入金が増えますが、（損益計算書の）収益は増えません。地方公共団体（公会計）では、借入すると歳入が増えるのです。歳入から歳出を差し引いてプラスなら黒字ですから、公債を発行し歳入に繰り入れるとそれだけ黒字になる仕組みです。

大阪府の場合、２００８年度に普通会計の府債残高が前年度末よりも６２３億円増（収支差は１１９億円の黒字）、２００９年度には１、６２２億円増（収支差は３２５億円の黒字）となっています。

橋下徹知事が誕生し、「11年ぶりに黒字に転じた」と報じられましたが、このように収支差の黒字は、府債の発行によってつくられていました。この結果、大阪府の財務体質は悪化して、府債の発行には国の許可が必要な「起債許可団体」に転落したのです。これは、松井一郎知事に交代直後のことでした。

橋下徹元知事に関しては、大阪府を「破産会社」と言って登場し、財政改革によって「優良会社」にかえて颯爽と立ち去ったイメージをもっている方が多いかと思います。しかし、実際は、以上のようなことであり、会社なら借金を増やしただけの無能な経営者と評価されたでしょう。企業会計と公会計の相違を知らない方にとっては、嘘を言われても本当と思い込んでしまうでしょう。一部のジャーナリストや学者の正しい指摘が、マスメディアの不当な評価の垂れ流しによって掻き消されてしまうからです。しかも、育鵬社が発行する２０１２年度使用の教科書『新しいみんなの公民』にまで、橋下徹知事が大阪府の財政を短期間で立て直したと、写真入りで大きく紹介されたというのです。「ウソをつけない奴は政治家と弁護士にはなれないよ！　ウソつきは政治家と弁護士の始まりなのっ！」と公言する人物を登場させる教科書発行元の見識が問われる問題だと思います。そして、維新の会の「改革神話」がどのようにつくられたのか、その一端が現れているように思われます。

▼コラム23「維新・『改革』」神話『(1)「維新の会」の誕生・理念なき政治』、▼コラム24『(2)「身を切る改革」―①「民営化」』、▼コラム25『(3)「身を切る改革」―②「(二重行政)効率化」』、▼コラム27『(5)「身を切る改革」―④「経済成長」神話』を参照ください。

1．「憲法9条」の改定案

自民党の憲法改定案（２０１８年3月22日に示され、自民党内で有力とされた案。以下、改定案と記します）の一つ目の項目。憲法９条については、現行の条文に加えて「９条の2」を設けて、ここに自衛隊を明記するというものです。「自衛隊員が誇りを持って活動するために自衛隊を明記する」「自衛隊を明記しても事態は少しも変わらない」などの説明がなされます。「国民の９割が自衛隊を信頼しているにもかかわらず一部の憲法学者や政党が自衛隊を違憲と言っている」「違憲か合憲かわからないという無責任な状態で自衛隊に命をかけてもらうということはできない」という説明も聞かれます。

自衛隊員のご苦労に感謝し、思い遣ってくれているのだな、と受け止める方もあるかと思います。しかし、とんでもない犠牲を自衛隊員に強いるだけでなく、全国民を戦争に引きずり込むことになる内容なのです。

このことを、これからお話しします。

自民党改定案

９条
９条の２　前条の規定は、我が国の平和と独立を守り、国及び国民の安全を保つために必要な自衛の措置をとることを妨げず、そのための実力組織として、法律の定めるところにより、内閣の首長たる内閣総理大臣を最高の指揮監督者とする自衛隊を保持する。
２　自衛隊の行動は、法律の定めるところにより、国会の承認その他の統制に服する。

（1）平和主義の死文化

日本国憲法の前文と9条がこの憲法の平和主義を述べたものです。前文の「平和的生存権」を削除、一方9条はそのまま残して「9条の2」を設けて、そこに自衛隊を明記するのが、今回の改定案です。9条の1項「武力による威嚇又は武力の行使の放棄」と2項「戦力不保持と交戦権禁止」を残し、これに加わるのが9条の２「…必要な自衛の措置をとることを妨げず…そのため…**自衛隊を保持する…**」です。

平和主義はそのまま堅持するのだ、という説明が聞かれます。もしも、「必要な自衛の措置」に「武力による威嚇又は武力の行使」「戦力保持と交戦権」が含まれないのであれば、9条と9条の2は矛盾しません。しかしながら、いま想定されている「必要な自衛の措置」はこれらを含むものです。そうすると矛盾しますが、この時には**後で書き加えられた条文が優先される**ことになります。

結果として、前文と9条の平和主義は否定され、「必要な自衛の措置」の名で「武力による威嚇又は武力の行使」「戦力保持」「交戦権」を認めることになります。すでに「戦争法」によって「集団的自衛権の行使」が認められたうえでの「必要な自衛の措置」ですから、日本が攻撃されたときだけではなく、米国とその同盟国が攻撃されたときおよび米国とその同盟国が起こす戦争にも、参戦することが認められることになります。

(2) 平和安全法制(「戦争法」)の合憲化

9条をそのまま残して自衛隊を明記するだけだから、「事態は少しも変わらない」と言われていますが、本当でしょうか。説明が長くなるとわかりにくくなります。そこでまず結論からお話をしましょう。2015年に安倍晋三自民・公明政権のもとで、平和安全法制(「戦争法」)がつくられました。これは、国会に招致された参考人(自民党推薦を含む憲法学者3人)がそろって憲法違反と断定したとおり、憲法に明確に違反する法律です。憲法第98条は「この憲法は、国の最高法規であつて、その条規に反する法律、…は、その効力を有しない」としています。つまり**「戦争法」は憲法違反であり、効力をもっていません**。にもかかわらず安倍晋三自民・公明政権以降は、「戦争法」を盾に自衛隊を海外に派遣し、米軍との共同演習において米軍の防護をし、他国攻撃能力を持った軍備を始めるなどしています。これらの憲法違反行為も、改定案に示されたように自衛隊を憲法に明記することになれば、それ以降は憲法に適合した行為とされます。つまり、9条の改定案は、憲法違反の「戦争法」を合憲化するものです。

「戦争法」を憲法違反とする訴訟が全国で提起されましたが、憲法を変えてしまえば、合憲判決が出されるでしょう。「戦争法」に基づいてすでに行われていることを前提にすれば、「事態は少しも変わらない」といえるかもしれません。しかし、違憲状態を合憲状態に変えるという本質的な事態の変化があることに注意しなければなりません。

ところで、自衛隊は「戦争法」ができる前と後でどう変わったのでしょうか。簡単に言えば、現行憲法下でも個別的自衛権は認められるが、集団的自衛権は認められないというのが、それまでの歴代政権の憲法解釈でした。つまり、日本が攻撃されたときには防衛するが、日本から他国を攻撃しないこと（専守防衛）が大原則でした。したがって、海外に自衛隊を派遣することは、例外的に非戦争目的に限って認めてきました。ところが、安倍晋三自民・公明政権は２０１４年７月の閣議で集団的自衛権も認められると解釈を変更し、これに基づき２０１５年９月に「戦争法」を強行採決しました。「戦争法」によって、自衛隊は日本が武力攻撃されたときだけでなく、アメリカやその同盟国が戦争を始めたときにも、アメリカなどと一体となって戦争する軍隊に変えられました。この自衛隊を憲法へ明記することは、憲法違反の「戦争法」とそれに基づく諸行動を合憲に変えるとともに**日本を戦争する国に変える決定的な意味を持つ**ものです。そうなれば、これまでの９条の制約から解き放たれて、自衛隊そのもの及びその諸行動が戦争を目的としたものに徹底的に改変され、日本は性懲りもなく再び軍事大国の道を歩むことになるでしょう。

日本国民の安全と国土防衛の任務に誇りをもって当たってきた自衛隊員は、内閣総理大臣の優しい気遣いに感謝しながら、海外へ出て行って米軍司令官の指揮のもとで殺し・殺される戦争（これまでの歴史が証明するように、大抵は米国の侵略の手先となるのです）に誇りをもって当たれるのでしょうか。私たち国民は、純真な自衛隊員が国土防衛の任務から逸脱して、無辜の他国民を殺したり、殺されたりすることを許してよいのでしょうか。

(3)「戦争国家」の完成

憲法に自衛隊が明記されれば、「必要な自衛の措置」という名目で、**海外で戦争する自衛隊が合憲**となります。そうすると自衛隊の行動領域としては、現行憲法の制約から解き放たれて、自由な「武力による威嚇又は武力の行使権」「戦力保持と交戦権」を手に入れます。9条の1項「武力による威嚇又は武力の行使の放棄」と2項「戦力不保持と交戦権禁止」は、死文化します。したがって、アメリカの要請に応じて、この改定憲法に基づいて、「戦争法」が本格的な戦争遂行のために改悪されることは、目に見えていると思います。ここで「自衛隊は…」と言いましたが、正確には「内閣総理大臣は…」と言うべきかもしれません。改定案には「内閣の首長たる内閣総理大臣を最高の指揮監督者とする自衛隊」とあるのですから。ただし、ここにも虚偽が含まれています。最高の指揮監督は米軍が執る密約があるからです。「肩を並べて一緒に血を流してこそ、同盟だ」として、日本国民と自衛隊員を犠牲にしてまで、安倍晋三内閣総理大臣（当時）がガキ大将のように「最高の指揮監督者として振舞って見せたい」「米国にいい格好を見せたい」というのなら、余りにも幼稚なことではないでしょうか。

(4)「憲法9条」を守る意義

憲法9条で日本を守れない、ということが言われます。しかし、憲法では持たないはずの自衛隊ができたものの、これまで自衛隊が一人の外国人をも殺さず、また戦死者を出さなかったこと、また日本が戦禍にまみれることもなかった歴史的な事実をしっかりと見ることが大事です。明らかに憲法9条は、日本が戦争に巻き込まれる歯止めになってきたのです。これは、米国の同盟国として米国の侵略戦争に参戦した諸国には、多数の犠牲者が生まれたことから理解できると思います。一方、日米安保条約は、何をもたらしたでしょうか。米国のベトナム、アフガニスタン、イラクへの侵略戦争に対して、**日本は軍事基地を提供し、また兵站を担うことによって、国際法上の侵略国となりました。**数百万人の犠牲者とその何倍もの難民をつくりだした戦争犯罪の共犯者となったのです。

ところで、これまでの米国の世界戦略の焦点は、欧州から東南アジアへ、中近東へ、そして中国へと移ってきています。これまで日本にある米軍基地は、米国が世界中に配置した前方基地の1つでしたが、いまや対中国包囲網の最前線基地となる共同作戦が進められています。これまでは戦地が日本の遠方であったため、報復攻撃に晒されることはなかったのですが、今度は全く違います。しかも、国連憲章や国際法に違反する先制攻撃すら日本が行うことまで想定されています。そうなれば、日本が真っ先に報復攻撃を受けて、戦場になることは必至です。ですから、日本政府は、自衛隊基地内にシェルターをつくることまで始めています。国民を守らず、軍隊を守るのはなぜでしょうか。戦争で守るものが、日本ではなくて米国だ、と言っているようなものではないでしょうか。

このような事態は、日米安保条約によってつくりだされているのです。中国が攻めてくる、という想定で物事が進んでいます。しかし、これは、軍事同盟がつくりだした緊張状態が原因になっているのではないですか。すなわち、日本にとって平和の障害になるのが軍事同盟です。そうであれば、日中首脳会談の共同声明「**互いに協力のパートナーであり、互いに脅威とならない**」に基づいて、日米安保条約を解消して、日本はこれまで採ってきた「専守防衛」すなわち、決してこちらから攻めることはなく、武力による脅威を与えることもしない、という方針を堅持すること、そしてこれを中国に説明し納得してもらうことが何よりも大事なことではないでしょうか。同時に米国に対しても、国連憲章に基づき「武力による威嚇、武力の行使」を自粛するように求めるべきではないでしょうか。これが、中国との軍事的緊張を緩和し、戦争を回避する大道なのです。

このようにして、日本国憲法の前文と9条に書き込まれた人類の叡智が活かされてゆけば、この9条が世界へ拡がり、平和の国際秩序をもたらすことに貢献することになります。私たちは、憲法9条を守ることで、世界平和に貢献することができるのです。逆にこれが改悪されれば、「戦争国家」の条文と何ら変わらないものになってしまいます。

2．「緊急事態条項」の追加案

自民党の憲法改定案4項目の2つ目。緊急事態条項です。緊急事態条項とは、「緊急事態」において、政府の権限を強化して憲法が定めた国民の自由と権利を制限しようとするものです。２０１２年に自民党が発表した「日本国憲法改正草案」（以下、「自民党草案」と記します）の「第9章　緊急事態」には、詳しくそのことが書かれていますが、今回改定案では、要領よく（危険なことを国民に覚られないように）まとめてあります。しかし、よく読むと内容は変わらないと思われます。

また一見すると、自然災害を想定して、国会の空白を回避することが目的のように読めます。しかし、全くそうではありません。この条項の危険な目的と国民生活へ与える重大な影響について、これからお話しします。

緊急事態条項

64条の2　大地震その他の異常かつ大規模な災害により、衆議院議員の総選挙又は参議院議員の通常選挙の適正な実施が困難であると認めるときは、国会は、法律で定めるところにより、各議院の出席議員の三分の二以上の多数で、その任期の特例を定めることができる。

73条の2　大地震その他の異常かつ大規模な災害により、国会による法律の制定を待ついとまがないと認める特別の事情があるときは、内閣は、法律で定めるところにより、国民の生命、身体及び財産を保護するため、政令を制定することができる。

②　内閣は、前項の政令を制定したときは、法律で定めるところにより、速やかに国会の承認を求めなければならない。

(1) 狙いは「国家総動員体制」

9条の改定で、自衛隊の名称は変わりませんが「軍隊」と位置づけられることになります。いざ戦争となれば、軍隊だけでは身動きが取れません。戦争の遂行には、国家総動員体制が不可欠です。このため、これまでにも、「国民保護法」(正式名称は「武力攻撃事態等における国民の保護のための措置に関する法律」2003年成立。以下、「**有事法制**」と記します。なお、「国民保護法」と略称されるので、国民を保護するための法律だと誤解してはいけません。これは戦争する際の**国民や民間企業の動員・協力体制**を定めたものです)など戦争する国づくりが着々と進められてきました。「有事法制」は、国民や民間企業に「協力」を求めるものでした。改定案の「緊急事態条項」は、これによって国民や民間企業の「協力」体制を「服従」体制へ転換するのが本音です。

また、戦争しないことを前提とした現行憲法では、軍隊を持ちませんから、軍隊の規律を統制する必要もありません。「自民党草案」では、9条の2の中で「国防軍に審判所を置く」ことになっていました。海外で戦争を行うためには、戦場に兵士たちを縛り付ける軍隊特有の刑法、軍法会議、特別裁判所などが必要になってきます。ですから、「国防軍に審判所を置く」という条文があるのです。改定案には、これは見当たりませんが、「内閣は、…政令を制定できる」としていることから、緊急事態条項を用いて政令によって審判所等を置くことが可能になるでしょう。

(2)「緊急事態」拡大解釈の危険

この条項を一見すると、自然災害を想定して、①国会の空白を回避するための措置と②それにもかかわらず国会を跳び越えて内閣が法律と同じ効果を持つ政令を制定できる権限を手に入れることを規定するものだと読めます。

まず、「緊急事態」をどのように定義しているのでしょうか。改定案は「**大地震その他の異常かつ大規模な**

災害」と記しています。「大地震」の後の「その他の」と「災害」に注目しなければなりません。「その他の」があれば、いくらでも拡大解釈ができます。「災害」はどうでしょうか。みなさんは「大地震」が冒頭に出てきたので、「自然災害」のことを思い浮かべたのではないでしょうか。辞書を調べてみると、「災害とは、自然現象や人為的な原因によって人命や社会生活に被害が生じる事態を指す。」とあります。自民党の「改正草案」では、「緊急事態」について「我が国に対する外部からの武力攻撃、内乱等による社会秩序の混乱、地震等による大規模な自然災害その他の法律で定める緊急事態」とあります。今回改定案が、「自然災害」とせずに「災害」としているのは、「**その他**」**を用いて実に巧みに戦争や内乱等まで含むものにしているの**です。改定案が「自民党草案」と同じ内容になると解釈することに無理はありません。

そして、憲法にこの改定案が追加されれば、あとはどのようにでも「政令」で法律と同一の効果を持つ政府の命令を下せることになりますから、「自民党草案」にあるような詳しい記述はいらないのです。なお、マスメディアの報道では、今回改定案では、公明党に配慮して戦争や内乱等の災害が削除された、とされています。もともとの狙いが自然災害ではなく戦争や内乱等であり、「その他」「災害」という表現によってこれらを含めることができるのですから、マスメディアの報道は不正確であり、誤った認識を生むため「有害である」と指摘しなければいけません。また、公明党が何らかの歯止めをかけたかのような報道ですが、内容は全く変わっていないのです。これも公明党が果たす役割について「有用である」かのような誤解を生むものであり、むしろ「有害である」と言わなければいけません。

（3）「国会の空白回避」は口実

改定案は、第64条の2「…通常選挙の適正な実施が困難であると認められるときは、（国会議員の）任期の特例を定めることができる。」というものです。つまり、立法の府である国会に選挙による空白ができないようにしようということです。現実には、例えば衆議院の解散・総選挙と参議院の選挙とが重なったとしても、参議院の半数は選挙されずに残っていますから、全く空白になることはありません（この場合の手続きは、憲法第54条に次のように明記されています。「内閣は、国に緊急の必要があるときは、参議院の緊急集会を求めることができる。」）

百歩譲ってこの条項を憲法に追加するとしましょう。その場合、第73条の2「国会による法律の制定を待ついとまがないと認める特別の事情があるときは、内閣は…政令を制定することができる。」はいるのでしょうか。「国会に空白をつくらないこと」と「国会の審議を経ずに「政令」を制定すること」とは、矛盾します。なぜなら、国会の空白をなくしてしまえば、国会審議なしの「政令」制定は不要になるからです。つまり、改定案の本音は、緊急事態条項を追加して**国会抜きに内閣が政令を制定する権限を手に入れること**にあります。国会議員の任期の特例は口実に過ぎないのです。馬脚を現したということですね。すでに見たように「大地震」などの「自然災害」を口実にして、「戦争」のため国家総動員体制をつくるのと同じ手口です。

しかも、国会議員の任期を恣意的に延長することには、重大な問題があります。国民は国政選挙の機会を奪われ、内閣とそれを支持する与党議員による事実上の独裁政治の状態を産み出す危険があるのです。

（4）基本的人権の制約・蹂躙を合憲化

改定案では「国会による法律の制定を待ついとまがないと認める特別の事情があるときは、内閣は、法律で定めるところにより、国民の生命、身体及び財産を保護するため、政令を制定することができる。」とされています。

２０１２年の「自民党草案」に明記されている緊急事態時にとられる措置について「何人も、…国その他公の機関の指示に従わなければならない。」という文言が２０１８年の改定案にはありません。しかし、隠れていると言った方がよいでしょう。「政令」の中でこの文言がそのまま、あるいは形を変えて現れてこないとは言えません。例えば、この政令に違反すれば罰せられるという規定があれば、強制力を持ち「指示・服従」の関係がつくられるのです。

ところで、「何人も、…国その他公の機関の指示に従わなければならない。」という際の指示の内容は、日常生活の制約、施設の提供など戦争を行うための諸々の協力です。当面は「有事法制」がその内容となるでしょうが、憲法に緊急事態条項が追加されれば、一層詳細な内容（指示・服従）が規定されることになるでしょう。

さて、「自民党草案」では、この場合においても、「第14条（法の下の平等）、第18条（身体の拘束及び苦役からの自由）、第19条（思想及び良心の自由）、第21条（表現の自由）その他の基本的人権に関する規定は、最大限に尊重されなければならない。」とされています。緊急事態でも、政府はやはり基本的人権を尊重してくれるのかと安心されるでしょうか。しかし、この条項の本質は、米国の要請で戦争する国づくりを進める中で、「有事法制」では、憲法上の根拠がないので、国民や民間企業への要請はすべて「協力」を求めるという形でしか規定できなかったのに対して、**憲法を改定して「指示・服従」体制をつくる**ものです。基本的人権の最大限尊重という努力義務に反して、軍事が最優先され、基本的人権が蹂躙されることは、歴史の教えるところです。基本的人権は大幅に制約され、蹂躙されることになります。
そして、最も大事なことは、そうなれば、中国の香港・チベットやロシアで見られたように、悪法や戦争への反対など政府を批判する声は弾圧されるということです。つまり、中国やロシアのような国にしたくないなら、憲法に緊急事態条項を絶対に組み入れてはいけない、ということです。

3．「参院選合区解消」の改定案

自民党の憲法改定案4項目の3つ目。マスメディアなどでは参議院選挙区の合区の問題とされています。参議院の「各選挙区において少なくとも1人を選挙すべきものとする」との記述があります。したがって、著者も表題をそのようにしました。しかし、内容を見る限り衆議院も含む両院のいわゆる「一票の格差」が憲法違反とされてきた状況をそのままにする、すなわち憲法違反の状態を「合憲」とするための改定ではないでしょうか。

合区解消
47条　両議院の議員の選挙について、選挙区を設けるときは、人口を基本とし、行政区画、地域的な一体性、地勢等を総合的に勘案して、選挙区及び各選挙区において選挙すべき議員の数を定めるものとする。参議院議員の全部又は一部の選挙について、広域の地方公共団体のそれぞれの区域を選挙区とする場合には、改選ごとに各選挙区において少なくとも一人を選挙すべきものとすることができる。

前項に定めるもののほか、選挙区、投票の方法その他両議院の議員の選挙に関する事項は、法律でこれを定める。

92条　地方公共団体は、基礎的な地方公共団体及びこれを包括する広域の地方公共団体とすることを基本とし、その種類並びに組織及び運営に関する事項は、地方自治の本旨に基づいて、法律でこれを定める。

(1)「合区」ではなく「一票の格差」が問題

国会両議院（衆議院・参議院）の「一票の格差」に関しては、最高裁判所が幾度にもわたって憲法違反の判決を下しています。最高裁判所の判決の基本的な考え方は、憲法第14条の「すべて国民は、法の下に平等であって、…差別されない。」に基づくものです。ある国民の1票が他の国民の例えば5票に相当することになれば、憲法第43条（「両議院は、全国民を代表する選挙された議員でこれを組織する」）における国民を代表する個々の議員が、比率で1に対して5代表できるのかという問題が生じます。議員は一人ひとり同等に活動しますから、やはり人口に比例した形で選挙区と議員定数を定めるのが最も合理的だと思います。

しかし、最高裁判所は、憲法違反の判決を下しても、是正を求めるだけで選挙のやり直しまでは求めませんでした。このため、国会で多数を占める与党の思惑で、自党に有利な選挙区割り・議員定数を維持しながら、いやいやながら緩慢な是正策を採ってきました。一票の格差が5倍以上もあったのが何十年もかけてようやく2～3倍になってきました。それでも憲法違反であるとの判決を受けて、前々回参議院議員選挙において初めて2県を1選挙区とする合区を行わざるをえなくなりました。しかし、自民党議員には、「一票の格差」が「1対1・99なら良い」と言ってはばからない人たちが多くて、まともに「1対1・01とか0・99」、つまり1対1に限りなく近づけようという考えが全くありません。この改定案は、これまで行ってきたその場しのぎ、党利党略の取り繕いをこのまま続けたいというのが本音なのです。

(2) 違憲の「一票の格差」を合憲化

具体的に中身を見ましょう。改定案の次の条文が眼目と思われます。「選挙区を設けるときは、人口を基本とし、行政区画、地域的な一体性、地勢等を総合的に勘案して、選挙区及び各選挙区において選挙すべき議員の数を定めるものとする。」一方、憲法第43条は「両議院は、全国民を代表する選挙された議員でこれを組織する。　2　両議院の議員の定数は、法律でこれを定める。」としています。地方議員が、各地域の住民を代表する議員であるように、**国会議員は、全国民を代表する議員**とされているのです。改定案のように「行政区画、地域的な一体性、地勢等を総合的に勘案」するなら、「各地域を代表する議員」となってしまい、憲法の求める「全国民を代表する議員」にならないでしょう。国会議員に地方議員と同じ機能を求めることになってしまいます。このような国会の機能を低下させることは有害です。単純に「人口」に基づいて、人口の動態に合わせて、恣意性を排除して、区割りと議員定数を決めるよう法律に定めればよいはずです。

「行政区画、地域的な一体性、地勢等を総合的に勘案」するということは、これまで行われてきた憲法違反に屁理屈を捏ねて追認しようというものです。つまり、憲法違反とされてきた状況に対して、憲法に適合しているというお墨付きを得ることに他なりません。

そもそも、全国民を代表する議員であるはずの自民党議員などが、自らの出身地方へ予算配分などで利益誘導して選挙を有利にする、という悪弊が日本の政治を歪めてきたのではないでしょうか。また、ひいては優遇的な予算配分と引き換えに地方へ犠牲（原子力発電所や米軍基地）を強いるという悪弊をつくりだしてきたのではないでしょうか。このような日本政治の悪い慣習と訣別することが大切です。このためには、憲法の要請する「両議院は、全国民を代表する選挙された議員でこれを組織する」、これを実現することが必要なのです。

(3) 憲法に基づく選挙制度改革こそが課題

憲法違反の現行選挙制度は、先に述べたような悪弊をともなうものです。この際、国会議員を地域代表に矮小化せず、全国民を代表する、という憲法規定に従って、国民の意思を正確に反映できる選挙制度につくり直すことが求められています。そのときには、この憲法規定と最高裁判所判決に基づいて、一票の格差をなくすことが当然の前提とされます。

それでは、どのような選挙制度が望ましいでしょうか。国民の意思がそのままの比率で反映できるには、比例代表制が適していると考えられます。全国を1選挙区とするか、あるいは全国を数ブロックに分けるかなどして、できるだけ死票をなくすことが望まれます。最も悪いのは、現行の小選挙区制でしょう。例えば、

1人区では、立候補者数によっては半数を大きく超える国民の意思が死票となって国会に反映されないことになります。これでは、民主主義の形式はあっても、実質は専制主義に近いものとなります。現に安倍晋三自公政権は、半数にはるかに満たない票数で過半数の議席を得て、国民の過半数の意思を熟慮することなく、政府の意思を多数決で押しつけることを繰り返しました。

次に選挙制度に関して、**企業・団体献金は禁止すべき**です。もともとこれは、政治家あるいは政党の買収資金、すなわち、賄賂であり、法律上禁止されているものです。しかし、最高裁判所による憲法違反ではないとの判決があり、合憲だとされてきました。ところが当時の最高裁判所長官が、本当は「憲法違反」と認識していながら、そう判決すれば、多くの政治家が犯罪に問われることから、「憲法違反」の判決を出せなかった、と語っています。このような判決は、「判例」から除外すべきなのです。また、次に述べる「政党助成法」が導入されるときの議論でも、企業・団体献金は、その性格が「賄賂」であるとして禁止することになっていました。その代わりに「政党交付金」を導入することにしたのです。

ところが、酷いもので自民党などは「政党交付金」が導入されても、企業・団体献金を温存し、かつ「政治資金パーティー」収入という企業・団体献金に偽装を施した手口までつくりだしてきました。いずれも賄賂であり法律上禁止されているはずのものです。しかし、国会議員の多数を頼みに悪弊を温存する法律をつくってしまいました。これらを政治資金規正法においてしっかり禁止しなければいけません。

また、「政党交付金」も国民一人当たり（赤ん坊も含めて）２５０円の税金を一定基準に従って各政党に配分しており、国会議員による税金の山分けです。国民の思想・信条の自由を無視して配分されるのですから、憲法違反と考えるのが自然です。したがって「**政党交付金**」**も廃止すべき**ものです。

日本は、議会制民主主義を基本ルールとしながら、国民の代表である国会議員を選出する選挙において、選挙制度によって国民の意思が歪められ、お金の力（＝賄賂：企業・団体献金、政治資金パーティー）で政策を左右され、税金の山分け（政党交付金）で選挙資金が左右されており、これが、当然であるかのように思わされています。日本は、政治の「後進国」なのです。日本が「先進国」というのは、政治においても全くの「神話」なのです。これを固定化しようとするのが、この憲法改悪案だということをしっかり見抜くことが大切です。

（4）望ましい選挙制度

憲法に即した選挙の制度とは、どのようなものでしょうか。

①企業・団体献金の禁止

まずは、政治献金ですが、これは主権者である国民が個人として行うものに限定する、という当たり前のルールを確立することが大切です（この場合でも、大富豪の資金力による影響に歯止めを設けるため、適当な上限が設定されるべきです）。そうでないと、豊富な資金力を持っている企業・団体や大富豪が、本来国民の平和や福祉のために行われるべき政策を企業・団体や大富豪の利益のために歪めてしまうからです。日本経団連が、政党の政策を評価し、通信簿によって政治献金の金額を決めることにしていますが、これは、政党と政策の買収そのものです。これによって、国民のための政治ではなく、大企業のための政治が行われているのです。

また、歴史的にみれば、自民党は結党当初、岸信介元首相がアメリカのＣＩＡから選挙資金をもらって第一党の地位を占めました。これが、長期間にわたって単独政権を維持する基盤になり、米国にものを言えない日本の政治体質を生んだことも明らかです。そして、いまや財界からの政治献金によってやはり財界にものを言えない、財界中心の政治を行っています。国民一人ひとりのための政治を実現するためには、政治献金は個人に限定すべきなのです。日本の政治を主権者である国民本位のものへ進歩させるために、企業・団体献金の禁止が必要・不可欠なのです。

②政党交付金の廃止

次に、「政党助成法」による「政党交付金」は、日本の政治に何をもたらしたでしょうか。私たちは、政党交付金を目当てにした政党の離合集散を目の当たりにしてきました。政治家（政治屋と言う方が相応しいでしょう）が、政治理念をもたずにお金目当てで政党をつくっては、つぶれる様子を見てきました。また、国会議員となるために、どの政党に属するのが有利か、ということで政党を渡り歩く政治屋の醜い姿も見てきました。こんなことでは、政治が国民のために行われるはずがありません。政党助成法と言うよりも政党堕落法と言うべきものです。しかも、問題は、国民が一律に毎年２５０円を徴収されて、支持しない政党にも税金が山分けされることです。これを憲法違反として受け取らない政党もあります。これこそ、高い見識を示すものです。「百害あって一利なし」と言うべき、この「政党助成法」は廃止すべきものです。

なお、本当に政党を助成したいのであれば、次のようなことが考えられます。「選挙公報」のような一時的な公報だけでなく、各政党が政治理念や政策を国民に対して公平に宣伝できる媒体を無償で提供して、国民がこれらを日常的に閲覧し、議論して、選挙の際にはそれに基づき判断を行えるようにする。こうすれば、政党間において政治理念や政策本位での競争が行われて、日本の政治が進歩・発展すると考えられます。

③小選挙区制の廃止

さらに、小選挙区制は、何をもたらしたでしょうか。「4割の得票で8割の議席」と言われたとおり、一言で言えば、国民の代表者であるはずの代議員が、国会において多数者の意思を反映できなくしてしまいました（地方議会の場合も同様です）。各選挙区において、立候補者の数にもよりますが、ほぼ過半数の票が死票となっているからです。日本は、議会制民主主義を採用していますが、実態は民主主義と言えないのです。しかも、選挙の結果で多数を占めた政党が、あたかも国民の信託を受けたかのように、死票となった過半数の意思を考慮することなく、強行採決することが多く見られます。これは、専制主義と言ってよいと思います。**形態は「民主主義」、実態は「専制主義」**。米国政府がウクライナ侵略戦争に際して用いる「民主主義対専制主義」、ロシアを非難する専制主義は、日本にも当てはまるのです。

このような政治を産み出す小選挙区制は直ちに廃止して、国民の意思をそのまま反映できるようにするため、最も望ましい比例代表制の採用を中心に検討すべきです。

以上見てきたように、党利党略でつくられた憲法違反の選挙制度を固定化することを狙いとした憲法改定案には、「反対」するしかありません。それだけでなく、現行の選挙制度を変えなければ、国民の意思が国会に届きにくいのですから、選挙制度を国民本位のものに変える意志を持つ政党・議員を国会へ送らなければいけないのです。

▼コラム22『「司法の独立」神話（3）「八幡製鉄所献金事件判決」の罪悪』を参照ください。

4. 教育の改定案

自民党の憲法改定案4項目。最後の「教育」に入ります。この項目は、時として「高等教育の無償化」あるいは「教育の充実」等と略称されることがあります。しかし、この項目には、もはや「高等教育の無償化」は見当たりません。しかも、「教育の充実」についても、その環境整備が努力目標として掲げられているだけです。仮にこの問題が、「高等教育の無償化」であるならば、それについては日本がすでに「社会権規約」を批准したことにより、憲法98条2項の規定により国際的な公約として「(高等教育の無償化を)誠実に遵守することを必要とする」とされていることなのです。

つまり、憲法に問題があるのではなく、「高等教育の無償化」に向けて誠実に努力していない政府や与党に問題があるということです。ぜひこのことだけは、よく知っていただきたいのです。

当初の教育に関する議論では、「高等教育の無償化」が改定案に入るものと思われていました。改定案では、何もこれに触れていません。いまの日本の青少年にとっては、教育費が高く、大学へ進学すると入学料・学費・生活費のために多額のローンを抱え、ブラックバイトに耐え切れずに中途退学したり、卒業できても不安定な就労状況の中で、ローンの返済に大変な苦労をしたり、という状況にあります。ですから、「高等教育の無償化」というのであれば、18歳になって投票権を持った青少年にとっても、その親たちにとっても、これが実現できるかもしれない、と憲法改定に「賛成」投票したくなったでしょう。そして、これが維新の会の狙いだったと思われます。自民党もこの維新の会からの入れ知恵をそのまま使えば、世の中に幻想を生んだかもしれません。しかし、自民党は自分たちの考えを改定案に書き込んでしまったため、幻想を生まなかったのはいいのですが、改定案は現状の教育制度よりも後退し、**戦前の「国家による思想統制」へ戻るような危険な内容**になっています。

教育

26条　略
　2　略
　3　国は、教育が国民一人一人の人格の完成を目指し、その幸福の追求に欠くことのできないものであり、かつ、国の未来を切り拓く上で極めて重要な役割を担うものであることに鑑み、各個人の経済的理由にかかわらず教育を受ける機会を確保することを含め、教育環境の整備に努めなければならない。

89条　公金その他の公の財産は、宗教上の組織若しくは団体の使用、便益若しくは維持のため、又は公の監督が及ばない慈善、教育若しくは博愛の事業に対し、これを支出し、又はその利用に供してはならない。

（1）高等教育の無償化は国際公約（憲法改定不要）

日本は「社会権規約」（正式名称：「経済的、社会的及び文化的権利に関する国際規約」）を1979年6月に批准しています。しかし、自民党政権はその際に、「無償教育の漸進的導入」の中等教育と高等教育に関しては、その適用を留保することにしました。そしてご存知のように、公明党との連立政権時代も通じて、逆に高等教育の学費負担を一層大きくしてきたのです。そして今では先進諸国の中で、日本の教育予算が対GDP比で最も小さい国・最も高い学費の国となっているのです。

しかし、2010年代に入り民主党が政権を執ると、高校授業料の実質無償化が実現したほか、大学生を経済的に支援する施策が拡充されてきたことから、日本共産党などの要求を受け入れて、2012年9月、民主党政権は「社会権規約」のこの留保を撤回したのです。この時点で、「社会権規約」を批准した160カ国中、この部分を留保していたのは、日本とマダガスカルだけでした。自民党・公明党政権がいかに国際的動向に背を向けてきたか、**教育「後進国」であった**かがわかると思います。

日本国憲法98条を思い出してください。2項で「日本国が締結した条約及び確立された国際法規は、これを誠実に遵守することを必要とする。」とあります。2012年9月からは「高等教育の無償化」を誠実に遵守することが国際的公約となり、憲法上では政府が誠実に履行すべき義務とされたのです。したがって、今さらこのために憲法を改定する必要はさらさらないのです。私たちが、この憲法98条を遵守するよう政府に求めることが、いまの切実な課題なのです。

(2) 改定案は、教育無償化の障害

改定案には、「教育が…国の未来を切り拓く上で極めて重要な役割を担うものであることに鑑み、各個人の経済的理由にかかわらず教育を受ける機会を確保することを含め、教育環境の整備に努めなければならな

い。」と書かれています。「高等教育の無償化」の文言が見られないだけでなく、「各個人の経済的理由にかかわらず教育を受ける機会の確保」については、「努めなければならない」と、もはや努力目標に留まっているのです。既に「社会権規約」の留保撤回により、教育無償化を誠実に進めなくてはいけないのに、あれこれの言い訳を用意することになります。これでは、先進国中で最も遅れた日本が、各国に追いつくのではなく、各国からますます引き離されることになりかねません。つまり、現行憲法で「社会権規約」に基づき誠実に進めるべき**「教育無償化」の障害**にさえなってしまいます。しかも悲しいことに実際、自民党の教育政策を見れば、そのとおりなのです。

つまり、日本は教育の「後進国」なのです。日本が「先進国」というのは、教育においても全くの「神話」なのです。しかも、これをさらに後退させるのが、この改定案だということをしっかり見抜くことが大切です。

(3) 教育への政治介入を合憲化

さて、先程引用した改定案の中に「教育が…国の未来を切り拓く上で極めて重要な役割を担うもの」という文言がありました。この表現から、自民党が持つ教育観を窺い知ることができます。教育が、「一人ひとりの国民の能力の自由な発展」のためにあるのではなく、「国の未来」のためにある、とするのです。併せて、改定案には、「公金その他の公の財産は、…公の監督が及ばない…、教育…の事業に対し、これを支出し、又はその利用に供してはならない。」という文言もあり、これまた自民党の教育観を示しています。この二つを合わせて読めば、改定案の趣旨は、次のとおりでしょう。教育の目的には「国の未来」があります。そのために公金・公の財産は「公の監督」を条件に支出したり利用させたりします。つまり、教育環境の整備に努めるとしても、国がカネを出すのだから口も出させてもらいます、というものです。**国家が教育に介入することが、いかに恐ろしいことか**、幼児のころから洗脳すれば、どんな不合理なことでも本能のように沁みつくかということを、明治から昭和初期に生まれた世代の人々なら嫌というほど知っています。天皇は「現人神」であるという教育を受けた森喜朗元首相が、戦後まもなく天皇自身が「人間宣言」をしているのに、その後半世紀を経ても「日本は神の国」と発言したのですから。天皇のために命を捧げることが名誉であり、誇りだという教育は、安倍晋三元首相が、9条改定案の理由として挙げた次のことと相通じるものがあります。「違憲か合憲かわからないという無責任な状態で自衛隊員に命をかけてもらうことはできない」（合憲の状態で、自衛隊員に命をかけてもらう）「自衛隊員が誇りをもって活動するため」（国のために、殺し殺されることは名誉であり誇りとせよ）。

すでに述べてきたように、この「国のため」が、具体的な日本の国土や一人ひとりの国民のためでなく、抽象的な「国家」のためであることに注意が必要です。

▼コラム19『「森友事件」―「教育勅語」復権の企み』を参照ください。

（4）「教育無償化」実現の政権を！

改定案には、維新の会の入れ知恵であった「高等教育の無償化」は入っていません。しかし、国会の駆け引きの中で、維新の会の協力を得るためにこれが復活する可能性があります。そうすると青少年やその親にとっては、これが実現するかもしれないという幻想を抱く人たちが出てくるかもしれません。9条の改定には反対だが、教育の無償化は賛成だということになるかもしれません。

しかし、すでに述べたとおり、「高等教育の無償化」は条約を批准したことによりすでに国際公約になっており、憲法98条によって「日本国が締結した条約…は、これを誠実に遵守することを必要とする」のです。したがって、あらためて憲法に追記する必要がないので、この改定案には、「反対」でよいのです。

要するに、教育の無償化の問題は、憲法にあるのではなく、これを妨害してきた政治勢力にあります。前に述べたように、「高等教育の無償化」を妨害してきた人たちは、政党で言えば、自民党、公明党、維新の会などです。維新の会は、すでに教育無償化が国際公約になっていることを理解していないのかもしれません。そうでなければ、自民党に改定案の1項目として、本件を含めるよう入れ知恵することはなかったからです。また、自民党も公明党も「高等教育の無償化」には反対なのです。民主党政権下で実現した高校授業料無償化にさえ国会で反対しました。また政権を取り戻した後の国会で、公立高校授業料を無償から有償へと改変し、「就学支援金」支給に所得制限を導入する「高校授業料無償化廃止法案」に賛成したのは、自民党、公明党、維新の会、みんなの党でした。

憲法はもともと教育の無償化には積極的であり、普通教育を義務づけるとともに義務教育は無償と定めており、高等教育の無償化を禁じているものではありません。本来なら日本こそが世界各国に先んじて進めるべき政策だったはずです。これを阻んできたのが、自民党・公明党・維新の会などでした。ことに維新の会は、国会で「高校授業料無償化廃止法案」に賛成しています。しかも教育の無償化は「(自治体の)予算ででもできる」(同党・松井一郎元代表)と認識しています。つまり、「高等教育の無償化」については、人気を得るための餌、憲法9条改定の国民投票へ誘導する餌としか考えていないのではないでしょうか。

高等教育の無償化は、日本が国際公約していることであり、これを実現する意思を持った政党が政権を握りさえすれば、できることなのです。私たちには、国政選挙でしっかりその政党を選択することが求められています。なお、維新の会は、大阪では「高等教育まで完全ではないが無償化している」と宣伝しており、ほぼ完全にできているかのような印象を与えています。しかし、「完全ではないが」というのが重要な言葉で、実際には全く不十分なのです。ただし、高等教育の無償化に関する国民の要求が切実になる中で、維新の会は、大阪府における高校や大阪公立大学の授業料の「完全無償化」に向けた制度の素案を公表しました。来年度から段階的に実施し2026年度には全員の無償化を実施する計画とのことです（2023年5月9日）。

これからもわかるとおり、高等教育の無償化のためには、憲法の改定は不要です。しかも、改定案は、教育環境の整備を努力目標に留めたり、教育への政治の介入を認めたりするものですから、「反対」するしかない、と思います。

▼コラム26『「維新・『改革』」神話（4）「身を切る改革」——③「教育無償化」』を参照ください。

付録　自由民主党「日本国憲法改正草案」の特徴

憲法改定4項目の内容を理解するためには、その根底にある自由民主党が2012年4月に決定した「日本国憲法改正草案」（以下、「自民党草案」と称します）を知っておく必要があります。このため、参考のために、その特徴を以下にまとめてみました。

1．基本的人権の大幅制限

現行憲法「第10章　最高法規」第97条において、基本的人権に関して次のように述べています。「この憲法が日本国民に保障する基本的人権は、人類の多年にわたる自由獲得の努力の成果であつて、これらの権利は、過去幾多の試錬に堪へ、現在及び将来の国民に対し、侵すことのできない永久の権利として信託されたものである。」

これが、自民党草案では、丸ごと削除されています。憲法が最高法規であるのは国民に基本的人権を保障するためである、ということを示す条文を削除したことが象徴的に示すように、自民党草案は、基本的人権を大幅に制限することが特徴の1つになっています。しかも、基本的人権を制限したうえで、その「憲法」を尊重することを国民の義務としています。つまり、**国民が権力者を縛るはずの「憲法」で国民を縛ろうとする**のです。これでは「憲法」を憲法でなくするようなものです。

①人権制約の原理を「公共の福祉」から「公益及び公の秩序」へ

現行憲法第13条は「すべて国民は、個人として尊重される。生命、自由及び幸福追求に対する国民の権利については、公共の福祉に反しない限り、立法その他の国政の上で、最大の尊重を必要とする。」としています。すべての国民に平等に保障されている人権が相互に衝突するときは、それぞれの人権を保障しながら具体的に調整する原理として「公共の福祉」があります。

自民党草案は、これを**「公益及び公の秩序」**[注1]に書きかえ、「自由及び権利には責任及び義務が伴うことを自覚し、常に公益及び公の秩序に反してはならない」（第12条）としました。この「公益及び公の秩序」は曲者です。曖昧であり、政府の拡大解釈を可能にするからです。

②結社など表現の自由を制限

自民党草案は、第21条（表現の自由）に2項を新設し、「公益及び公の秩序を害することを目的とした活動を行い、並びにそれを目的として結社をすることは、認められない。」としました。戦前の治安維持法を思わせる、体制擁護のための**「思想の自由」への介入の危険**を感じます。適法な表現でも、「目的」を理由に規制する根拠にされることは必至です。いまロシアで反戦の声をあげ、デモを行えば弾圧されます。これはロシア政府からすれば、「公益及び公の秩序を害する」ものだからです。中国政府が香港で行われた反政府の主張やデモを弾圧したのも同じ理屈です。自民党草案は、日本をロシアや中国と同様の国にするもの、あるいは戦前の日本に戻すものです。

③「政党条項」の新設により政党を規制

自民党草案は、第64条の2を新設し、「国は、政党が議会制民主主義に不可欠の存在であることに鑑み、その活動の公正の確保及びその健全な発展に努めなければならない。」としました。さらに、「政党に関する事項は、法律で定める。」と付け加えました。自民党は、これを政党助成や政党法制定の根拠にしようとしています。これを読んだだけで、国が政党の「公正性」「健全性」を判断し、介入する意図をもっていることがわかります。現行憲法に違反する政党交付金を合法化し、これを梃《てこ》に政党に介入する道を開くことになるのではないでしょうか。これがもたらすのは、「国営政党」ともいうべきもの、戦時中の「大政翼賛会」のようなものではないかと思われます。（注2）

④労働基本権の侵害を恒久化

現行憲法第28条「勤労者の団結する権利及び団体交渉その他の団体行動をする権利は、これを保障する。」に加えて、自民党草案は、2項に「公務員については、全体の奉仕者であることに鑑み、法律の定めるところにより、前項に規定する権利の全部又は一部を制限することができる。」としました。**公務員にも労働基本権を保障するのが世界の常識**です。国際労働機関（ＩＬＯ）は日本政府に対して、公務員の労働基本権を不当に剥奪・制約している公務員法の改正をくり返し勧告しています。これを無視してきただけでなく、憲法を変えてこの不当な状況を恒久化しようというのです。

もともと公務員のストライキ権は、米軍の占領時、朝鮮戦争を前に１９４８年に禁止されました。労働組合運動を抑え込むのが狙いでした。米軍の占領が終われば、日本国憲法に遵って、すぐに是正されなければいけなかったことです。しかし、歴代の自民党などの政権下で、いまだに警察や消防、刑務所職員などの労働基本権がすべて制約され、非現業公務員の団体交渉権も認められないままです。世界から見れば、常識外れで「後進性」を表しているのですが、これを憲法に明文規定するのが自民党草案なのです。

⑤政教分離の原則を放棄

現行憲法第20条は1項において「信教の自由は、何人に対してもこれを保障する。」とし、続けて「いかなる宗教団体も、国から特権を受け、又は政治上の権力を行使してはならない。」としています。

これに対して自民党草案は、「国は、いかなる宗教団体に対しても、特権を与えてはならない。」と書きかえました。つまり、**宗教団体が政治上の権力を行使することを禁止した文言を削除した**のです。統一協会の問題で、自民党の政治家たちが選挙に立候補する際に推薦を受けるにあたり政策協定を結んでいる事実が明らかにされました。このようにして、統一協会が実質的に支配して政治上の権力を行使する事態を想定しているのでしょうか。政治と宗教の癒着が、宗教とは無縁であるような残忍で悲惨な幾多の戦争や先住民虐殺をひき起こしました。その反省に立って打ち立てられた「政教分離の原則」に対する無知を表すものです。自民党草案は驚くべき歴史上の退歩を示すものと言えるでしょう。

さらに、同条3項に「国及び地方自治体その他の公共団体は、特定の宗教のための教育その他の宗教的活動をしてはならない。ただし、社会的儀礼又は習俗的行為の範囲を超えないものについては、この限りではない。」を追加したのです。これまで海外からの批判も受けながらポケットマネーで靖国神社を参拝していた政治家が、大手を振って参拝するとともに国や地方の予算から支出できるようにする条項ではないかと感じます。

2. 立憲主義の放棄

現行憲法「第10章　最高法規」の第99条は、公務員の憲法尊重擁護義務を規定したものです。「天皇又は摂政及び国務大臣、国会議員、裁判官その他の公務員は、この憲法を尊重し擁護する義務を負ふ。」

ところが、自民党草案は、ここが肝心な点ですが、「**全て国民は、この憲法を尊重しなければならない。**」（第102条1項）という規定を設けています。これが、憲法学者から130年前の明治憲法（大日本帝国憲法）に比べても劣ると評価されるものです。国家権力を預かるものが権力を濫用して国民の基本的人権を侵害することがないように、あらかじめ指示・命令するものが憲法です。ところが、自民党草案は、国家権力を預ける側の国民に対して、憲法を尊重する義務を負わせようとしています。つまり、**権力者を縛るはずの憲法で国民を縛る**、これが自民党草案なのです。なお、第2項では「国会議員、国務大臣、裁判官その他の公務員は、この憲法を擁護する義務を負う。」として、後で述べる「天皇中心の国家」をつくる関係から、この公務員の中から「天皇と摂政」を除きました。しかも、公務員が「この憲法を擁護する義務を負う」としました。これは、権力者が憲法擁護義務に従って、国民が憲法尊重義務に違反していないか監視・管理することになる、ということです。

明治憲法下では、主権者は天皇であり、しかも司法・立法・行政の3権および軍隊の統帥権を一手に握って天皇絶対の専制政治を行いました。しかし、それでも天皇も憲法に遵うことによって「立憲主義」を装ったのです。ところが、自民党草案は、主権者である国民に対して、基本的人権を制限する内容に変えたうえで「憲法」の尊重義務を課す規定としたのです。これは、自民党が立憲主義すなわち憲法が国家権力を預かる者の手を縛り濫用を防止するためにあることを理解していないことの表れです。**憲法を用いて国民を支配・統制しようという国家主義**の考え方であり、歴史に逆行するものです。ある憲法学者は、明治憲法を超えて1649年の「慶安のお触書」まで逆行するものと言います。

3．安全保障の真逆の転換―平和的手段から軍事一辺倒へ

現行憲法9条は、第2章「**戦争の放棄**」におさめられています。自民党草案は、この第2章を「**安全保障**」に変えています。現行憲法前文においては、全世界の諸国民の「平和的生存権」の保障とその平和構築の手段が示されて、日本が平和の維持のため国際的に積極的な役割を果たす決意が示されています。9条においては、このような安全保障の手段として「**戦争の放棄**」「**戦力不保持**」「**交戦権否認**」を明示しました。つまり、**平和的手段での**「**安全保障**」ということです。

ところが、自民党草案は、「**安全保障**」**の手段を**「**国防軍**」**に委ねる**ことにしたのです。憲法前文におけ

る不戦の誓い、平和的生存権の保障、平和構築の手段、日本が国際社会において果たすべき積極的な役割もすべて削除しました。また、9条2項の「戦力不保持」「交戦権否認」を削除し、代わりに「前項の規定は、自衛権の発動を妨げるものではない。」とし、9条の2を新設して1項に「内閣総理大臣を最高指揮官とする国防軍を保持する。」としました。条文の上では、自衛のための軍隊を持った形です。しかし、これまでの幾多の侵略戦争が自衛の名で行われたことは、憲法制定議会における吉田茂首相の答弁で紹介したとおりですし、いま目の前で行われているロシアのウクライナ侵略も、ロシアが集団的自衛権を根拠にしていることからもわかるでしょう。

そして何よりも私たちは、すでに安倍晋三首相（当時）のもとで、閣議決定と「平和安全法制（「戦争法」）」によって「集団的自衛権」が行使される法制度ができたことを知っています。日本が攻撃されなくても、米国等が攻撃されると日本も参戦することになる。これが「集団的自衛権」です。**自衛の名で侵略戦争に参戦する法整備ができている**のです。しかも、現行憲法にある「不戦の誓い」、「平和的生存権の保障」、「平和構築の手段」、「日本が果たすべき積極的な役割」をすでに忘れてしまったかのように、自民・公明政権は、平和的手段の外交努力を全くしていないのです。「外交」と称して、専ら軍事同盟の拡大・強化と軍事力増強（武器の爆買い）に注力しているのです。

自民党草案が、安全保障を平和的手段に依らず、軍事的手段に依るものへと転換するものであることは、明瞭です。なお、自民党草案は、9条の3を設けて「国は、主権と独立を守るため、国民と協力して、領土、領海及び領空を保全し、その資源を確保しなければならない。」としました。これは、重大な意味を持ちます。「2．立憲主義の放棄」で述べたとおり、「全て国民は、この憲法を尊重しなければならない」とされましたが、これと「国は、国民と協力して」とが結びつくと、**国民が協力することは義務になります。**これまで、第18条「何人も、．．．．その意に反する苦役に服させられない」を根拠として、徴兵制が導入されることはない、と言われてきました。しかし、国民は「領土、領海及び領空を保全し、その資源を確保」することに協力しなければならないことになります。したがって、上記の規定を根拠として**徴兵制が布かれることが可能となる**のです。

4．「天皇中心の国家」と「家族」条項の新設

明治憲法と現行憲法の根本的な違いは、主権（国家を統治する権力）の所在です。すなわち、主権が天皇から国民へ移りました。「天皇が主人公」である憲法から「国民が主人公」である憲法へ変わったのです。もちろん、これには憲法制定過程において旧支配層から抵抗がありました。これに対して日本共産党などと国民世論によって憲法上に**主権在民（「国民が主人公」）**であることを明記したのです。

ところが、自民党草案は、これを曖昧にするものになっています。現行憲法前文は「日本国民は、正当に選挙された国会における代表者を通じて行動し…政府の行為によつて再び戦争の惨禍が起ることのないやうにすることを決意し、ここに主権が国民に存することを宣言し、この憲法を確定する。」という一文から始まります。一方、自民党草案の前文最後の一節は「日本国民は、良き伝統と我々の国家を末永く子孫に継承するため、ここに、この憲法を制定する。」としています。それでは、「我々の国家」とはどのようなものか。前文の最初の一節に記されています。「日本国は、長い歴史と固有の文化を持ち、国民統合の象徴である天皇を戴く国家であって、国民主権の下、立法、行政及び司法の三権分立に基づいて統治され

る。」と。

「国民主権」という言葉はありますが、**国民よりも「天皇を戴く国家」こそが大事**だと言っているように感じませんか。実はこのことが、憲法第1条を見ればはっきりしてきます。自民党草案は「天皇は、日本国の元首であり、日本国及び日本国民統合の象徴であって、その地位は、主権の存する日本国民の総意に基づく。」と天皇を元首に祭り上げています。元首とは、対外的に国家を代表するものです。自民党草案は、「天皇中心の国」を末永く継承するために「国家権力が国民を統治する」というものです。近代憲法は、国民の人権を保障するために国家権力を制限すること（立憲主義）を目的にしています。自民党草案では、憲法の目的が真逆に転換（立憲主義の否定）されています。

それだけではありません。天皇を国家元首に祭り上げた上で、3条で「国旗は日章旗とし、国歌は君が代とする。」「日本国民は、国旗及び国歌を尊重しなければならない。」と**国民に「日章旗」と「君が代」の尊重義務**を課しています。また、4条で皇位継承ごとに「元号」を制定することも規定しています。

さらに、自民党草案は、現行憲法24条の最初に、1項を新設し、「家族は、社会の自然かつ基礎的な単位として、尊重される。家族は、互いに助け合わなければならない。」と規定しました。これには、2つの側面があると思われます。1つは、日本は皇室を中心とする一大家族国家とし、国民生活の基本は家であり、個人でもなければ夫婦でもない、とする1937年に文部省が普及した天皇中心思想です。もう1つは、新自由主義思想で、家族に自助・共助を求めるものです。自民党は、世界人権宣言16条3項も参考にしたということですが、それは、「家族は、社会の自然かつ基礎的な単位」だと述べたのにすぐ続けて、「(家族は）社会及び国による保護を受ける権利を有する」と述べています。つまり、自民党草案は、「公助に頼るな」、世界人権宣言は、「公助は家族の権利だ」と。導かれる結論が正反対でありながら、参考にしたと言うのですから、呆れてしまいますね。しかし、こんなことで呆れてはいけません。憲法前文には、「活力ある経済活動を通じて国を成長させる」と経済成長のための努力規定まで盛り込まれています。その手段の1つとして、**生存権を保障する責任を国から国民へ転嫁**しようとしているのです。また、人権制約の根拠から「公共の福祉」を削除したことも、経済的弱者の保護のために企業活動を規制するという国の役割の否定、規制緩和につながることが懸念されます。

自民党草案は、立憲主義に反するだけでなく、国民よりも国家が優先されるのですから、ここでも主客逆転しています。そもそも国家は、国民の合意で形成している道具のようなものです。道具を末永く継承するためと称して、道具のために国民の自由や権利が奪われることになるのは、本末転倒でしょう。国家という道具は、奴隷主の国家、封建領主の国家、君主（天皇など）の国家、国民の国家と歴史的に変遷してきました。経済力を持った少数者が他の多数者を政治的に支配する道具として利用してきたのです。国民の国家と言っても、国民全員ではなく実際には経済力を持った少数者が、政治献金や政党交付金を通じて政治権力を握って多数者を支配している、これが日本の現状です。自民党草案は、この「国民の国家」から「君主の国家」へ歴史を逆戻りさせるとともに、経済力を持った少数者のために、すでに世界的に失敗したといえる「新自由主義」の考えを採り入れるものです。

もう一言付け加えたいことは、「**国家を最大絶対の存在と考え、その国策に沿うことが義務だという考え方**」、これこそが、アジア・太平洋戦争中に「大日本帝国の臣民（天皇の家来）」が囚われていた考え方だということです。

5. 統治機構・地方自治に重大な転換

自民党草案は、内閣総理大臣の権限を強化して、中央主権化を進めて地方自治を破壊し、住民の福祉を削減することになると思われます。

①内閣総理大臣の権限を強化する

現行憲法72条において、内閣総理大臣は、「内閣を代表して」「行政各部を指揮監督する」となっています。自民党草案では「行政各部を指揮監督し、その総合調整を行う」と改定しました。これによって、閣議決定に基づき行政各部を指揮監督しているものを、閣議にかけないで内閣総理大臣が単独で指揮監督できることになります。

②内閣総理大臣が衆議院の解散権をもつ

現行憲法は、7条に「天皇は、内閣の助言と承認により、国民のために、左の国事に関する行為を行ふ。

三　衆議院を解散すること。」となっています。

自民党草案54条に「衆議院の解散は、内閣総理大臣が決定する。」と挿入しました。これで衆議院の解散は、内閣の承認なしに、総理大臣個人の判断だけで行えることになります。

③内閣総理大臣の国会出席義務を免除する

自民党草案63条2項は「内閣総理大臣及びその他の国務大臣は、答弁又は説明のため議院から出席を求められたときは、出席しなければならない。」と現行憲法を踏襲しながら、「ただし、職務の遂行上特に必要がある場合は、この限りでない。」を追加したのです。自民党は、「国会に拘束されることで国益が損なわれないように」配慮したと説明しています。

また、自民党草案56条は、現行憲法の「両議院は、各々その総議員の3分の1以上の出席がなければ、議事を開き議決することができない。」とあるものを、「両議院の議決は…することができない。」としました。つまり、**総議員の3分の1以上の出席がなくとも「議事を開ける」**ということです。

国権の最高機関である国会に対する説明義務を緩和し、国会の行政に対する牽制を弱めるだけでなく、議事の定足数緩和により充分な審議が保障されないことなどで、国会を形骸化させることになります。

なお、自民党草案は、83条に2項を設けて「財政の健全性は、法律の定めるところにより、確保されなければならない。」としました。これは、財政の健全性を憲法上の要請とすることで、社会保障の切り捨て、社会保険料の値上げや庶民増税を正当化する意図が感じられます。

④中央主権化と地方自治の破壊

現行憲法には、明治憲法になかった「第2章　戦争の放棄」と「第8章　地方自治」が加わりました。第2章は、侵略戦争への反省と不戦の誓いを求めたものです。第8章は、全体主義への反省と民主主義の復活強化を求めたものです。**地方自治は、民主主義の小学校**である、と言われます。戦前は、明治時代初期の自由民権運動に対する弾圧に始まり、民主主義への抑圧が強化されてきました。この状態を解放し、民主主義を復活強化するために、地方自治は重要な位置づけを与えられました。

ところが、自民党草案は、行政の効率化と経費節約による企業負担の軽減という新自由主義の考え方に従って、中央主権化を進め、地方自治を蔑ろにします。結果として、民主主義を弱めることになるだろうと懸念されます。地方自治が果たす役割は、中央集権を牽制し、国民の自由を保障するとともに、福祉をきめ細かく実現すること、また住民の直接参加によって民主主義を自らに血肉化すること、外交や平和理念の実現を含む国政の全体にわたって議論、実践することなどがあります。

これに対して自民党草案は、**地方自治体が担う役割を「住民に身近な行政」「法律の定める役割分担」に限定**します。そして、「住民に身近な行政」を「自主的、自立的かつ総合的に実施すること」としています。自主的と総合的は当たり前でしょうが、「自立的」とは何でしょうか。「自律的」ではありません。自民党草案は96条を新設し、「地方自治体の経費は、…自主的な財源をもって充てることを基本とする。」としており、2項で自主的な財源だけでは不足するときは、「国は、…法律の定めるところにより、必要な財政上の措置を講じなければならない。」としているものの、3項において、83条2項「財政の健全性は、法律の定めるところにより、確保されなければならない。」を準用するとしています。したがって地方自治体の財政に関して、国の果たす役割が後退することになるでしょう。

「法律の定める役割分担」については、2つの問題があると思われます。1つは、**地方自治体に社会保障の役割を分担させること**が想定されます。憲法前文や24条の家族の規定で自助・共助を強調し、国の役割を弱めているからです。地方自治体に「自立」と称して責任を押しつけ、国の責任を逃れる狙いが感じられます。また、93条3項では、「地方自治体は、相互に協力しなければならない。」と、財源不足であれば地方自治体同士でのやりくりを促す規定になっています。しかも、92条2項で「受益者負担」を規定しています。「住民は、その属する地方自治体の役務の提供を等しく受ける権利を有し、その負担を公平に分担する義務を負う。」つまり、国民として平等に役務提供を受けるのではなく、属する地方団体による格差が前提とされます。その上で、負担を分担することができなければ、役務提供を受けることを諦めなさい、ということになります。もう1つは、安全保障を国が分担するとした場合に、例えば**軍事基地の建設など**

に地方自治体が反対することができなくなるだろう、ということです。これは、安全保障に関することは国の専管事項だということで、地域住民は一言も口を挟めなくなるということです。もし、それに反対すれば、憲法違反にされることになるでしょう。これで日本の民主主義は完全に破壊されることになるでしょう。

さらに、自民党草案は93条で「地方自治体は、**基礎地方自治体及びこれを包括する広域地方自治体**とすることを基本とし、その種類は、法律で定める。」としました。そして、道州はこの広域地方自治体に当たり、これにより「道州制」の導入が可能になる、と説明しています。「道州制」とは、現在の47都道府県を再編し全国を10程度に分けて「道」「州」という「広域地方自治体」にし、約1、700ある市町村を再編し将来的に300程度の「基礎地方自治体」にする構想です。

国の役割を外交、軍事、通商、司法等に限定して大幅に縮小し、「道州」はインフラ整備などの「公共事業」推進の役割を担い、「基礎自治体」は住民のための施策を担う、とされます。日本国憲法のもとで国に求められる最大の役割である社会保障や教育がすっぽりと抜け落ちます。現行憲法は、国に生存権の保障(25条)、教育条件の整備(26条)や勤労権の保障(27条)などを義務づけ、地方自治体にさらにきめ細かい行政需要の実現を期待しています。自民党草案は、この現行憲法の趣旨を真っ向から否定するものです。また、自治体の人為的な再編と広域化は、住民自治を否定するだけでなく、住民の声が自治体に届かなくなり、民主主義を否定することになります。

自民党草案94条2項は、自治体首長や地方議会議員の直接選挙について「日本国籍を有する者」に限定しています。一方最高裁でさえ、永住外国人に地方参政権を付与することは「憲法上禁止されているものではない」としています。多くの国々でも実施済みか、実施に向けた検討がされている状況に鑑みれば、自民党草案が時代の流れに逆行し、民主主義に反するものであることは明らかでしょう。

6．改憲手続きの緩和

現行憲法は96条において「この憲法の改正は、各議院の総議員の3分の2以上の賛成で、国会が、これを発議し、国民に提案してその承認を経なければならない。…」としています。

これに対して自民党草案は、１００条1項において「この憲法の改正は、衆議院又は参議院の議員の発議により、両議院のそれぞれの総議員の過半数の賛成で国会が議決し、国民に提案してその承認を得なければならない。この承認には、法律の定めるところにより行われる国民の投票において有効投票の過半数の賛成を必要とする。」としています。

そもそも憲法が、一時的な多数派によって左右されるとしたら、安定した国家運営ができません。ナチズムのような極端な思想が台頭したときの危険を防止することもできません。憲法の定める基本的な価値観は、時代を超えて保障し続けることが重要なことなのです。ですから、法律と違って憲法は、簡単に変えられないようにしているのです。また、憲法の改正といっても変えてはいけないことがあります。「**憲法改正禁止規範**」と呼ばれるものです。日本国憲法前文は、「この憲法は、かかる原理に基くものである。われらは、これに反する一切の憲法、法令及び詔勅を排除する。」としています。

それでは「かかる原理」とは、いかなるものでしょうか。先の文章の前段にこう述べています。「そもそも国政は、国民の厳粛な信託によるものであつて、その権威は国民に由来し、その権力は国民の代表者がこれを行使し、その福利は国民がこれを享受する。これは人類普遍の原理であり、…」と。要するに、国政を担う国民の代表者（公務員）に権力を行使してもらうが、それは国民の幸福・利益のためである、という原理だということです。すなわち、国民の幸福・利益を損なうような憲法や法律などは、無効だということです。

憲法の改定に関して、問われるべきは、まさにこの点です。憲法の本質は、国民の「個人としての尊重」「自由と人権の保障」など国民一人ひとりの幸福を実現するために、国民が公務員に預けた権力を正しく行使されるようにすることにあります。しかしながら、自民党草案はこれと全く逆です。個人よりも家族・国家が優先され、自由と人権は「公益及び公の秩序」によって制限されます。しかも、これらの前提条件である平和すらも軍国主義の復活によって保障されなくなります。つまり、自民党草案は、①立憲主義の憲法から逸脱しており、憲法と言えないものです。しかも、②改悪であり、現行憲法第96条の「改正」に当たりません。国会において「改正の発議」すらできないはずのものなのです。

（注1）**「公益及び公の秩序」**

「公共の福祉」の言い換えか、あるいは、これと同様の内容ではないか、と思われるかもしれません。ところが、全く異なる意味を持ちます。大日本帝国憲法（明治憲法）の条文において自由と権利を制限した言い回しに、この語源があるように感じます。参考に、明治憲法から引用します。

第27条　日本臣民ハ其ノ所有権ヲ侵サルヽコトナシ
公益ノ為必要ナル処分ハ法律ノ定ムル所ニ依ル

第28条　日本臣民ハ安寧秩序ヲ妨ケス臣民タルノ義務ニ背カサル限ニ於テ信教ノ自由ヲ有ス
第29条　日本臣民ハ法律ノ範囲内ニ於テ言論著作印行集会及結社ノ自由ヲ有ス

（注2）「法律の範囲内」における「結社の自由」

明治憲法29条で定められたとおり、日本臣民（天皇の家来）にとって政党など結社の自由は、「法律の範囲内に於て」でしかありませんでした。自民党草案は、「政党に関する事項は、法律で定める」としています。法律の内容によっては、明治憲法下で「大政翼賛会」をもたらしたと同様な状況になりかねません。重要なことなので、明治憲法下で「結社の自由」が、どう取り扱われたかを見ておくことにします。あわせて、わが国の先覚者たちが、どのような考えをもっていたかを見ておきたいと思います。

（1）社会民主党の設立と解散

１９０１年、安部磯雄、片山潜、河上清、木下尚江、幸徳秋水、西川光二郎の６人は社会民主党を組織し、宣言を発しました。しかし、政府当局は、**治安警察法**(*)によって結党を禁止し、宣言を掲載した新聞・雑誌の頒布を禁じて、こうした要求や運動が国民の間に広がることを抑圧しました。

それでは、明治政府の禁止した社会民主党の綱領は、どのようなものだったのでしょうか。

まず党の理想として8項目が掲げられました。

1．人種の差別、政治の異同に係わらず、「人類は皆同胞なり」との主義を拡張すること。

2. 万国の平和を来すためには先ず軍備を全廃すること。
3. 階級制度を全廃すること。
4. 生産手段として必要なる土地及び資本を悉く公有とすること。
5. 鉄道、船舶、運河、橋梁のごとき交通手段はこれを公有とすること。
6. 財産の分配を公平にすること。
7. 人民をして平等に政権を得せしむること。
8. 人民をして平等に教育を受けしめる為に、国家は全く教育の費用を負担すべきこと。

これに加えて、28項目からなる綱領が発表されました。その一部を紹介します。

「普通選挙法を実施すること」
「重大なる問題に関しては一般人をして直接に投票せしむるの方法を設くること」
「貴族院を廃止すること」
「治安警察法を廃止すること」
「新聞条例を廃止すること」
「日曜日の労働を廃止し、日々の労働時間を8時間に制限すること」
「労働組合法を設け、労働者が自由に団結することを公認し、かつ適当の保護を与ふること」

「小作人保護の法を設くること」

政府当局は、以上の綱領の中で、**社会主義の主張よりも「貴族院廃止」などの民主主義の主張に脅威を感じた**と言われています。日本国憲法において、天皇の制度は残りましたが、貴族院が廃止されるなど民主主義が進展し、勤労者の権利も拡大しました。現在から振り返れば、当時の人々の切実な要求でありましたが、これに対して政府は強烈な弾圧で応えたのでした。

（＊）治安警察法

明治時代初期に、政府は国民を国家運営から除外して「近代化」政策を上から強力に推し進めました。これに対して、国民の政治参加を求める運動が起こりました。自由民権運動です。政府は、この動きを押しとどめようとしました。１８７５年に新聞紙条例と讒謗律を制定します。新聞紙条例は、政府を変え国家を転覆する論を載せた者、法律を非難し法律に遵う義務を乱した者などを処罰するとしました。讒謗律は、著作・文書・図画などで他人の名誉を毀損した者を取り締まる法律でしたが、実際は新聞による政府批判・官吏批判を弾圧するため大いに活用されました。

１８９０年の集会及政社法、およびこれを継承した１９００年の治安警察法は、政治活動の自由を大幅に制限するものでした。政治結社・集会の届出制を定めて、政党に対して規制を加えました。警察は政党を対象に定めて、監視と情報収集を行いました。選挙にあたっては、官憲による干渉や妨害が行われ、１９３０～１９４０年代には、選挙の自由が剥奪されるに至ります。集会及政社法と治安警察法は、軍人・警察官とともに女性の政治結社加入を禁止し、女性については、政談集会への参加も禁止しました（なお、女性の政談集会参加は、運動が実って１９２２年に認められました）。

（２）日本共産党の創立

１９２２年、日本共産党が創立されました。荒畑寒村、堺利彦、山川均らが最初の執行部でした。当時は、天皇絶対の専制政治でしたから、その圧政から農民と労働者を解放するために、綱領草案において当面の要求として、４分野22項目を掲げました。しかしその中には、社会民主党が政党結社を禁止された理由である「**貴族院の廃止**」だけでなく、「**君主制の廃止**」**すなわち天皇制の廃止**をも掲げていましたから、治安警察法で禁止されることは明らかでした。自由と民主主義の基本的な権利がなかった当時に、天皇制政府に弾圧されることを避けつつ国民的な運動を進めるために、日本共産党は、治安警察法にしたがう届出を行わないで、活動せざるをえなかったのです。それでも、誕生の時から反戦・平和と自由・民主主義の旗を掲げて果敢に運動を進めましたが、１９２５年に普通選挙法とともに成立した**治安維持法**(*)によって、繰り返し弾圧されることになりました。

綱領草案において掲げられた、当面の要求４分野22項目のいくつかを次に記します。

政治的分野

「君主制の廃止」

「貴族院の廃止」

「18歳以上のすべての男女に対する普通選挙権」

「労働者団結の完全なる自由」　など10項目

経済的分野

「労働者の8時間労働制」

「失業保険その他の労働保険」

「市価による労賃額の制定、最低賃金の設定」　など5項目

農業分野

「天皇、大地主、寺社の土地の無償没収とその国有」

「…小作人として自分の道具で耕作した一切の土地を農民へ…」　など4項目

国際関係の分野

「一切の干渉の廃止」

「朝鮮、中国、台湾および樺太よりの軍隊の撤退」

「ソヴエト・ロシアの承認」　以上3項目

注目すべき点は社会民主党が掲げなかった「君主制の廃止」でしょう。当時は天皇絶対の専制政治のもとで、男性には兵役が課され、国民は法律による保護もほとんど受けず

に、植民地的と言われるほどの劣悪な労働条件と低賃金、1日12時間を超える長時間労働を強いられました。農村では、土地を持たない小作農民が、収穫の多くを地主にとられ、貧困と窮乏にあえいでいました。女性は、参政権をはじめ、政治的な権利を一切持たなかったうえに、個人としての人格も否定されて結婚の自由もなく、家庭においても、社会においても特別の抑圧と差別に苦しめられていました。したがって、政治の根本的改革には、天皇制の廃止は必要であり欠くことのできないものでした。

もう1つの注目すべき点は、社会民主党の掲げた「階級制度を全廃すること」「生産手段として必要なる土地及び資本を悉く公有とすること」「鉄道、船舶、運河、橋梁のごとき交通手段はこれを公有とすること」「財産の分配を公平にすること」というような**社会主義・共産主義の要求がない**ことです。これは、日本共産党の歴史観として、社会の進歩は階段を上るように一歩一歩進むものであり、当時の日本に求められているのは、民主主義を徹底することであり、それによって社会主義・共産主義社会への道が開ける、という見方をしていたためです。

なお、日本共産党が掲げた要求の多くが日本国憲法に結実していることは、注目すべきことだと思います。

（＊）治安維持法

1925年に制定された治安維持法は、「国体の変革」と「私有財産制度の否認」を取り締まることを目的としていました。1928年に緊急勅令によって改定され、最高刑が死刑とされました。これに加えて、「目的遂行罪」など極めて兇悪な仕組みを備えました。1つは、「国体の変革」という概念が曖昧なため、いくらでも拡大解釈できることです。このために、社会主義運動、無政府主義運動、植民地独立運動など天皇制国家権力を批判するあらゆる運動が取り締まりの対象にされました。もう1つは、目的遂行罪と未遂罪という概念がこの法律に組み込まれていたことです。このために、「結社の目的遂行のためにする行為」を「結社に実際に加入したこと」と同等の処罰対象としました。これが目的遂行罪です。特高警察が「目的遂行のためにする」と見なせば、労働運動をはじめあらゆる行為が検挙の対象となりました。それ以降、治安維持法適用の約9割が目的遂行罪規定によるものだったとされます。

治安維持法における目的遂行罪と同様の規定が2017年に安倍晋三自公政権による組織的犯罪処罰法改定で復活しました。「共謀罪」新設とともに付け加えられた条文で、「組織的犯罪集団に不正権益を得させ、…維持し、若しくは拡大する目的で行われるものの遂行を…計画した者」も処罰の対象としたのです。

Ⅳ 「憲法押しつけ」神話

憲法制定時の幣原喜重郎の言葉

「実際此の改正案の第九条は戦争の抛棄を宣言し、我が国が全世界中最も徹底的な平和運動の先頭に立つて指導的地位を占むることを示すものであります。今日の時勢に尚国際関係を律する一つの原則として、或範囲内の武力制裁を合理化、合法化せむとするが如きは、過去に於ける幾多の失敗を繰返す所以でありまして、最早我が国の学ぶべきことではありませぬ。文明と戦争とは結局両立し得ないものであります。文明が速かに戦争を全滅しなければ、戦争が先づ文明を全滅することになるでありませう。私は斯様な信念を持つて此の憲法改正案の起草の議に与つたのであります。」

（1946年8月27日　帝国議会貴族院本会議）

はじめに

日本国憲法を「押しつけられたもの」、あるいは制定後70年余一度も改定されていない「旧いもの」、という理由で、「自主的に」「新しい」憲法を制定したい、と言われることがあります。Ⅱ.「日米安保」神話では、日米安保条約について、一般に理解されている「米国には日本を守る義務がある」ということが、幻想であり、安全保障に関する神話のようなものだ、というお話をしました。今回も憲法が「押しつけられた」ということは、正しい認識なのか、制定に至る経緯をふまえて事実を確かめてみたいと思います。事実を知れば、押しつけられたという「幻想」や「神話」が消えてなくなると思うからです。

ところで、前頁に書かれた幣原喜重郎元首相の言葉には、胸を打つものがあります。戦争の放棄に留まらず、その確実な保証として「戦力の不保持」を提案したと言われるだけあって、アジア・太平洋戦争で世界中に迷惑をかけた日本が新しく生まれ変わるに際して「平和運動の先頭に立つ」覚悟を述べ、原爆投下の経験に基づいて「文明が速かに戦争を全滅しなければ、戦争が先ず文明を全滅することになるでありましょう」と述べています。ところが、不幸にも、歴代政権はこのような信念も覚悟も忘れたかのように、米国に言われるままに再軍備してきました。そして、再軍備を押しつけられたもの、と言わずに、憲法を押しつけられたもの、と言って、米国の要請に応じて一緒に戦争できるように憲法を変えてしまおうとしています。

それでは、憲法制定の経緯とその後の動向を見ながら、「押しつけ憲法」の実像を探ることにしましょう。

先に結論をお話しすると、日本国憲法は、日本がアジア・太平洋戦争の降伏文書である「ポツダム宣言」を受け入れて、これを新しい国の骨格を示すものとして取りまとめたものです。「押しつけられたか否か」について鍵となるのは、「天皇を戦争犯罪人として処罰するか」「天皇制度を廃止するか」です。これを取引条件として、日本国憲法の受け入れを強要された、というのが「押しつけられた」とする人々の主張だからです。ところが、連合国軍最高司令官総司令部（General Headquarters, the Supreme Commander for the Allied Powers　以下、ＧＨＱと称す）は占領政策を首尾よく進めるためには天皇を利用すべきと考えていました。日本の支配層もまた「天皇制度の維持」（「国体護持」）を最優先にしていました。不思議なことですね。押しつけたとされるＧＨＱも日本の支配層も「天皇制度の維持」を考えていたのです。これでは、取引条件になりえないですね。ここに嘘があることに気づかねばなりません。日本国憲法は、天皇の制度を残し、天皇を国民統合の象徴と位置づけました。これにより、大日本帝国憲法のもとで天皇が有していた「主権」＝「統治権の総攬者［立法・行政・司法の権力を一手に握り収める者］と陸・海・空軍の統帥者［軍隊を統率し、指揮する権利をもつ者］の地位」を失うことになりました。しかし、日本政府は「天皇の存命」と「天皇制の存続」とを「自主的に」選択したのであり、この時点では、天皇が戦争犯罪人として処刑されず、天皇の制度が存続できたことに安堵しただろうと思われます。いや「押しつけられた」のは「憲法９条」で、「天皇制の存続」が取引条件になったのだと主張する人々がいるとすれば、これはアジア・太平洋戦争の降伏文書である「ポツダム宣言」という国際公約すら無視する主張であり、真面目な主張とは思われません。「ポツダム宣言」には、日本の非武装化が明記されているからです。

次に、日本国憲法の前文と第９条については、安全保障問題の中心であり、米国の世界戦略の変遷とのかかわりで、日本政府がどのような対応をしてきたか、事実を確認してみたいと思います。これによって、「再軍備」あるいは最近の「集団的自衛権」行使の容認が、日本国憲法に違反すること、米国に「押しつけられた」ものは、「日本国憲法」よりもむしろ「日米安保条約」であることも明らかになると思います。

そういう意味で、『Ⅱ．「日米安保」神話』が、日本の安全保障政策を原点に立ち返って「自主的に」選択する機会になればよいと考えています。また、この『Ⅳ．「憲法押しつけ」神話』の検討を通じて、いま提起されている『Ⅲ．「憲法改正」神話』に対する正しい解答を得ることができれば、幸いです。

1．日本国憲法制定の経緯

（1）「ポツダム宣言」の受諾

日本国憲法は、1946年11月3日に公布され、1947年5月3日に施行されました。なぜ日本国憲法がつくられたのでしょうか。明治時代につくられた憲法（「大日本帝国憲法」）はありましたが、これが、敗戦を認め、受諾した降伏文書「ポツダム宣言」に記されている降伏条件を満たすことのできないものだったからです。「ポツダム宣言」の関連するところを抜き書きすると、次のとおりです。

○日本国民を欺瞞して世界征服の過誤を犯させた者の権力と勢力を永久に除去すること（戦争犯罪人等の除去）

○日本国の戦争遂行能力を破砕して、戦争のため再軍備するための産業も許さないこと（日本の完全非武装化）

○民主主義的傾向を復活強化するとともに国民の意思で平和的傾向の政府をつくること（平和と民主主義

の政府）

○言論、宗教及び思想の自由並びに基本的人権の尊重が確立されること（自由と基本的人権尊重）

（　）内は、筆者の要約。

簡単にまとめると、侵略戦争責任者の権勢を永久に除去すること、戦争遂行能力を根元からなくすこと、権力者に騙されない国民を育て平和的・民主的な政府をつくること、このために国民に自由と基本的人権を保障すること、以上に要約されると思います。これは、日独伊三国同盟によって惹き起こされた第2次世界大戦の犠牲者が数千万人に及んだことからも、連合国として当然の要求だったと思います。また、これが世界の人々の念願であったことは、後に設立された国際連合の理念が日本国憲法の前文および9条の趣旨と全く同じであることからも明らかだと思います。

（2）新しい憲法の必要性

一方、ポツダム宣言を受諾した日本政府には、「大日本帝国憲法」では「ポツダム宣言」に記されている降伏条件を満たすことができないという認識がありませんでした。連合国軍最高司令官（Supreme Commander of the Allied Powers　以下、SCAPと記します）マッカーサーから憲法改正の必要を示唆されるまで、そのことに思いがいたらず、また示唆された後でも、それは「大日本帝国憲法」の運用で対応できると考えました。憲法条文の変更は必要ない、あるいは表現を少しだけ変えればよいと考えたのです。

しかし、明治以来の軍国主義の基盤となった「神権的天皇絶対主義」の法的表現であった「大日本帝国憲法」と世界に平和、安全および正義の新秩序をつくりだそうとする「ポツダム宣言」の降伏条件の法的表現となる「憲法」とが、相容れないものであることは、明らかではないでしょうか。このために、新しい憲法を制定することになるのです。具体的にその経緯をたどると、次のとおりです。

（3）憲法改正の経緯

①ＧＨＱからの要請

マッカーサーが近衛文麿副総理に憲法改正を示唆したのは、１９４５年10月4日のことでした。これを受けて、ＳＣＡＰ付政治顧問アチソンが近衛文麿副総理へ憲法改正の指針を与えます。しかし、近衛文麿副総理がA級戦犯とされたこともあり、立ち消えになりました。そこでマッカーサーは、幣原喜重郎首相へ「憲法の自由主義化」の必要性を指摘しました。これを受けて政府は、10月25日に松本烝治国務大臣を委員長とする憲法問題調査委員会を設置しました。そして、翌年1月4日に松本私案がつくられ、これをもとに「憲法改正要綱」（以下、「松本案」と記します。なお、これは政府案のうち「甲案」と称されます）がまとめられ、同月26日に憲法問題調査委員会に提出されます。これは最小限の改定を目指すもので、ＧＨＱが受け入れない場合に備えて大幅な改定案（「乙案」）も2月2日に憲法問題調査委員会に提出されました。

②ポツダム宣言に違背する松本案

2月1日「毎日新聞」によって松本案がスクープされるとともに「天皇の統治権については、現行憲法と全然同じ建前をとってゐる」と厳しい批判を受けました。しかし、松本烝治国務大臣は、2月6日に閣議も経ずに「憲法改正要綱」（松本案）を公式に発表して、2月8日にはＧＨＱへ提出したのです。ＧＨＱは、スクープ記事を見てすでに対応策を練っていましたので、これを拒否しました。その理由は、「明治憲法（「大日本帝国憲法」）の字句にもっともおだやかな修正を加えただけで、日本国家の基本的性格は少しも変えられずに残されていた」「提出された改正案は、もっとも保守的な民間草案よりも、さらにずっとおくれたものであり、その意図するところは、明治憲法の字句を自由主義化することによってSCAPの容認できるよう変えただけで、実際の憲法は、従来どおり漠然として弾力性のある形で残しておき、将来支配層が都合のよいように適用し、解釈できるようにしておくことにあったのは明白である」とされています。

もう少し具体的に見ましょう。大きな問題のところだけ、比較してみます。

「ポツダム宣言」は、連合国に対する公約であり、日本は誠実に履行する義務を負っ

松本案		大日本帝国憲法	
第３条	天皇ハ**至尊**ニシテ侵スヘカラス	第３条	天皇ハ**神聖**ニシテ侵スヘカラス
第11条	天皇ハ**軍**ヲ統帥ス **軍**ノ編制及常備兵額**ハ法律ヲ以テ之**ヲ定ム	第11条	天皇ハ**陸海軍**ヲ統帥ス
		第12条	天皇ハ**陸海軍**ノ編制及常備兵額ヲ定ム
第28条	日本臣民ハ安寧秩序ヲ妨ケサル限ニ於テ信教ノ自由ヲ有ス	第28条	日本臣民ハ安寧秩序ヲ妨ケ**ス及臣民タルノ義務ニ背カ**サル限ニ於テ信教ノ自由ヲ有ス
第29条	日本臣民ハ法律ノ範囲内ニ於テ言論著作印行集会及結社ノ自由ヲ有ス	第29条	日本臣民ハ法律ノ範囲内ニ於テ言論著作印行集会及結社ノ自由ヲ有ス
第56条	枢密顧問ハ天皇ノ諮詢ニ応ヘ重要ノ国務ヲ審議ス **枢密院ノ官制ハ法律ヲ以テ之ヲ定ム**	第56条	枢密顧問ハ**枢密院官制ノ定ル所ニ依リ**天皇ノ諮詢ニ応ヘ重要ノ国務ヲ審議ス
第57条	司法権ハ天皇ノ名ニ於テ法律ニ依リ裁判所之ヲ行フ	第57条	司法権ハ天皇ノ名ニ於テ法律ニ依リ裁判所之ヲ行フ

ていました。「ポツダム宣言」の降伏条件と比較すれば、どうでしょうか。

戦争の最高責任者であった天皇は「神聖」な存在から「至尊」へと表現が変わっているだけです。また、潜在的な戦争遂行能力さえ許さないというのに、軍隊は残されたままで、その統帥者は相変わらず天皇です。そして、枢密院が残され、重要な国務を枢密顧問が審議するというのですから、国民の自由な意思で選ばれた国民の代表による政治（議会制民主主義）が否定されています。また、大日本帝国憲法のもとで抑圧されてきた言論、宗教や思想の自由、基本的人権の尊重なども、相変わらず「法律の範囲内」という制限つきのものです。しかも、司法も相変わらず天皇の名で行われるというのですから、降伏条件を全く満たしていないことは明らかでした。

ＧＨＱの「日本国家の基本的性格は少しも変えられずに残されていた」という指摘は、全くそのとおりですね。このために、「大日本帝国憲法」は「ポツダム宣言」に合致したものに改正される必要があったのです。そうでなければ、ＧＨＱの使命である占領政策の遂行、すなわち「ポツダム宣言」の執行が達成されないことになるからです。

③ＧＨＱ草案の提示

ＧＨＱは、日本政府にポツダム宣言を完全に実施させる責任を負っています。「ポツダム宣言」の内容を憲法に具体化するはずの「憲法改正要綱」（松本案）が、大日本帝国憲法から一歩も出ない代物であることを毎日新聞のスクープ記事で知って、２月３日にマッカーサーはホイットニー民政局長へいわゆる「**マッカーサー三原則**（注）」を示し、日本政府へたたき台として提示する「憲法改正草案」の作成を指示しました。その理由は、２つあります。１つは、日本政府に任せていては、まともな憲法改正案が出てくるかあやしいし、時間が掛かるだろうということです。２つ目は、そのころ極東委員会の中に、天皇の戦争責任を追及すべきとする国々があり、ＧＨＱが円滑に占領政策を遂行するためには、至急日本政府の手で憲法をつくらせて「天皇制の維持」を既成事実化することが必要だと考えていたことです。

このような事情の中で、ＧＨＱは日本政府へ原則を明確化した「たたき台」を先に示す方がいいと考えて、2月４日に憲法改正草案づくりに着手します。そして2月13日には「英文草案」を日本政府に交付します。その際、本案を強制するのではないが、これを基本に修正するよう切望すると念を押したそうです。また、そうしたくないのであれば、ＧＨＱがこれを国民へ公開するということでした。日本政府は、国民への公開を回避することにして、この「英文草案」をもとに、ＧＨＱと調整しながら、３月６日に「改正草案要綱」を、４月17日に「憲法改正草案」（内閣草案）をつくったのでした。

（注）**マッカーサー三原則**

1．天皇は、国の元首の地位にある。皇位は世襲される。天皇の職務および権能は、憲法に基づき行使され、憲法に示された国民の基本的意思に応えるものとする。

2．国権の発動たる戦争は、廃止する。日本は、紛争解決のための手段としての戦争、さらに**自己の安全を保持するための手段としての戦争をも、放棄する**。日本は、その防衛と保護を、今や世界を動かしつつある崇高な理想に委ねる。日本が陸海軍をもつ権能は、将来も与えられることはなく、交戦権が日本軍に与えられることもない。

3．日本の封建制度は廃止される。貴族の権利は、皇族を除き、現在生存する者一代以上には及ばない。華族の地位は、今後はどのような国民的または市民的な政治権力も伴うものではない。予算の型は、イギリスの制度にならうこと。

④ＧＨＱ草案の内容

ＧＨＱの憲法草案を、先程の大日本帝国憲法および松本案と比較してみましょう。

まず、両方に共通していた不可侵の存在とされ絶対的権力を持っていた天皇については、第1条で「皇帝ハ国家ノ象徴ニシテ又人民ノ統一ノ象徴タルヘシ　彼ハ其ノ地位ヲ人民ノ主権意思ヨリ承ケ之ヲ他ノ如何ナル源泉ヨリモ承ケス」とあります。国家の主権者は、これまでの天皇から人民に取って代わられること（人民主権）が明瞭に示されます。また、後の条項で天皇は国政に関する権能を有しないとされます。戦争の最高責任者であった天皇は、処刑は免れたものの、絶対的権力をはく奪され、象徴としての地位にとどまることになるのです。

次に、大日本帝国憲法では、天皇は統帥権、軍隊の編成・予算権を握っていましたが、これについて、第8条で次のとおり軍隊その他の戦力を持つことも交戦権も許されないとされます。「国民ノ一主権トシテノ戦争ハ之ヲ廃止ス　他ノ国民トノ紛争解決ノ手段トシテノ武力ノ威嚇又ハ使用ハ永久ニ之ヲ廃棄ス　陸軍、海軍、空軍又ハ其ノ他ノ戦力ハ決シテ許諾セラルルコト無カルヘク　又交戦状態ノ権利ハ決シテ国家ニ授与セラルルコト無カルヘシ」

それでは、言論、宗教及び思想の自由並びに基本的人権の尊重という点はどうでしょうか。大日本帝国憲法、松本案の両方とも、「安寧秩序を妨げない（および臣民としての義務に背かない）限りで、あるいは、法律の範囲内で」認められるものでした。法律はいくらでも変えられるのですから、限りなく制限される可能性があったことは明らかです。しかも法律と同様の天皇による勅令もあったのが戦前の状況でした。これに対して、ＧＨＱ草案は、次のとおり、このような制限を取り払うものでした。「第９条　日本国ノ人民ハ何等ノ干渉ヲ受クルコト無ク一切ノ基本的人権ヲ享有スル権利ヲ有ス」「第18条　思想及良心ノ自由ハ不可侵タルヘシ」「第19条　宗教ノ自由ハ何人ニモ保障セラル（以下、省略）」「第20条　集会、言論及定期刊行物並ニ其ノ他一切ノ表現形式ノ自由ヲ保障ス　検閲ハ之ヲ禁シ通信手段ノ秘密ハ之ヲ犯ス可カラス」。これらもすでに見たとおり、「ポツダム宣言」の降伏条件に沿ったものです。

さて、松本案ではそのまま残されていた天皇の諮詢に応えて重要な国務を審議する枢密顧問の制度はどうでしょうか。ＧＨＱ草案では、条項がなくなり廃止されています。国民の代表によって国務を審議する議会制民主主義を確立するためには、まず、非公選の勅任議員（皇族、華族および有識者）制度（貴族院）を廃止し、さらに、議会の外で重要な国務を審議する機関（枢密院）をも廃止する必要があったのです。

最後に、司法権については、どうなったでしょうか。松本案は、大日本帝国憲法と寸分変わらず「司法権ハ天皇ノ名ニ於テ法律ニ依リ裁判所之ヲ行フ」というものでした。これは、「天皇ノ名ニ於テ」という文言があったため、司法の独立が守られたという議論もあるようですが、先頃流行った言葉で言えば「天皇への付度」によって司法が歪められたというのが実情と思われます。ＧＨＱ草案の第68条では「強力ニシテ独立ナル司法府ハ人民ノ権利ノ堡塁ニシテ全司法権ハ最高法院及国会ノ随時設置スル下級裁判所ニ帰属ス（以下、省略）」とされました。司法の独立が明示されるとともに、その目的が国民の権利を守るためであることも明確にされています。

以上ＧＨＱ草案について、「ポツダム宣言」の条項に即して大日本帝国憲法および松本案と比較しながら、見てきました。その結果は如何でしょうか。ＧＨＱ草案は、「ポツダム宣言」を忠実に表現するものであることが見えてきたのではないでしょうか。

なお、ＧＨＱ草案には、封建制度を遺してきた日本社会を変えることが必要だという認識が見られます。第12条では「日本国ノ封建制度ハ終止スヘシ　一切ノ日本人ハ其ノ人類タルコトニ依リ個人トシテ尊敬セラルヘシ　一般ノ福祉ノ限度内ニ於テ生命、自由及幸福探求ニ対スル其ノ権利ハ一切ノ法律及一切ノ政治的行為ノ至上考慮タルヘシ」とされています。戦前の日本が皇族・華族の身分制度を遺し、家父長制が個人を縛り付け、産業の大部分を占める農業のもとでは地主・小作制度によって、江戸時代に勝るとも劣らない搾取と収奪が行われ、新しく発展してきた工業分野でもこのような背景のもとに「植民地的」と称される長時間・低賃金労働が支配的であり、このような国民大多数の貧困が侵略戦争の原因になったという見方をしていたと思われます。この点では、先に（Ⅲ．「憲法改正」神話　付録で）紹介した、１９０１年に創立された社会民主党および１９２２年に創立された日本共産党の認識と基本的に共通のものであったと思われます。

そのため、寄生的不在地主から土地を農民の手に取り戻す戦後の農地改革につながる土地・天然資源に関する認識も窺がえます。第28条には次のように記されています。「土地及一切ノ天然資源ノ究極的所有権ハ人民ノ集団的代表者トシテノ国家ニ帰属ス（以下、省略）」。この条項は、日本政府によって削除されました。しかし、もしこれが憲法の条項として残っていれば、福島原子力発電所の苛酷事故で汚染された地域からの避難者を充分な除染ができないのに帰還させるという非人道的措置（これはチョルノービリ（チェルノブイリ）原発事故における旧ソ連の対応にも劣る措置です）を回避できたのではないか、また、東日本大震災の津波や最近の台風や集中豪雨による河川氾濫により甚大な被害をもたらす乱開発を回避できたのではないか、と思われます。

⑤国民・政党などの憲法草案

ⅰ．民間からの草案や改正案の提示

ところで、このGHQ草案はどのようにしてつくられたのでしょうか。当時の先進各国の憲法とともに日本で発表された国民や政党の憲法草案をも参考にしてつくられたのです。このために、先にお話ししたようにGHQは、松本案を「もっとも保守的な民間草案よりも、さらにずっとおくれたもの」と評価できたのです。実は、1945年10月頃から民間でも憲法改正に参加する動きが始まっていました。政党では、1945年11月11日に日本共産党が先頭を切って「新憲法の骨子」を発表し、その後1946年1月に日本自由党が「憲法改正要綱」を、同年2月には日本進歩党が、続いて日本社会党が「憲法改正要綱」を発表しました。国民からは1945年11月に高野岩三郎が「日本共和国憲法私案要綱」、同年12月に清瀬一郎、布施辰治、稲田正次が発表。そして、GHQ草案に大きな影響を与えたとされる高野岩三郎ら7名による「憲法研究会」の「憲法草案要綱」は12月26日に首相官邸と記者室へ提出されました。1946年1月には日本弁護士会連合会から、3月には尾崎行雄ら6名による「憲法懇談会」からも改正案が提案されました。なお、日本共産党が「日本人民共和国憲法（草案）」を発表したのは、1946年6月29日になります。

ⅱ．民間草案の概観

民間から提案された代表的な憲法草案について、次の3つの点から概観してみましょう。

a．主権（統治権）の所在　b．基本的人権の尊重　c．軍隊の不保持

a．主権（統治権）の所在

大日本帝国憲法においては、天皇が主権者であり、統治権を総攬するものでしたが、「憲法改正要綱」

（松本案）は、先に見たとおり、これをそのまま踏襲するものでした。

民間案には、①天皇主権の案　②国家あるいは天皇を元首とする国民全体に主権があるとする案　③国民主権の案がありました。

政党では、①は日本進歩党　②は日本自由党と日本社会党　③は日本共産党だけです。

個人・グループでは、①は里見岸雄、稲田正次、清瀬一郎、日本弁護士会連合会　②は憲法懇談会③は憲法研究会、高野岩三郎、布施辰治です。

神権的天皇絶対主義や全体主義を改め、民主主義を標榜するのであれば、当然のことですが、③の国民主権でなければなりません。なお、天皇制を廃止した後の国体として、日本共産党は「共和制」を、高野岩三郎も「大統領を元首とする共和制」を提案しています。民主主義と天皇制は矛盾する、民主主義を徹底すれば天皇制は不要との認識です。

b．基本的人権の尊重

「ポツダム宣言」が求める「言論、宗教及び思想の自由並びに基本的人権の尊重を確立すること」という点では、大日本帝国憲法においても、法律や天皇が発する勅令によっても、これらの自由や権利は著しく制限されていました。「憲法草案要綱」（松本案）も先に見たとおり、これをそのまま踏襲するものでした。

民間案は、①同様の制限を設ける案　②全面的に保障する案　③さらに実際に保障するため必要な経済的措置を盛り込む案　の三通りの案がありました。

政党では、①は日本進歩党と日本自由党　②は日本社会党　③は日本共産党だけであり、個人・グループでは、①は里見岸雄、稲田正次、清瀬一郎、憲法懇談会、日本弁護士会連合会　②は憲法研究会、布施辰治　③は高野岩三郎です。

「ポツダム宣言」の条件として、最低限でも②が求められますが、これを超える③が提案されていることに注目すべきだと思います。日本共産党は、例えば言論・出版の自由を保障するために必要な物質的条件（印刷所、用紙、公共建築物、通信手段その他）の提供を盛り込んでいます。高野岩三郎は、日本が軍国主義・帝国主義に陥った社会的基礎に封建的な小農民に寄生する大地主や植民地的な長時間労働と低賃金で労働者を搾取する独占資本（財閥）が存在していたことに着目したのでしょう。例えば、次のような変革を盛り込もうとしました。「土地ハ国有トスル　公益上必要ナル生産手段ハ国会ノ議決ニ依リ漸次国有ニ移スベシ　労働ハ如何ナル場合ニモ一日八時間（実労働時間六時間）ヲ超ルコトヲ得ズ　労働ノ報酬ハ労働者ノ文化的生計水準以下ニ下ルコトヲ得ズ」これらの中には、今日においても未解決の課題として残されているものもありますよね。同様な案が、「憲法懇談会」からも出されていました。次の内容です。「土地其ノ他重要ナル生産手段ハ公益ノ為必要ナル限リ公有タルヘキモノトス　封建的小作制ハ之ヲ禁ス」「公共ノ福祉ニ重大影響アル大企業ハ原則トシテ公営タルヘキモノトス　独占資本ノ支配ハ之ヲ禁ス」。

c．軍隊の不保持

「ポツダム宣言」が求めた条件は「戦争遂行能力の破砕」で、その確証を得られるまで占領を続けると明記していました。また、「戦争のための再軍備を可能にする産業は許さない」ともされていました。ところが「憲法草案要綱」（松本案）は、大日本帝国憲法と何も変わらないもの、すなわち、軍隊を存置し天皇に軍編成と統帥権を残すものでした。

さて、民間案はどうだったでしょうか。あきれたことに、少数ではありましたが、やはり①軍隊を存置する案がありました。加えて②将来は軍隊を持つことができるかもしれないとして、大日本帝国憲法の当該条文を残す案　③軍隊などの条項がない案　の三通りに分かれました。

政党では、①は日本進歩党　②は　なし　③は日本自由党、日本社会党、日本共産党。

個人・グループでは、①は清瀬一郎　②は稲田正次　③は里見岸雄、高野岩三郎、布施辰治、日本弁護士会連合会、憲法研究会、憲法懇談会です。

なお、③が多いのは、「ポツダム宣言」を素直に受け入れれば、軍隊はなくなるので、軍隊に関する条文が必要なかったからでしょう。この中で日本共産党は、「すべての平和愛好諸国と緊密に協力し、民主主義的国際平和機構に参加し、どんな侵略戦争をも支持せず、またこれに参加しない」と明記しているのが注目されます。戦時中に苛酷な弾圧に抗しながら、植民地支配と侵略戦争に反対を主張し続けた同党の真骨頂を示すものだと思います。また、布施辰治は「兵役の義務」の廃止に代えて「勤労奉仕の義務」を提案しています。大規模な自然災害が発生するたびに「自衛隊」やボランティアが駆けつける現状を見ると、興味深い提案だと思えます。

ⅲ．教育の権利

最後に、憲法改定案にも関わるので、教育に関しても見ておくことにします。

大日本帝国憲法には、教育に関する条項はありませんでした。これを反映したのか、日本自由党や日本進歩党だけでなく、大日本弁護士会連合、清瀬一郎、稲田正次と憲法懇談会あるいは日本国憲法に大きな影響を与えた憲法研究会「憲法草案要綱」ですら何も触れていませんでした。

しかし、里見岸雄は「日本臣民ハ法律ノ定ムル所ニ従ヒ**教育ヲ受クルノ義務ヲ有ス**」、社会党も「**就学は国民の義務なり**、国は教育普及の施設をなし、文化向上の助成をなすべし」と提案しました。いずれも教育を国民の義務と考えていました。つまり、新しい知識だけでなく「国定思想」をもしっかり身につけるのが国民の義務だ、という明治時代以来の国家の考え方に沿ったものであると感じられます。このような考え方に反発したかのように、布施辰治は「入学、転学、退学ノ自由」を求めました。

一方、これを180度転換した考え方も提案されました。教育は、義務ではなく権利だ、というものです。憲法研究会のメンバーでもある高野岩三郎は「国民ハ**教育ヲ受ルノ権利ヲ有ス**」としました。日本共産党も「新憲法の骨子」（1945年11月発表）の中で「人民の生活権、労働権、**教育される権利**を具体的設備を以て保証する」、「日本人民共和国憲法（草案）」（1946年6月発表）の中で「すべての人民は教育をうけ技能を獲得する機会を保障される。初等および中等学校の教育は義務制とし、費用は全額国庫負担とする。上級学校での就学には一定条件の国庫負担制を実施する。企業家はその経営の便宜のために被傭者の就学を妨げることはできない。」と明記したのです。

ＧＨＱ草案には、「教育を受ける権利」も義務教育の「無償」の文言もありませんでした。ところが帝国議会に提出された「帝国憲法改正案」には「**教育を受ける権利**」が明記され、「初等教育」の「無償」が明記されたのです。さらに、審議過程で、初等教育に限定しない「**普通教育**」**の**「**無償**」へと修正されました。これは、全国の教師からの陳情の結果だったとのことです。こうして日本共産党の草案（初等・中等学校教育の義務制、費用の全額国庫負担）が実現したのです。ただ、現在においても小・中学校の給食費などの負担が残されていたり、高等教育の無償化についても未だに実現されていないなど、課題が残されています。しかし、高等教育の無償化が日本の国際公約にまでなっていることは、すでに紹介したとおりです。

（4）日本国憲法の成立

以上みてきたように、「憲法草案要綱」（松本案）が、「ポツダム宣言」から求められた新しい国の骨格を示しえなかったことは明瞭です。また、民間案にも日本進歩党や清瀬一郎のように旧態依然のものもありました。しかし一方で、日本共産党や高野岩三郎、憲法研究会など明治時代の自由民権運動を源流とする進歩的潮流を反映して、国民主権のもとで、平和と自由・民主主義・基本的人権を追求する世界の潮流にも合致した提案がなされ、これがGHQ草案に反映し、日本国憲法へと流れ込んでいることを見ておくことが大事なことだと思います。

さらに、「憲法草案要綱」（松本案）を見るとはっきりしますが、日本政府あるいは少なくとも松本烝治国務大臣には、降伏文書である「ポツダム宣言」を誠実に履行する意思があったのか、疑わしいと思われます。そして、GHQは、日本が惹き起こした植民地支配と侵略戦争の根本的な原因を探り、これを根絶するためにこそ「憲法改正」が必要だと考えたのに対し、日本政府には全くそのような深刻な反省も意思もなかった、ということも明らかだと思います。

①帝国議会での審議・採決

i．改正の手続き・議員構成

これまで述べてきたような経緯で、日本政府が「憲法改正草案」（内閣草案）を公表したのは、1946年

4月17日となりました。さて、これをどのように審議すべきだったでしょうか。本来であれば、国民の間で充分討議して、国民投票によって採決するのが普通ではないでしょうか。しかし、実際には大日本帝国憲法第73条の規定に従って、天皇の勅命により憲法改正案を帝国議会で発議し、衆議院・貴族院それぞれ総員の3分の2以上が出席し、出席議員の3分の2以上の賛成で成立するという手続きが採られました。なお、すでに同年1月には、戦争協力者の公職追放が行われていました。帝国議会議員のうち、日本進歩党の274人中260人、日本自由党の46人中19人、日本社会党の17人中11人が公職追放されたとのことです。さらに、民意を反映した議員構成にしなければならないとして、女性の参政権を認めた初めての普通選挙制度のもとで1946年4月10日に衆議院議員選挙が行われました。その結果、衆議院の議員構成は、次のようになりました。日本自由党140人、日本進歩党94人、日本社会党92人、協同民主党14人、日本共産党5人、諸派38人、無所属81人（このうち、女性39人）。

ⅱ．審議の概略日程

一方、幣原喜重郎内閣が1946年4月22日に総辞職し、同年5月22日に吉田茂内閣が成立しました。「憲法改正草案」は4月17日に天皇から枢密院に諮詢されていましたが、5月27日に修正されたものが再び諮詢され、6月8日に枢密院本会議において賛成多数で可決されました。そして、いよいよ6月20日に天皇の勅書をもって議会に提出されたのです。

「憲法改正草案」は6月25日に衆議院本会議に上程されました。同月28日に芦田均を委員長とする「帝国憲法改正案委員会」に付託されました。同委員会で審議が開始されたのは7月1日。7月23日には修正案作成のための「小委員会」が設置されました。この「小委員会」は、7月25日から8月20日まで非公開、懇談会形式で進められました。8月21日に修正案が「小委員会」から「帝国憲法改正案委員会」に報告され、修正案どおりに可決。8月24日に衆議院本会議において、賛成421票、反対8票で可決。同日、貴族院に送られ、8月26日に上程されました。貴族院においても8月30日に安倍能成を委員長とする「帝国憲法改定案特別委員会」に付託され、同特別委員会は9月2日から審議を開始、同月28日、修正のための「小委員会」を設置しました。10月3日に「小委員会」は修正案を「帝国憲法改定案特別委員会」に報告、修正案どおり可決。同月6日貴族院本会議において賛成（起立による）多数で可決。同日、改正案は衆議院に回付され、翌7日に衆議院において可決。その後、枢密院に改めて諮詢され、同月29日に欠席者を除く全会一致で可決。11月3日、天皇の裁可を経て「日本国憲法」として公布され、翌年（1947年）5月3日に施行されたのです。

ⅲ．主な修正内容

さて、帝国議会での審議はどのようなものだったのでしょうか。先に、どのような修正が行われたのかを簡単にみて、その後で、安全保障などに関連する項目について、審議状況を詳しくお話ししたいと思います。

衆議院における主な修正は、次のとおりです。①国民主権の原則を明確にしました。②9条を2項に分け2項に「前項の目的を達するため」を挿入しました。③25条の生存権の規定を追加しました。④国民の要件、納税義務、国家賠償、刑事補償について新しい条文を追加しました。⑤内閣総理大臣を国会議員の中から選び、国務大臣の過半数は国会議員とすることを規定しました。⑥すべての皇室財産は国に属すると規定しました。

貴族院における主な修正は、次のとおりです。①公務員の選挙において普通選挙を保障することにしました。②内閣総理大臣とその他の国務大臣はすべて文民でなければならないと規定しました。

特に注目しなければならない点の一つ目は、「国民主権」です。日本政府は、GHQ草案（英文）の翻訳に当たっても主権の所在を曖昧にしようとしました。政府案の「…この地位は、日本国民の至高の総意に基く」を「…主権の存する日本国民の総意に基く」と修正したのは、帝国議会における日本共産党の主張と議会外の国民の声がGHQをも動かした結果です。また、二つ目は、第25条です。「すべて国民は、健康で文化的な最低限度の生活を営む権利を有する。」これは、「憲法研究会」の一員であった森戸辰男の主張が受け入れられたものでした。さらに、三つ目は、第9条「前項の目的を達するため」の挿入と内閣総理大臣とその他の国務大臣は「文民」とする規定ですが、これについては、別途お話しします。

②日本国憲法の出来映え

日本国憲法は、歴史的にみれば、連合軍の占領下で短期間につくられたものでした。しかし、その内容は、先進各国の憲法が参照され、日本における自由民権運動以来の研究の成果が反映されたものでした。このことによって世界の最先端にある憲法となったのです。GHQ草案を起草したケーディスは「憲法研究会案と尾崎行雄の憲法懇談会案は、私たちにとって大変参考になりました。実際これがなければ、あんなに短い期間に草案を書き上げることは、不可能でしたよ」と述べています。

施行されてから既に70年余を経て、新生日本の礎とされた「日本国憲法」は時代の流れから遅れているのではないかと、思われる方があるかもしれません。しかし、最近においても、9条の平和条項を世界各国の憲法に採り入れようという動きがあるだけでなく、人権の保障という点でも高く評価されているのです。以前の話ですが、米法学者らが世界188カ国の憲法を比較・分析したところ、こんな結果が表れたそうです。

民主憲法の代表モデルとされてきたのは、米国でした。しかしいまや世界の流れとなっている基本権利の多くがなく、取り残されたままです。一方、日本国憲法は世界の主流になった人権の上位19項目までをすべて満たしていたのです。公布から76年、日本国憲法は手つかずの現役憲法の中では〝最高齢〟だといいます。ところが、戦争放棄と戦力不保持をうたった9条をはじめ、時代を先取りした画期的な新しい内容なのです。

しかしながら、現実の日本社会や政治がどこまでこれを反映しているかといえば、おぼつかない状況です。これまでの歴代政府は、優れた憲法規定を積極的に活かせば、福祉の向上を図ることができたと思われるのに、また、平和に向けて主導的に世界の緊張緩和と軍縮・戦争の廃止へ進展させることができたと思われるのに、国民生活の面でも世界平和の面でもこれを活かすことをしないできました。飢餓や貧困の根絶、テロや戦争の根絶、そして核兵器のない世界へ、地球温暖化対策への積極的な関与など、世界平和の構築に向けて、不朽の先進性をもつ憲法をもつ国として、日本は、いまこそ軍備拡大などは止め、その資金も活用して、積極的に国際的貢献を行うときです。

2.「押しつけ論」の起源と虚構（神話）

(1)「押しつけ論」の起源

さて、「日本国憲法」はGHQによって押しつけられたという説があります。すなわち、「日本政府は、GHQの憲法改正案を拒否すると天皇の地位が危うくなるので、国体護持のためやむをえずGHQの憲法改正案を受け入れた」とするものです。この説が広まったのは、1954年7月7日の松本烝治元国務大臣の自由党憲法調査会での話によるとされています。それは次のようなものです。「天皇を国際裁判に出すかどうかというところに問題があったと想像しております。向こうの言うことを呑めば出さない。呑まなければ出す、そういうわけで、そういうことになったら大変だと思って、よんどころなく急いでやったのです。嫌と言えないことだったのです」。このような直接の当事者であった松本烝治元国務大臣の話を聴いて、「これでは脅迫に他ならないではないか」という見方がなされ、「押しつけ論」として広まったとされています。

（2）「押しつけ論」は事実か？

しかし、松本烝治元国務大臣は確かに当事者ではありましたが、GHQの意図を正確に理解できていなかった、と思われます。松本烝治国務大臣から報告を受けた幣原喜重郎首相は（別途、直接GHQからも聴取していたのかもしれませんが）、異なる受け止め方をしています。すなわち、GHQの説明どおり、連合国における極東委員会の発足とその動きについて、天皇制の存続を含む憲法改正を政府の手で至急行わなければ、天皇の戦争責任追及が裁判で行われる情勢が切迫しているというように正確に理解していたのです。

この理解をもとに幣原喜重郎首相は、枢密院で次のような説明をしています。「此等ノ状勢ヲ考ヘルト今日此ノ如キ草案ガ成立ヲ見タコトハ日本ノ為メニ誠ニ喜ブベキコトデ、若シ時期ヲ失シタ場合ニハ我ガ皇室ノ御安泰ノ上カラモ極メテ懼ルベキモノガアツタヤウニ思ハレ危機一髪トモイフベキモノデアツタト思フノデアル。」

また、閣議における幣原喜重郎首相の発言については、当時国務大臣であった村上義一氏の次のような後日談で裏付けられています。「私が身をもって感じておりますことは、幣原首相が涙ながらに、この一項目さえマッカーサーが極東委員会に対して承諾させてくれるならば、あとのことはすべて犠牲にしてもいいじゃないか、賛成しろ、といわんばかりに閣議でお話があったのです。戦争放棄の問題にしても、天皇制の問題と不可分の問題であると私は解釈している」

（3）「憲法押しつけ論」は神話

「ポツダム宣言」を受諾した日本政府は、「国体護持」を望んでいたものの、天皇を戦争の最高責任者として処刑され天皇制が廃止されるかもしれないと恐れており、国際世論もまたその日本政府が恐れる方向へ動いていました。これに対してマッカーサーが憲法草案に「象徴天皇制」を盛り込むことで、天皇の身の安全と天皇制の存続の案を提示したのですから、ホッと胸をなでおろしたことは明らかです。

しかし、村上義一氏の後日談にある「戦争放棄の問題にしても、天皇制の問題と不可分の問題である」という解釈は、不正確です。なぜなら、「**戦争放棄**」**についてはポツダム宣言に明記された降伏条件**であり、「天皇制」についても、天皇を名指しすることはなかったものの、ポツダム宣言には「日本国国民ヲ欺瞞シ之ヲシテ世界征服ノ挙ニ出ツルノ過誤ヲ犯サシメタル者ノ権力及勢力ハ永久ニ除去セラレサルヘカラス」と、**戦争責任者**（この最高責任者は天皇であることは明瞭です）**の除去をも明記**していたからです。つまり、当時の支配者層の一部は、「戦争放棄」がポツダム宣言の降伏条件であることを忘れて、「天皇制」との交換条件であるかのような誤解をしたのです。幣原喜重郎首相が降伏条件や国際情勢をよく理解していたのに対して、大臣を務めたとはいえ松本烝治氏や村上義一氏たちは、これらを理解していなかったと思われます。

ですから、支配層が望んでいた「天皇制」と嫌がっていた「戦争放棄」との取引などではなくて、ＧＨＱは「天皇制」を守るために、ポツダム宣言に即した憲法制定を急がせただけなのです。この事実からも、**「憲法押しつけ」は神話**に過ぎないことは明らかなのです。

3.「憲法9条」解釈による改定

日本国憲法が公布されて間もなく、憲法９条が唱える「武力による威嚇・武力行使の永久放棄」「戦力の不保持」「交戦権の否認」に対して、米国の世界戦略からの要請である「再軍備」によって、憲法に違反する実態がつくりだされました。その後も、米国の世界戦略の変更による要請の変化に追随して、再軍備によりつくられた「自衛隊」の活動も自衛の範囲を超えて、日本の領域を超えて、海外で他国の戦争に参戦することも可能なものに拡大されてきました。

歴史を概観すると以下のとおりです。

①憲法制定国会では、自衛権を放棄する、と明言して制定されたのですから、これが正しい憲法解釈です。

②しかし、米国から、再軍備を要請され、自衛権はどの国にもあると言われて、解釈を変えてしまいます。それでも、これは個別的自衛権であり、専ら自国を守るためのものだから「戦力」でないと主張します。したがって、自衛隊は海外に派遣しない、他国に脅威を与える軍備はしない、「非核三原則」を守る、とします。

③米国から共同作戦行動を要請されて、自衛権があるので、集団的自衛権も認められると解釈を変更します。こうして、自衛隊を海外へ派遣する、自国だけでなく他国も守る、というところまで逸脱することになります。

④自衛権があるので、自衛のためなら必要な軍備増強も軍事同盟拡大も何でもありだ、と解釈を変更します。攻撃こそ最大の防御。「敵基地攻撃能力（政府は「反撃力」と言い換え）や「核兵器の共有」も許されると。

このように憲法9条とは、かけ離れた実態がつくられてきました。米国の世界戦略によって自衛隊の任務が変わってきたからです。当初の「自衛（自国防衛）」という概念からどんどん遠ざかって「他衛（他国防衛）」に至り、今や「防衛」から「攻撃（先制攻撃を含む）」にまで行き着こうとしているのです。

それでは、もう少し詳しく歴史的に見ていきましょう。

(1) 自衛権の放棄

日本国憲法の制定を審議した国会においては、憲法の各条項に関して慎重な審議が行われて、各条項の文言とその解釈が確定されていきました。憲法9条に関しても同様であり、その文言の解釈が示されています。これを見れば、憲法9条において「自衛権を放棄した」という解釈が明瞭に示されています。これを国会の答弁で以下のとおり確認しておきます。なお、吉田茂首相は、国家正当防衛権（自衛権）を認めると戦争を誘発すること、国際連合が樹立されたら、自衛権を認めること自身も有害である、と述べました。その後の歴史で、自衛権（特に集団的自衛権）の名のもとに内政干渉や侵略戦争が繰り返されたこと、さらに日本政府がいま「自分の国は自分で守る」と称して仮想敵国攻撃のための軍備大増強に奔走しようとしていることを思うと、卓見だったと思います。

①1946年6月28日　衆議院本会議　日本共産党・野坂参三議員の質問に対する吉田茂首相の答弁：

「戦争放棄に関する憲法草案の条項におきまして、国家正当防衛権による戦争は正当なりとせらるるようであるが、私はかくの如きことを認むることが有害であると思ふのであります。近年の戦争は、多くは国家防衛権の名において行はれたることは、顕著なる事実であります。故に、正当防衛権を認むることがたまたま戦争を誘発する所以であると思ふのであります。また、交戦権放棄に関する草案の条項の期するところは、国際平和団体の樹立にあるのであります。国際平和団体の樹立によつて、あらゆる侵略を目的とする戦争を防止しようとするのであります。しかしながら、正当防衛による戦争がもしありとするならば、その前提において、侵略を目的とする戦争を目的とした国があることを前提としなければならぬのであります。故に、正当防衛、国家の防衛権による戦争を認むるといふことは、たまたま戦争を誘発する有害な考へであるのみならず、もし平和団体が、国際団体が樹立された場合におきましては、正当防衛権を認むるということそれ自身が有害であると思ふのであります」

②1946年6月26日　衆議院本会議　日本進歩党・原夫次郎議員の質問に対する吉田茂首相の答弁：

「戦争放棄に関する本案の規定は、直接には自衛権を否定はしておりませぬが、第9条第2項において、いつさいの軍備と国の交戦権を認めない結果、自衛権の発動としての戦争も、また交戦権も放棄したものであります。従来、近年の戦争は多く自衛権の名において戦はれたのであります。満洲事変然り、大東亜戦争また然りであります。今日わが国に対する疑惑は、日本は好戦国である、何時軍備をなして、復讐戦をして、世界の平和を脅かさないとも分らないといふことが、日本に対する大なる疑惑であり、また誤解であります。まづ、この誤解を正すことが今日われわれとしてなすべき第一のことであると思ふのであります」

(2)「自衛権の放棄」から「自衛権の保有」へ
―軍隊の不保持から再軍備へ―

以上のように憲法9条は、自衛権を放棄したものという解釈のもとに制定されたものです。ところが、自衛権を保有しているという解釈が生まれます。なぜでしょうか。それは、次のような事情によるものです。1948年1月にロワイヤル米国陸軍長官が、極東における東西対立が明らかになる中で「日本を**共産主義**(注)の防波堤にする」と、日本の再軍備を予告したことから始まります。1949年9月にソ連が原爆実験に成功し、原爆保有宣言をします。同年10月には、中華人民共和国が誕生します。このような状況で東西冷戦が一気に進みます。米国は、対日占領政策である「非軍事化」「民主化」路線から、米国の同盟国として育成し、日本に共産主義に対する防波堤の役割を担わせる方向へと大きく転換したのです。1950年マッカーサーは「年頭の辞」でこう述べました。「この憲法の規定はたとえどのような理屈はならべようとも、相手側から仕掛けてきた攻撃にたいする自己防衛の冒しがたい権利を全然否定したものとは絶対に解釈できない。」すなわち、「**自衛権を保有しているとの解釈**」**への変更を迫った**のです。このような準備を経て起きたことは、同年6月25日の朝鮮戦争の勃発でした。2週間後の7月8日、マッカーサーは米軍出動後の日本国内の米軍基地を守衛させるため、「警察予備隊」を創設するよう指令を発しました。米国は、将来の同盟軍として育成するため、米軍と同じ編成・装備にします。すなわち明らかな軍隊と見做しています。一方、日本政府は、「軍隊ではない」と説明しました。吉田茂首相「警察予備隊の目的は全く治安維持にある。それが…再軍備の目的であるとかはすべて当たらない。日本の治安をいかにして維持するかというところにその目的があるのであり、従ってそれは軍隊ではない」（1950年7月29日　衆院本会議）

ところが、1951年1月マッカーサーが「年頭の辞」で、「第9条の理想がやむをえざる自己保存の法則に道を譲らねばならなくなることは当然であり…力を撃退するに力を以てすることが諸君の義務となるだろう」と述べると、1か月半後に吉田茂首相は、「日本の安全は日本の手で守る権利があり、義務がある。…自衛力の中にはむろん軍備が含まれる」と憲法制定時と異なる解釈を示しました（1951年2月16日　衆院予算委員会）。ただし、この時点では、軍備を持つことを必要としながら、現在はまだその時期ではないと付け加えることによって「警察予備隊」が「軍隊でない」との解釈を維持したのです。

なお、1951年1月14日付「毎日新聞」において、芦田均議員が、憲法制定時に憲法9条2項の冒頭「前項の目的を達するため」を挿入したことをもって、「戦力を保持しないというのは絶対的ではなく、侵略戦争の場合に限る趣旨である」と述べました。しかし、国会審議過程の速記録を確認した結果、これは虚言であることが判明しています。「前項のというのは、実は双方［9条1項、2項］ともに国際平和ということを念願して居るということを書きたいけれども、重複するような嫌いがあるから斯ういう風に持っていくにすぎなかった」というのが本人の弁であったのです。仮に、国会の場での発言には（侵略戦争の場合に限定したいという）「隠した意図」があったとしても、国会で述べた（重複を避ける）ことに基づいて解釈が確定した憲法の条項に、そのような「隠した意図」による解釈など通用するはずがありません。なお、芦田均議員の憲法9条2項「前項の目的を達するため」挿入によって、これには「隠した意図」があると解釈した連合国・極東委員会の要請で、もしも軍隊を保有する場合に備え、その暴走の歯止めとして、「内閣総理大臣とその他の国務大臣は『文民』とする」の規定が設けられました。

（注）「共産主義」について

この当時において、ソ連、東欧諸国や中国は「共産主義陣営」、米国、西欧諸国や日本は「自由主義陣営」と呼ばれていました。それは、ソ連や中国が「共産主義」を目指しているということで呼ばれたものです。

しかし、その後に明らかになったことは、ソ連や中国は、共産党員中心の官僚が資本家の役割をした国家資本主義であって、共産主義と全く異なる社会であったことです。なお、自由主義とは、個人の自由でなく資本の自由を意味するもので、資本主義と同義です。つまり冷戦の実態は、当時言われた「共産主義陣営」対「資本主義陣営」ではなく、**「資本主義陣営」同士の「勢力争い」**だったことになります。なお、米国高官の中にもソ連は「国家資本主義」であると見抜いていた人もあったとのことです。

ところが、学問的に明らかになった事実が訂正されずに、当初の誤った認識のままで歴史書に書かれているのです。

いまもロシアや中国と米国などの対立を同じような見方で報道されることがあります。しかし、ソ連崩壊後のロシアは資本主義となったと理解されていながら、ウクライナ侵略を見てこれが社会主義・共産主義だ、と誤解する人もあるようです。因みに、プーチン大統領は「統一ロシア」という政党に属し、反共産主義者で知られています。また、中国も、未だに社会主義・共産主義と誤解されています。先に述べたように中国も国家資本主義と理解すべきであり、米国、ロシア、中国の覇権争いは、実際には「資本主義国同士の勢力争い」なのです。

アジア・太平洋戦争中に、日本は、敵国である米国や英国を「鬼畜米英」と称しました。人間ではなく鬼や畜生だというのです。これに似たようなものですが、東西冷戦の中で、自らを美化する一方で、他を卑しめたり、蔑んだり、見下したりするために、国民向け宣伝用としてつくりだされた観念のレッテルが「共産主義陣営」対「自由主義陣営」だったのです。

▼コラム９「共産主義とは何か？」を参照ください。

(3)「自衛権」の拡大解釈

①警察予備隊の発足

１９５０年６月、朝鮮戦争が勃発し、日本にいた米占領軍が国連軍として朝鮮半島へ出動しました。これに伴う米軍基地の防衛のため、同年７月、マッカーサーは警察予備隊７万５０００人の創設と海上保安庁８０００人の増員を指令しました。その２日後、極東米軍総司令部が作成した「警察予備隊創設計画」は、「軍事的ないし準軍事的部隊とみなされ、内外に波紋を招くので、カバー・プラン［偽装工作］のもとで開始されなければならない」と、述べました。ポツダム宣言に示された連合国の意思を反映した日本国憲法９条に違反する行為が、世界の諸国民に対する背任行為であることを認識して、隠れてやらなければいけないと意識していたことが明らかなのです。

3．「憲法9条」解釈による改定

同年8月、政令により警察予備隊が設置されました。政令上は、「警察力を補う」ものとされました。しかし、警察予備隊は将来米軍とともに行動することを見据えて、米軍と同じ編成・装備にして、米陸軍マニュアルで、米軍人によって訓練されました。カービン銃、機関銃、バズーカ砲、戦車、軽飛行機まで装備していました。警察官の装備と比べれば全く異なることは、誰の目にも明らかだったのです。日本政府は、「戦力」という実体を隠蔽して、**政令上は「警察力」という文言を使って**、憲法9条で禁止する「**戦力」ではない、と主張**したのです。「日本の治安の確保のために必要なる力しか持っていないから」戦力に該当しない、と誤魔化したのです（1952年2月1日、衆議院予算委、木村法務総裁）。

この軍隊の創設にあたった責任者の一人である米軍事顧問団幕僚長フランク・コワルスキー大佐は、自責の念を抱きながら、次のように告発しました。以下、『自衛隊　変容のゆくえ』（前田哲男著　岩波新書）の中で引用された回顧（『日本再軍備―米軍事顧問団幕僚長の記録』（フランク・コワルスキー著　中公文庫）をご紹介します。「私の個人的な感情としては、日本が再軍備されることは少し悲しいことであった。ところが今や人類の気高い抱負［憲法9条のこと］は、粉砕されようとしている。これは、アメリカおよび私も、個人として参加する「時代の大うそ」が始まろうとしている。これは、日本の憲法は文面通りの意味を持っていないと、世界じゅうに宣言する大うそ、兵隊も小火器・戦車・火砲・ロケットや航空機も戦力でないという大うそである。人類の政治史上恐らく最大の成果ともいえる一国の憲法が、日米両国によって冒瀆され蹂躙されようとしている。」

アジア・太平洋戦争を含む第2次世界大戦における、戦死兵2、357万人、傷病兵1、026万人、民間死者3、116万人の犠牲の上に設立された国際連合の理念とその実現への先達となるはずだった日本国憲法の意義を深く理解しているからこその告発だったと思われます。

②保安隊と海上警備隊の発足

１９５２年４月、旧安保条約が発効し、日本の自衛力漸増への期待が規定されました。これを受けて、同年７月、保安庁法が公布され、保安隊（11万人）と海上警備隊（７、５００人）が設けられました。保安隊は、４管区隊からなり、重戦車まで持ち、各管区隊の機動力・火力は旧陸軍１個師団の６～８倍に相当する、とみられていました。海上警備隊も、同年11月の船舶貸与協定により、フリゲート艦18隻、上陸支援艇50隻の貸与を受けて、力を強化していました。しかも、保安隊については、保安庁法では「警察」とする明示的な規定がないために、憲法９条に違反することが明瞭になりました。当初、保安隊も「警察力」であり「戦力でない」と説明していた政府も、この「大うそ」は、通用しないと観念しました。

そこで、１９５２年11月25日、内閣法制局が憲法９条２項の「戦力」についての政府統一見解を発表しました。

「…『戦力』とは、近代戦に役立つ程度の装備、編成を具えるものをいう」「…『保持』とは、いうまでもなくわが国が保持の主体たることを示す」つまり、「保安隊等の装備編成は決して近代戦を有効に遂行しうる程度のものではないから、憲法の『戦力』には該当しない」というものでした。しかも、「『戦力』の基準は、その国のおかれた時間的、空間的環境で具体的に判断せねばならない」としたのです。近代戦を有効に遂行できるまでの範囲に入らなければ、「戦力」も「戦力」ではないというのです。しかも、憲法９条２項が禁止する「戦力」は、その範囲は時と所に応じて融通無碍に変化しうる、というのです。

警察予備隊では、「警察力」だから「戦力」ではない、と大うそをつきました。保安隊等では、「戦力」であるが、憲法9条2項が禁止する「戦力」ではない、と誤魔化しました。このようにして、日本政府は米国の世界戦略に基づく再軍備の要請に応えながら、国内外の人々を欺くことを続けてきたのです。

③自衛隊の発足

1954年3月8日、「日米相互防衛援助協定（MSA協定）」が締結されました。日本政府は、旧安保条約に基づいて、「…自国の防衛力及び自由世界の防衛力の発展及び維持に寄与し、自国の防衛能力の増強に必要となることがあるすべての合理的な措置を執」ることを約束したのです（第8条）。同年6月9日、防衛庁設置法と自衛隊法が公布されました。自衛隊法は、陸上、海上、航空の3自衛隊を設け、その目的と任務を次のように定めました。「自衛隊は、我が国の平和と独立を守り、国の安全を保つため、直接侵略及び間接侵略に対し我が国を防衛することを主たる任務とし、必要に応じ、公共の秩序の維持にあたるものとする」（第3条1項）。

こうして、自衛隊は、法律上明確に、国土防衛の任務（これが一般的な「軍隊」の任務です）を持つことになりました。憲法9条2項で「…陸海空その他の戦力は、これを保持しない」とした「陸海空」を完備したうえでのことです。しかも大事なことは、自衛隊法で規定された自衛隊の任務は、日本の防衛となっていますが、これは表向きだということです。警察予備隊が、表向きは「我が国の平和と秩序を維持し、公共の福祉を保障する」ため、「警察力を補う」ことが目的とされながら、実際は朝鮮戦争に出動し空っぽになった米軍基地を防衛することが目的であったように、自衛隊は、米軍の一部として米国の世界戦略に組み込まれることで設計されています。

もちろん、日本国民はこれを簡単に許すようなことをしませんでした。自衛隊の活動を縛るために、様々な憲法解釈が採られ、法律あるいは原則がつくられたのです。これは、米国政府に隷属した日本政府の恥ずべき姿勢と対照的な国民が誇りとしてよい活動だったと思います。したがって自衛隊は今のところ、誰一人殺さず、誰一人殺されていないのです。しかし、残念ながら、これらの原則や法律は、第2次安倍晋三自公政権以降、ことごとく破壊されてきました。このために日本は現在、非常に危険な状況にあることを知らなければなりません。この内容は、後で説明することにして、自衛隊発足後の日本政府の憲法解釈による誤魔化しに話を戻します。

ひと言で言えば、それは「**自衛力**」**であって**「**戦力**」**でない**というものです。警察予備隊の時は、「**警察力**」**であって**「**戦力**」**でない**と言い、保安隊の時も、当初は「警察力」であって「戦力でない」と言っていましたが、誤魔化し切れないと見て「戦力」であることは認めて、「**近代戦遂行能力**」**がないので**「**戦力**」**でないと言い換えました**。そしてたどり着いたのが、「**自衛力**」と言いさえすれば、どんな戦力でも「戦力」でないというものです。

要点を以下に示します。①日本は独立国であるから、当然に自衛権をもっている。②したがって、急迫不正の侵害に対し、それを防止するために必要な最小の実力（「自衛力」や「防衛力」と言われる）を持つことも憲法上禁止されていない。③核兵器、細菌兵器、化学兵器も、その範囲のものであれば、同様に禁止されていない。したがって、「非核三原則」は、現在採っている政策に過ぎない。④認められる自衛力の程度は、そのときどきの国際情勢や相手の力と相対的で、固定的ではない。⑤憲法上保持を禁止されている戦力は、以上の限度を超えるものを意味する。⑥自衛隊は、以上の限度を超えていないから、憲法の禁止する「戦力」ではない。

つまり、「急迫不正の侵害に対し、それを防止するために必要な最小の実力」を「自衛力」と称して、その限度を超えなければ、憲法の禁止する「戦力」ではない、というものです。そして、この「自衛力」は、融通無碍に拡大しうるものだというのです。これは「自衛力」だ、と言いさえすれば、どんな戦力でも「戦力でない」というお守り（護符）を手に入れたようなものです。

④自衛隊の現状：「自衛力」に偽装した「攻撃力」

２０１４年7月1日、安倍晋三内閣は、「安全保障法制の整備に関する閣議決定」によって、「我が国に対する武力攻撃が発生した場合のみならず、我が国と密接な関係にある他国に対する武力攻撃が発生し、これにより我が国の存立が脅かされ、国民の生命、自由及び幸福追求の権利が根底から覆される明白な危険がある場合において、これを排除し、我が国の存立を全うし、国民を守るために他に適当な手段がないときに、必要最小限度の実力を行使することは、従来の政府見解の基本的な論理に基づく自衛のための措置として、憲法上許容されると考えるべきであると判断するに至った。」と、いわゆる「集団的自衛権」の行使も容認されると憲法解釈を変更しました。これまでは、「我が国に対する武力攻撃が発生した場合」に限定されていた自衛力（「個別的自衛権」）の行使（必要最小限度の実力の行使）を「我が国と密接な関係にある他国に対する武力攻撃が発生した場合」にも行使できるようにしたものです。

日米安保条約の目的が、表向きの「日本の自衛」ではなく「米国の防衛」にこそ真の目的があることが、ようやく明らかになってきたのです。米中対立が鮮明になる中で発生した、ロシアのウクライナ侵略を機に、自民・公明連立政権や維新の会が提唱する「敵基地攻撃能力の保有」や「核兵器の共有」は、まさに「自衛」を口実にして自衛ではなくて先制攻撃も辞さないもの（これが米国の基本戦略です（注））になっています。

（注）**米国の先制攻撃戦略**（「2002年国防報告」より）

「アメリカを防衛するためには予防が必要であり、時には先制攻撃が必要である。あらゆる脅威に対して、あらゆる場所で、あらゆる想定時間に防衛するということは不可能である。唯一の防衛は攻撃に転ずることである。最善の防衛はよい攻撃である。アメリカは地上部隊の使用も含めて事前に何事も除外してはならない。敵はアメリカがその敵を打ち破るために、あらゆる手段を使うこと、勝利を達成するためにはいかなる犠牲も払う覚悟でいることを理解しなければならない。」

このように、米国は「防衛」と称して、「先制攻撃」（国際法上の「侵略」）をも辞さないことを公言しています。日本が米国と軍事同盟を締結していることは、集団的自衛権により侵略の当事者になる危険を常に抱えているのです。

（4）まとめ

わが国の国民性として、自分と他人を一体化してしまう性向があるように感じられます。例えば、中曽根康弘元首相は、日米同盟について、日米は「運命共同体」である、と言いました。しかし、ド・ゴール仏・元大統領が言ったとされる、軍事同盟は一緒に戦争するが、運命まで共にしない、というのが一般的考えなのです。日本政府は、日本の安全保障と米国の安全保障は不可分一体のものと見做しています。しかし、米国の安全保障は、日本の安全を保障するものではありません。米国は「アメリカ・ファースト」で自国の運命を選択するのです。客観的に事実関係を見るならば、**米国の安全保障は、日本の安全を犠牲にしたもの**であったし、いまもそうです。いま進められている中国包囲網（米中冷戦構造）が破綻して、米国陣営と中国陣営が戦争になれば、間違いなく日本が戦場になります。日本政府は、日本を戦場にする米国の軍事戦略（安全保障）を日本の安全保障だと思い込んでいます。日本の安全保障と米国の安全保障は不可分一体のもの、と思い込んでいるからです。同床異夢という言葉がありますが、まさにこれが日米同盟に当てはまります。

しかし、「押しつけ憲法神話」で見てきたとおり、日本を守るはずの自衛隊は、創設以来一貫して、米国の世界戦略の上で米国陣営の１つの駒（あるいは部品）のように、米軍の指揮・命令下で行動するよう編成・装備され、訓練されてきました。そして、いまや米国の世界戦略は大きく転換されたのです。日本はいま、米国が世界中に張り巡らす前方基地の１つというだけでなく、中国と対峙する米国のまさに最前線基地にされることが想定されています。しかも、２０１５年に安倍晋三内閣は「集団的自衛権」の行使を容認する「戦争法」を強行採決し、２０２２年に岸田文雄内閣は相手国が攻撃に着手したと判断すれば「反撃」(*)（どのように言訳しても「先制攻撃」です）するための「反撃力」を保有すると決めました。なお、この「反撃力」は「敵基地攻撃能力」の言い換えですが、「敵基地」だけでなく「指令機能中枢」を含むと説明されているので、「**敵国攻撃能力**」と言う方が正確です。したがって、日本はこれから米軍の指揮のもとで、日本が「先制攻撃」を行うか、米国を含む密接な関係を有する国が攻撃を受けたことに対して反撃（相手国から見れば、日本の「先制攻撃」となります）を行うか、という侵略戦争を招く可能性が急速に高まりつつある、非常に危険な状態にあると言えるでしょう。

（＊）武力攻撃を受けていない段階の脅威を理由とした自衛権の発動（「反撃」）が認められないことは、国際司法裁判所の判断でもあります。

4. 平和構想の蓄積を国際貢献へ

(1) 平和勢力の貢献―平和構想の蓄積

日本政府は先に述べたとおり、米国に言われるままに憲法に違反する再軍備を進めてきました。しかし、平和を希求する国民(平和勢力)は、これに拱手傍観していたわけではありません。国民の運動とそれと結びついた国会論戦によって、自衛隊の活動を縛るための様々な憲法解釈がなされ、法律あるいは原則がつくられてきたのです。もし、日本政府と与党(自民党など)が米国政府の言いなりに自衛隊を活動させていたら、早い時期に海外で戦争していたことでしょう。例えば米国のベトナム侵略の際に在日米軍基地はフル活用されましたが、自衛隊は派遣されることがありませんでした。韓国兵などがベトナムに派遣されて多くの死傷者を出したこととは対照的です。これには、自衛隊法の成立に合わせて、国会で「海外派兵禁止」の決議がなされたことが貢献しているのです。併せて個別的自衛権は行使できても憲法解釈上「集団的自衛権は行使できない」としてきたことも、参戦の歯止めになってきました。

また、政府が憲法解釈で「自衛力」という概念で「戦力」を否認した結果、「専守防衛」という概念が生まれました。すなわち、わが国は専ら「防衛」に徹して、決して自ら「攻撃」するようなことはない、というものです。これは、周囲の国々に対して大切なメッセージとなります。決して「攻撃」するようなことはないというのであれば、周囲の国々は「防衛」の必要がなくなり、軍事的緊張をつくらないからです。

ところで、「専守防衛」と言っても周囲の国々にとっては、本当か嘘かわかりません。これを保証するものが、「**攻撃的兵器の保有禁止**」です。日本政府は、航空母艦や航続距離の長い航空機を持たないとして、「専守防衛」の証拠にしてきたのです。そして、他国に軍事的脅威を与える「軍事大国」にはならないと宣言し、GDP比1％を目安に「防衛予算の抑制」を図るようにしてきました。

また、核兵器の使用が、人類の破滅をもたらすことから、戦争による唯一の被爆国であることを踏まえて、「非核三原則」すなわち、**核兵器を「持たず、つくらず、持ち込ませず」**を国是としてきました。実際にはこの原則は守られていませんが、これも本来は世界各国が堅持すべき思想です。そして、この思想は、すでに「核兵器禁止条約」に実っています。いまや、これを実現すべき時になっています。

さらに、武器の輸出によって軍事的緊張をもたらすことのないように、武器の輸出を「禁止」ないし「慎む」こととする「武器輸出（禁止）三原則」も設けられました。これは、ソ連・中国などおよび国連決議による武器禁輸措置をとられた国、並びに紛争地域への武器輸出を禁止したものであり、他の地域への武器輸出も「慎む」とされました。他の地域への武器輸出を「慎む」ようになってからは、原則として武器および武器製造技術、武器への転用可能な物品の輸出が禁じられました。

このほかにも、軍事利用を禁止する「原子力の平和利用」「宇宙の平和利用」などを盛り込む法律もつくられました。

（2）国際貢献への課題

実は、これらの平和に寄与する憲法解釈、法律、原則などは、第2次安倍晋三内閣以降の自公政権によって、ことごとく破棄されました。しかし、戦争の準備をやめて、平和の国際秩序をつくるうえで必要な「軍備縮小」などを進めるためには、必要で欠かせない考え方になると思われます。

先に述べたように、唯一の被爆国である日本が、「非核三原則」を国是として、被爆者を中心とする平和勢力の声を国連に届けて、核兵器を「持たず、つくらず、持ち込ませず」などの思想に基づいて、「核兵器禁止条約」の成立を実現しています。これは、核兵器廃絶への貴重な前進です。軍備全般に関しても同様に粘り強く軍備縮小から軍備撤廃へと進めることが求められています。そうしてこそ、戦争のない世界が実現できるからです。当然各国間で疑心暗鬼が見られるでしょうが、その時に役立つのは「専守防衛」の思想と「攻撃的兵器の保有禁止」の実践ではないかと思われます。日本が、このような豊かな経験に基づいて、国際連合の場で積極的に各国へ働きかけ、平和の国際秩序をつくることに貢献することが、米中対立のもとで日本を戦場とする危険な軍事作戦が進められている、いまこそ求められています。

コラム

コラム1 米中対立（軍事面）──「列島線防衛」

1．米中対立と日本

米国は、将来唯一の競合国とする中国を軍事的・経済的・政治的に封じ込めて自らが覇権を維持する世界戦略のもとに、この軍事面の戦略に沿って日本に「列島線防衛」を担わせようとしています。中国が、中国と台湾との統一を阻もうとする場合には、武力行使も選択肢の一つとすると宣言する中で、日本政府・自民党は、「台湾の危機はわが国の危機」として、米国とともに参戦する姿勢を見せており、非常に危険な対応になります。このため、「列島線防衛」がどのようなものか、その概要を見ておくことにします。

2．中国の防衛戦略

中国は、有事の際に、「第一列島線」と称して、そのラインの内側の航空・海上両面における軍事的優勢を確保し、米軍等の空母打撃群などがこの地域で自由に活動できないようにする構想を持っています。すなわち、この線の内側に敵が入ってきたら中国は戦略上不利になるので、ここで死守するラインだ、ということです。この「第一列島線」は、日本本土に端を発し、沖縄から南西諸島、台湾、フィリピン、ボルネオ島にいたるラインです。次には、航空優勢・海上優勢を確立する範囲を拡げる構想があり、それを「第二列島線」と称します。これも日本本土に端を発して、小笠原諸島からマリアナ諸島（サイパン・グアム）、パプアニューギニアを結ぶラインです。さらに、いずれは西太平洋・インド洋でアメリカに対抗できる海軍の建設を目指しているとされています。

3．米国の対抗戦略（「列島線防衛」）

これに対抗して、米軍と自衛隊等も航空優勢・海上優勢を維持し、いざという時は米軍の空母打撃群などがいつでもこの地域に展開し、自由に活動できる状況を保とうというのが「列島線防衛」です。具体的には、日米で共同して「第一列島線」の内側に中国軍を封じ込めようとしています。戦略核ミサイルを搭載した潜水艦を「第一列島線」の内側に封じ込めることができれば、米国は米本土への核攻撃を心配することなく中国を攻撃できるようになり、優位に立つことができます。このため自衛隊は、対潜戦能力をさらに高めるために、潜水艦や護衛艦の増強・空母への改修、新型対潜哨戒機の導入などを進めています。さらに、列島線上の島々に自衛隊基地を新たにつくり、対艦ミサイルによって中国の海軍が西太平洋に進出できないようにする構想のもと、馬毛島、奄美大島、沖縄本島、宮古島、石垣島、与那国島などへのミサイル基地配備を進めています。

4．列島防衛戦上の日本

つまり、中国も日米両国も「第一列島線」を攻防ラインと位置づけており、有事の際には「第一列島線」が第一の戦場となることが想定されています。しかし、忘れていけないことは、南西諸島が戦場になって、日本本土は戦場にならない、という保証はないということです。米国の中国封じ込めに日本が加担するのですから、中国の喉元に配備される南西諸島のミサイル基地と同様に日本本土の基地や指令機能中枢も含めて攻撃される危険が一層大きくなることでしょう。なぜなら、日本政府が保有を目指す「反撃力（敵基地攻撃能力）」の対象には、指令機能中枢等（日本で言えば、防衛省本省、総理官邸、関係省庁など）を含むとしていますから、相手国も当然同様に考えると想定しなければいけないからです。

5. 米国戦略の軍事技術的背景

なお、米国のこのような軍事戦略の背景には、ミサイル技術において、中国がすでに「極超音速滑空体」（これは迎撃不能とされ、大陸間弾道ミサイルに搭載すれば米国本土に届くもの）の開発を終えて配備したとされるのに対して、米国はまだ極超音速巡航ミサイルも滑空体も開発できていないことがあります。米国は、太平洋をまたぐミサイル合戦をして、迎撃不能なミサイル攻撃に米国本土をさらす気は少しもありません。ですから、対中国戦の戦場を台湾と日本に限定し、ここを「敵」からの無数のミサイル攻撃にさらすのです。そして、できる限りミサイルを消尽させるのです。つまり、台湾と日本の役割は囮のようなものになることが想定されているのです。

日本は、壊滅的惨禍を被るリスクを背負って、米国の覇権主義に加担しなければいけないのでしょうか。そうではなくて、中立の立場から、軍事的な争いは止めよと米国にも中国にも諫言して、両国が協力関係の中で正々堂々と経済的・政治的に進歩・発展するよう競い合うことをこそ支援すべきではないでしょうか。

コラム2 米中対立（経済面）――「貿易統制・経済封鎖」

このコラムの記載内容の多くは、次の論文に依拠しております。

坂本雅子著「米国の対中国・軍事・経済戦の最前線に立つ日本」（『経済』2022年6月号所収）

1. 米国の中国敵視戦略

米国は、２０００年代後半には、通常兵器における米国の優位性を中国によって失われかねないと警戒し始めていました。２０１４年になると、中国への対決姿勢を鮮明にして、「戦略的競争者」（中国、ロシア）の優位性を失わせて米国の優位を回復し、「来るべき数十年に備え米国の優位性を保つ」ことを戦略目標にしました。このため、先端技術開発とその軍事技術への利用を強力に推し進めることにしたのです。

トランプ政権は、国防上「対テロ戦争」でなく、中国を名指しして「大国間の戦略的競争」を最重視すべきとしました。バイデン政権も、中国を「唯一の競争相手」として、対抗姿勢を鮮明にしています。

2. 中国排除・敵視策の背景

米国は、なぜ中国排除・敵視策を強行するのでしょうか。米国がいま、先端技術の開発と生産で中国に打ち勝って次世代の経済で覇権を握ろうとしているからです。中国はＧＤＰ（国内総生産）において２００８年は米国の３割に過ぎませんでしたが、２０２０年には米国の7割へと急成長しました。２０３０年代には米国を追い越すと予測されています。なお、２００８年には日本以下であったのに、２０２０年には日本の3倍です。また世界に対する影響力も広がっています。中国政府は、「一帯一路構想」について、２０２１年6月時点で１４０カ国、32の国際組織と計２０６件の協力文書を調印していると発表しています。先端技術の分野でも驚異的な急成長をしています。先端技術10分野における特許出願件数の1位は、２００５年に米国5、日本4、中国0でしたが、２０１７年には、中国9、米国1、日本0でした。

これから開発する新しい技術が今後の軍事的勝敗を決めることになります。ですから、米国は官民の総力を結集し、中国を排除して先端技術の開発を強行しようとしているのです。米国が覇権を維持するためには、いま、中国を叩くしかないということなのです。

3．中国排除の法整備

米国は、以上の戦略に基づいて、着々と法整備を進めています。

（1）政府調達から中国を排除

2018年8月に中国企業5社(*)との取引禁止を明らかにしました。2019年8月、政府調達から中国企業5社を排除。2020年8月、中国企業5社（と関連企業）の製品を使う企業の排除へ対象を拡大。同時にポンペオ国務長官は、米国企業と国民に5G関連分野の中国企業排除を呼びかけました。そして、政府調達の中国企業5社（と関連企業）の製品を使う企業の排除は、米国企業からすべての国の企業へ拡大されました。

（＊）中国企業5社：ファーウェイ（華為技術）、ZTE（中興通訊）、ハイクビジョン（杭州海康威視数字技術）、ダーファ・テクノロジー（浙江大華技術）、ハイテラ（海能達通信）

（2）対米投資から中国を排除

中国企業を主なターゲットに、外国企業の対米投資の審査を厳格化しました。①重要技術・個人データにアクセスできる投資やインフラ関連投資、②軍事施設に近い不動産投資です。

（3）輸出先から中国を排除

AI、バイオテクノロジー、測位技術、極超音速、先端材料など14の先端分野の対中国輸出を禁止しました。また、米国由来の製品や技術が一定の割合で含まれる場合、特定の中国企業との取引が禁止されます（再輸出規制）。さらに、日本など世界中の企業の輸出にも、米国の法律を押しつけてきているのです。

4．日本政府の呼応状況

このような米国政府の動きに呼応して、日本政府も次のように同調した動きを見せています。その特徴は、「経済安全保障」という名称でありながら、国民生活に不可欠な食糧やエネルギー自給率向上などとは全く異なるもので、専ら中国との輸出入規制と先端技術（軍事技術）開発の促進（成果非公開）を内容とするものです。

（1）推進体制の整備

２０１９年６月、経済産業省に「経済安全保障室」を設置。２０２１年10月に岸田文雄内閣に「経済安全保障担当大臣」を新設。同年11月、「経済安全保障推進会議」の初会合がもたれました。

（2）経済面の法整備

２０２０年６月、改正外為法が施行されました。重要分野への外国企業による対日投資規制を厳格化するものですが、中国企業が主たるターゲットになるでしょう。

２０２１年６月、「国家安全保障上重要な土地等に係る取引等の規制等に関する法律」が成立。国家安全保障上重要な施設周辺や国境の離島などの土地取引を許可制や届出制としました。

２０２２年５月、「経済安全保障推進法」が可決・成立しました。

ⅰ．**サプライチエーン（供給網）の強靭化**：政府指定の重要物資（何を指すか明示されない）の中国由来物質輸入排除、国内増産に補助金（台湾や米国企業にも）。

ⅱ．**基盤インフラの安全性・信頼性の確保**：電気・ガス・水道など14分野の事業者が導入する重要設備を政府が審査し、中止勧告できる制度とする。「中国製品」を使用しないように実質的に強制。

ⅲ．**先端的な技術分野の官民協力**：重要技術（宇宙、量子、ＡＩ等）を指定し、集中投資し、研究開発を加速化。関係する研究者や法人に守秘義務を課す。

ⅳ．特許の非公開制度：「安全保障上の機微な発明」に指定されると、政府が公開を留保したり、外国への出願を禁じたりできる制度。

2022年9月、「土地利用規制法」が施行されました。これは、米軍・自衛隊基地や原子力発電所などの周辺1キロメートルや国境離島を「注視区域」などに指定し、所有者や使用者を監視・情報収集して、「機能阻害行為」があれば使用中止を勧告・命令できるというものです。同年内に区域指定も始まりました。国民を監視し、国民の権利を著しく制約することや、不動産取引にも重大な影響を与えかねないと懸念されています。

5．日本経済への甚大な影響

以上見てきたとおり、日本企業や米国の同盟国の企業までが、米国や中国あるいは世界で自由に活動することに大きな障害が設けられることになります。特に日本は、輸出を中国と米国に依存し、それぞれが輸出総額の2割前後を占め合わせて4割も依存しています。日本企業は、大きな影響を受けることになるでしょう。単に輸出入が減るだけでなく、これを補うための設備投資を国内で行う、あるいは、政府がそのための補助金を出すという浪費が生まれます。それだけではありません。これらによって、全体の約4分の1を占める中国との輸出入が全面的に禁止される事態が準備されてゆくということです。その時には、関連する日本企業には壊滅的影響を受ける企業も出てくることでしょう。

6．まとめ

日本企業は、米国の中国敵視政策によって、米国や中国という大きな市場で自由に活動することを制約されることになります。本来なら、日本政府はこのような制約・障害を取り除き企業が自由に活動できるように努めることを期待されているし、そうするべきです。ところが、そうではなく、「安全保障のため」という名目で、米国政府と共同歩調をとっています。しかし、「安全保障のため」と言うのなら、米国の「覇権維持（＝アメリカ・ファースト）」と言うけち臭い根性に付き合うのではなく、開かれた市場で、自由な経済活動が、節度を持って（新自由主義でなく）行われるよう提言すべきではないでしょうか。また、中国にも堂々と民主主義的改革を迫り、ともにアジアの平和をつくる提言を行うべきではないでしょうか。このような外交努力をしないで、中国に対する貿易統制など経済封鎖を進めれば、「米中冷戦構造」ができてしまうでしょう。これは、世界を2つの陣営に分断し、世界経済を軍事化し、経済の停滞を招き、軍備増強に反比例した生活水準の低下を招き、いっそうの軍事的緊張状態をもたらすでしょう。もし、冷戦が熱戦になれば、日本が最も危険な戦場となり、核戦争による人類の絶滅を招きかねない状況ともなります。

この唯一の原因は、**米国と中国の覇権争い**です。世界中の他の国々にとっては馬鹿々々しいことではないですか。米国か、中国か、どちらに付くかではなく、みんなで、馬鹿々々しいからやめろ、と声をそろえて言うことが唯一の解決策です。日本政府がこれまでの惰性に任せて米国の味方に付けば、中国と敵対することになります。そうすれば、中国国民の反日感情も高まるでしょう。中国から敵国として扱われれば、日本は輸出入の約4分の1を占める中国市場を失うなど大きな犠牲を払わなければなりません。日本経済は、大きな痛手を被り、日本国民の反中国感情も高まるでしょう（原因は米国に追随し中国敵視策をとる日本側にあるのですが）。そういう状況は、両国間あるいは世界の軍事的緊張を高めることになります。つまり、日本政府が米国追随の政策をとることで、「戦争への道」が開かれるということがよくわかると思います。

米国は、最近まで自国の経済力を背景に自国に有利な「自由貿易」の旗振りをしてきました。今度は、自国の勝手で「貿易統制」「経済封鎖」に向かっています。しかも日本政府は、常に米国の言いなりになっています。しかし、これでよいのでしょうか。日本は、軍事的に見れば最前線基地として、潰滅的な犠牲を払うリスクを負うことになります。また、経済的に見ても同様に壊滅的な犠牲を払うリスクを負うことになるでしょう。そうであれば、日本の選択肢は、はっきりしています。日本政府は、米国追随から脱却して、自主的に中立の立場から、**平和と経済発展に向けて対立する米国と中国の仲介者としての役割を果たすべき**ではないでしょうか。

コラム3 「安全保障3文書」

1．はじめに

2022年12月16日、岸田文雄自民・公明政権は、「安全保障3文書[注]」を閣議決定しました。これは、他国攻撃能力の保有とそのための大規模な軍備拡大の方針を定めたものです。「戦後の安全保障政策の大転換」と自ら称して、「専守防衛」の原則を投げ捨てて、世界第3位の「軍事大国」を目指すものです。ところが、奇妙なことに「専守防衛に徹し、他国に脅威を与えるような軍事大国にならず」との一文があります。これは、事実と真逆なことであり、国民を騙すための自民・公明政権の厚顔無恥な大うそと言うべきものです。

（注）**「安全保障3文書」**とは、次の3つを指します。

①「国家安全保障戦略」（10年間の外交・防衛の基本戦略）
②「国家防衛戦略」（10年間の防衛力のあり方）
③「防衛力整備計画」（5～10年間の経費の総額や主要装備等）

なお、従来の「防衛計画の大綱」、「中期防衛力整備計画」を米国の名称に合わせて、それぞれ「国家防衛戦略」、「防衛力整備計画」に変更しました。

2．「安全保障3文書」の概要

(1)「専守防衛に徹す」の大うそ

2015年に強行採決された平和安全法制（「戦争法」）は、歴代政権が憲法に違反するため認められないとしてきた集団的自衛権の行使を容認することで、戦争することに対する法的縛りを外しました。しかし、当時の自衛隊は、実際に他国を攻撃する能力を保有していたわけではありません。なぜならば、「専守防衛」という縛りがあったからです。歴代政権は、自国が攻撃を受けたときに、自国を防衛するため（個別的自衛権の行使）の最小限度の実力組織（部隊）である自衛隊は、憲法9条で保持することを禁止された「軍隊ではない」と言ってきました。したがって、他国に脅威を与えるような武装をしないという縛りが掛かっていたのです。このため「戦争法」で、他国が攻撃を受けたときでも、自国を防衛するために必要と政府が判断すれば、他国防衛の戦争に参加（集団的自衛権を行使）することができるとしたものの、そのための武装はできていなかったのです。

「安全保障3文書」は、この「専守防衛」という縛りを外して、集団的自衛権を実際に行使できるようにするために、自衛隊の装備を他国を攻撃できるように抜本的に強化し、併せて、それを支える国家総動員体制をつくりあげようというものです。政府による軍需産業の育成、武器輸出の拡大（同盟国・同志国向け）、軍事研究への産業界・官僚組織・学問研究機関の大動員、全国の空港・港湾の軍事利用拡大など国力の総動員を図ろうとしています。つまり「平和国家」の装いすらもかなぐり捨てて「戦争国家」へ突進しようとしているのです。

（2）「他国に脅威を与えるような軍事大国にならず」の大うそ

専守防衛ということであれば、自国の領土・領海・領空内で、攻撃があれば防衛する、という装備だけでよかったのですが、今回の防衛力整備計画において、他国の攻撃に使用できる装備が次のように計画されています。

①長射程ミサイル：12式誘導弾（射程１０００㎞超）、トマホーク（１６００㎞）、高速滑空弾（２０００㎞超）、極超音速誘導弾（２０００㎞超）
②戦闘機：F35A・F35B（高いステルス性、長射程ミサイルで攻撃）
③スタンド・オフ電子戦機（離れた位置から通信やレーダーを妨害）
④艦艇：多機能護衛艦（長射程ミサイルを搭載するよう改修）
⑤潜水艦（長射程ミサイルを発射できる艦を開発）
⑥無人機：多用途や攻撃用（偵察の他、攻撃にも使用）

つまり、これまでは自国領域内で攻撃された場合に備えた装備に過ぎなかったのですが、他国を攻撃できる装備をするということです。しかも、これまでは国内総生産（Gross Domestic Product：GDP）比１％程度であった軍事費を5年間で2％にするというのです。最初の5年間は43兆円の軍事費ですが、次の5年間は55兆円規模にするものです。NATO諸国も米国から軍事費のGDP比2%を要求されていますが、達成している国は3割程度のようです。日本のGDPは、世界第3位の規模です。したがって、日本の軍事費は世界第3位になるでしょう。他国を攻撃する武力をもって抑止力を高める（すなわち「武力によって威嚇する」）というのですから、他国へ「脅威を与えない」はずがありません。しかも、世界第3位の軍事費を使いながら、「軍事大国にならない」ということも、事実に反する大うそになるでしょう。

しかも自公政権は、当初「敵基地攻撃能力」と呼んでいたものを「反撃能力」と言い換えたのですが、相手国が攻撃に着手したと判断すれば先制攻撃するというのですから、「反撃能力」という表現も大うそと言ってよいでしょう。

（3）「自分の国は自分で守る」の大うそ（統合防空ミサイル防衛（IAMD）への参加）

2022年1月、岸田文雄自公政権発足後初めての日米安全保障協議委員会（日米「2＋2」）において、日米の安全保障戦略を「完全に整合」させると決めました。つまり米国の要求に応えて米国の世界戦略に追随することにしたのです。

このため日本政府は、米国が中国・ロシアの高性能ミサイルに対抗するため、同盟国を動員して地球規模で構築する「防空網」である「統合防空ミサイル防衛（Integrated Air and Missile Defense：IAMD）」へ参加することを決めました。これは、弾道ミサイルや巡航ミサイル、航空機、無人機など空からの脅威に、イージス艦や早期警戒機、地上配備レーダーなどの情報を統合し、敵の攻撃を阻止するためのもの、とされています。しかし、米統合参謀本部のドクトリン（教義）は、敵国のミサイル発射拠点、空港、指揮統制機能などを、相手から攻撃を受ける前に破壊する「攻勢作戦」を行うことが含まれる、としています。日本も、こうした他国攻撃の一翼を担う危険があるということです。しかも、攻撃すれば、報復されることは必至です。「列島線防衛」と称する共同作戦において、日本がその最前線に位置することから、日本の国土が廃墟と化し、国民が犠牲にされる危険が高いことを考えれば、「自分の国は自分で守る」は、大うそであり、逆に「自分の国を自分から危険に晒す」ものだとわかると思います。

3．日本政府の無責任な対応

（1）「日本に大規模な被害」の可能性を認識

2023年2月6日、国会の質疑で明らかになったことは次のとおりです。日本共産党の穀田恵二衆議院議員は、日本が武力攻撃を受けていないもとで、集団的自衛権を行使して敵基地を攻撃すれば、相手から報復攻撃を受けるのではないか、と質問しました。浜田靖一防衛大臣は、「事態の推移によっては他国からの武力攻撃が発生し」、「日本に大規模な被害が生じる可能性も完全に否定できない」と答弁しました。しかも、「こうした武力攻撃を排除するために必要な措置をとる」とも答弁しました。つまり、報復の応酬になる可能性があるということです。穀田恵二議員は、「こうなるとまさに全面戦争ということになる。日本の国土が焦土化し、廃墟と化すおそれが現実のものになる」「『安保3文書』は、『日本を守る』どころか、米国の戦争に日本を巻き込む、日本に戦火を呼び込み、甚大な被害を及ぼすものだ」と指摘しました。

（2）国民を守らず軍隊だけを守る愚行

防衛省は、国土が戦場になることを想定した、自衛隊基地の一大強化に着手しました。「自衛隊施設の強靭化」と称して、核・生物・化学攻撃や上空での核爆発に伴う「電磁パルス」にも耐えられるよう、全国283地区で基地司令部の地下化や壁の強化などを進めます。建物の棟数は2万1、806棟で、うち1万2、6

36棟が建て替え、9、170棟が改修。工費は2023〜27年度の5年間だけで4兆円。すべてが破壊しつくされた後に、生き残った司令部が何を守るつもりなのでしょうか。国民の命と暮らしを置き去りにしたままで国土の戦場化を想定し、莫大な国民の税金を大手ゼネコンに流し込む「基地の強靱化」など許してよいのでしょうか。**軍隊を守る前に、国土と国民を守れ**、と言いたいですよね。まずは、軍備増強を止め、背水の陣を敷いて、想定する相手国に対する外交努力を徹底的に行うべきではないでしょうか。

（3）IAMDに関する岸田首相の大うそ

2023年1月31日、国会の質疑で明らかになったことは次のとおりです。日本共産党の志位和夫衆議院議員は、米軍主導の「統合防空ミサイル防衛（IAMD）」に日本が参加することに関して、米軍は、IAMDによって敵の航空・ミサイル攻撃を「未然に防止する」としており、先制攻撃を含むことから、先制攻撃を方針とする米国のミサイル戦略に日本が参加することになれば、この方針に基づいて米国が先制攻撃の戦争に乗り出した時に、自衛隊も一緒に戦争することになる。つまり、日本国憲法に違反するだけでなく、国連憲章と国際法にも違反する無法な戦争に乗り出すことになるのではないか、と質問しました。これに対して岸田文雄首相は、「アメリカと日本のミサイル防衛は全く別物」「米軍の指揮下に入ることはない」「アメリカとて、国際法違反を堂々とやることはありえません」などと答弁をしました。

ところが、IAMDでは、すべてのプレーヤー・コーチが、同じプレーブックを持ち、一緒に訓練し、一緒に作戦を実行し、敵からは米軍と同盟国が一つのチームとして見られます。したがって、志位和夫議員は「これが米軍の方針だ。自衛隊だけが、独立した指揮系統に従って行動することはありえない」と指摘しました。

なお、米国が国際法違反をたびたび繰り返してきたことは歴史的事実です。岸田文雄首相も、米国が「国際法違反をやることはありえません」と言っているのではありません。「堂々とやることはありえません」と言っているのです。日本の政治屋の独特の言い回しです。やるけれども、堂々とやるわけではない、と誤魔化したに過ぎないのです。

日本政府は、危険な実態を認識しておりながら、主権者である国民に隠しておきたいということでしょう。ロシアのウクライナ侵略戦争に対し、「民主主義か専制主義か」と迫る米国に与しながら、これでは、日本を「民主主義」国家だと言えるはずがありません。

4．米国の大学での講演について

岸田文雄首相は、閣議決定された「安全保障3文書」について「**戦後の安全保障政策を大きく転換するもの**」と述べています。しかしながら、このように大事なものでありながら、憲法で「国権の最高機関」「国の唯一の立法機関」と位置づけられ、「全国民を代表する選挙された議員」で組織された国会の審議を経ずに、内閣の一存で決めると真っ先に米国大統領へ報告したのです。これによって、次の2つのことが露《あらわ》になりました。

①内閣を国会の上に置く「**専制主義**」②米国を日本国民の上に置く「**対米従属**」(ともに民主主義の否定)

また、米国訪問の際に大学で行った講演で、「安全保障3文書」の意義について、次のように述べたそうです。「吉田茂元総理による日米安保条約の締結、岸信介元総理による安保条約の改定、安倍晋三元総理による平和安全法制の策定に続き、歴史上最も重要な決定の1つ」と。自画自賛のようにも見えますが、筆者には、歴代自民党政権および自民・公明政権が国民を欺きながら、米国が言うままに行動してきたという自覚もなく、したがって普通の人なら抱く「内心忸怩たる思い」もないのだろうと背筋の凍る思いにとらわれました。

①吉田茂元総理による日米安保条約の締結

事実上、米国による占領継続を押しつける条約でした。しかも、条約の文面では、日本が希望して米国が受け入れたかのように偽装されました。これは、日本の韓国併合が韓国全土を軍事占領した力で強制的に併合したものでありながら、韓国の国王が願い出たので、日本の天皇が承諾して実行してあげる、という体裁をとったのと酷似しています。吉田茂首相さえも調印を嫌がったほど屈辱的なものでした。日本政府は、米国に日本防衛義務のないことを隠して、安全を守るために日本側が希望したもの、と国民を欺いたのです。

②岸信介元総理による安保条約の改定

改定によって条約の文面は変わりましたが、様々な密約によって実体は何も変わりませんでした。むしろ、安保法制を憲法の上に置く仕組み、経済まで従属させられる体制がつくられました。改悪しながら、対等な条約になった、と国民を欺いたのです。

③安倍晋三元総理による平和安全法制の策定

平和安全法制（「戦争法」）は、それまでの「日本領域内における攻撃から国土・国民を守る」枠組みから踏み出して、「地球規模における密接な関係にある国々との攻守同盟」へと変質させました。米国に言われるまま、国民を欺いて、米国など他国防衛も「自国防衛のため」、と国民を欺いたのです。

④岸田文雄現総理による「安全保障３文書」

「安全保障３文書」では、「抑止力」を高めるため「反撃能力」をもつとしながら、「専守防衛に徹する」

ともしています。「反撃能力」の定義は、日本に対する武力攻撃が発生した場合に限定しながら、「反撃能力」の行使については、「戦争法」の新3要件によって日本への武力攻撃がなくても行使できるとしています。しかも、「反撃能力」は、敵国への先制攻撃（＝侵略）も含む共同作戦のもとで行使されます。つまり、「専守防衛に徹する」としながら、日本への武力攻撃もないのに、先制攻撃（＝侵略）もしかねないのですから、国民を欺くもの以外の何物でもありません。

コラム4 「憲法9条無力」神話

ウクライナにおける戦争の勃発を目の当たりにして、「戦力がなければ戦えない」「戦力を持たないとする憲法9条は、現実的でない」という意見が声高に主張されています。しかし、これはごく一局面だけを見ての短見のように思われます。そもそも、どのようにして戦争が起きたのか。その経過の中で、憲法9条が無力か有力か、すなわち、憲法9条が生かされていても戦争になるのか、生かされていないから戦争になるのか、という問いかけがなされなければいけないと思います。また、国連加盟国は、不充分とはいえ国連の集団安全保障体制のもとで守られることを考えると、国連加盟国に対して「戦力がなければ戦えないのでは？」の問いに意味があるのかも検討されなければいけないと思います。

1．憲法9条の真価＝侵略の手を縛る

ロシアのウクライナ侵略を受けて、「プーチン氏のようなリーダーが選ばれても、他国への侵略ができない

ようにするための条項が、憲法9条なのです」と発信したのは、日本共産党の志位和夫委員長です。これに対して自民党や維新の会の一部の政治家から「9条を持っていれば日本の平和が守れると言っていたではないか」などと発信されたようです。9条で平和を守れない、軍事力を強化しなければ平和を守れない、ということを言いたいのでしょう。

しかし、これは議論をすり替えるものです。志位和夫委員長の主張は、憲法9条は政府の手を縛り侵略できないようにしている、だから、ロシアに憲法9条があったら、プーチン氏はウクライナ侵略をできなかったということとです。志位和夫委員長の主張は、日本が憲法9条改定により侵略国家になる危険が目前にあることを踏まえての警告であり、まさに憲法9条の真価を指摘したものです。ところが、自民党や維新の会の一部の政治家の主張は、この重要な指摘を理解せずに、全く逆に、他国から侵略される想定での話にすり替えています。

そもそも「憲法9条」は軍事的手段を用いずに日本を守る理念を示したものです。また、「憲法前文」は、他国から侵略されないように平和的外交努力をすることを明らかにしています。そして、その実行を政府に求めているのが憲法です。ところが、自民党など歴代政権や維新の会は、これを実行せず、これに反する政治をしてきました。ですから「9条を持っていれば日本の平和が守れると言っていたではないか」という発言は、自分たちが政権を担ってきたのですから、憲法前文と9条に基づく政策を実行してきたのなら、その結果がどうか？　と問うことに現実的意味があります。しかし、そうしていないのですから、この問い自体が無責任なものなのです。そういう自覚すらないことも明らかになったのです。

2．憲法9条の真価＝攻撃の口実を与えない

もう一つ大事なことは、次のことです。もし、ロシアに憲法9条があり、それを誠実に実行すれば、プーチン大統領も手を縛られてウクライナ侵略が不可能でした。それに加えて、もしウクライナに憲法9条があれば、ウクライナはＮＡＴＯ加盟を求めることができません。したがって、プーチン大統領に侵略の口実を与えることがなく、よって、ロシアに侵略されることもなかったのです。

なぜならば、憲法9条は本来、戦力を持つことを禁止しており、したがって軍事同盟（集団的自衛権）をも禁止しているからです。このように憲法9条がある限り、他国を侵すことも、侵されることもないのです。憲法9条はどの国に対しても軍事的脅威にならないという世界への約束です。これが「専守防衛」の原則でした。攻撃されれば守るが、攻撃はしない、という約束だったのです。他国に対して武力による脅威を与えることがなければ、日本のような島国で、しかも発達した経済組織をもち、国際連合に加盟している国を攻撃することは、およそ考えられないことです。攻撃すれば、世界中を敵に回すのですから、その利益は何もないからです。

▼コラム20『「司法の独立」神話（1）「最高裁判例」神話』、▼コラム21『「司法の独立」神話（2）「砂川事件判決」の歴史的帰結』を参照ください。

3．世界的に高い評価の憲法9条

ところで、このように平和をつくりだす力を持った憲法9条は、自民党などの評価と全く異なり、世界的には評価が高いのです。１９９９年5月、第1回「ハーグ平和会議」（１８９９年）から１００年の記念大会が開催され、4日間の討議をまとめた「公正な世界秩序のための10の基本原則」という覚書が発表されました。その第一原則に「各国議会は、日本国憲法第９条のような、政府が戦争をすることを禁止する決議を採択すべきである」ということが掲げられたのです。このことからも、憲法９条が無力であるどころか、世界平和を創造する重要な指針となっていることにお気づきでしょう。「**９条無力**」論**こそ、神話**に過ぎないのです。

なお、憲法９条の特徴の一つである「軍隊の不保持」は、コスタリカが日本の後を追って常備軍を廃止しましたが、現在では国連加盟193カ国で軍隊のない国は26カ国に上るとのことです。残念ながら日本は憲法に違反して軍隊を保有するようになりました。歴史的に見れば、日本は「退歩」したと言えます。

このように世界が目指すべきものとする憲法９条を変えることは時代錯誤としか言えません。

４．憲法９条の死文化は、無法国家への道

安倍晋三元首相の指示により岸田文雄首相のもとで閣議決定した「敵基地攻撃能力保有」（日本政府や自民党は「反撃力」と言い換えています）は、相手国が攻撃準備に着手すれば攻撃する（岸信夫防衛大臣（当時）［安倍晋三元首相の実弟］の国会答弁）というものですから、先制攻撃であり、これは国際法上、侵略とされるものです。憲法９条だけでなく国連憲章にも違反するものです。日本を無法国家へ変えることを宣言したようなものなのです。

なお、自民党や維新の会が主張する「核共有」論は「核拡散防止条約」および「核兵器禁止条約」に違反するものです。つまり、ここでも日本を国際法に違反する「無法国家」にすることを主張しているのです。ＮＡＴＯでは、核共有が行われているとの反論があるかもしれません。しかし、他国が国際法に違反していたら、日本も違反してよいのでしょうか。逆に、他国に違反するな、と諫言すべきではないでしょうか。日本を無法国家にする提案をしている政党がどこかをしっかり見極めて、国民の代表者としての地位を与えな

いことが大切です。

コラム 5 「国連無力」神話

1．国際連合（国連）は無力か？

ウクライナ侵略直後、安全保障理事会にロシアの侵略を非難する決議案が提案されましたが、常任理事国のロシアが拒否権を行使したため否決されました。そこで、国連総会は、緊急特別会合を開いて（1）ロシア軍の即時無条件撤退を求める（2）国際人道法の遵守を求める、の2回の決議を、加盟国の7割を超える140カ国以上の賛成で採択しました。

国連は、安全保障理事会の動きだけを見れば、充分に機能していないように見えます。しかし、超大国であっても無法な行為をすれば、これを断罪され、国際的に包囲される方向へ着実に進んでおり、国連の諸部門はウクライナの国内外で子どもや女性、避難民を救うなど多面的な活動を行っています。一握りの大国が世界を動かすのではなく、多数の非同盟・中立の国が国連憲章に基づく平和秩序の回復へ議論をリードする時代がきています。

歴史の流れを見ると、戦後、植民地体制の崩壊で新たな主権国家が100以上増え、国連に加盟しました。その結果、大国である旧ソ連のアフガニスタン侵略、ロシアのクリミア併合、アメリカのグレナダやパナマ侵略などに対する非難決議が国連総会で採択されるようになりました。

米国、旧ソ連・ロシアに対する国連総会の非難決議

ソ連のアフガニスタン侵略（1979年）　米国のグレナダ侵略（1983年）
米国のリビア攻撃（1986年）　米国のパナマ侵略（1989年）
ロシアのクリミア併合（2014年）　ロシアのウクライナ侵略（2022年）

2．国連改革の必要性

もちろん、国連はいま万全なものではありません。しかし、二度の世界大戦の経験の上に、これまでの人類の叡智を結集してつくられたものです。しかも、これまでの経験から弱点もはっきりしており、この弱点克服の努力がいまこそ大切になっています。

その弱点とは、1つは「集団的自衛権」を容認したこと、もう1つは「常任理事国」に拒否権を与えたことです。

（1）「集団的自衛権」は禁止すべき

国連は、「集団安全保障体制」を採用しています。例えば、ある国連加盟国が日本に急迫不正の攻撃を加えるとします。加盟国はいま193カ国ですから、この侵略国が1国であるとすれば、これに対して日本を含む192カ国が、侵略阻止・日本防衛の行動をとることになります。もちろん日本は、国連が乗り出すまでの間はこの急迫不正の侵害に抵抗する権利（「個別的自衛権」）を行使できます。以上のことは、国連加盟国間で「集団的自衛権」の行使と称して「軍事同盟」をつくらなければ、そうなるということです。この仕組みのとおりに国連の機能が発揮されていれば、「日米安保条約」はいらないということもわかるでしょう。実際に、朝鮮戦争が発生した際に国連軍が結成されたのを見て、日本は軍隊を持つ必要がないということが実

感された、と言われています。

ところが、国連憲章をつくる段階で、当初草案になかった「集団的自衛権」が米国の要請とソ連の同意で挿入されることになりました。これは仮想敵国をつくり、これに対して、これを上回る軍事力を得るために諸国が集まる組織（軍事同盟）です。ですから対話や外交手段に頼るのではなく、最初から友好・協力の道を閉ざして、ひたすら軍拡競争をエスカレートさせる道を進むことになります。いま北大西洋条約機構（NATO）は31カ国（ロシアのウクライナ侵略の事態を受けてスウェーデンとフィンランドが加盟申請し、2023年4月にフィンランドが加盟しました）です。仮にNATOがある国を侵略すれば、NATOに対抗するのは、ある国を含む162カ国になります。31カ国対162カ国。これは大戦争にならざるをえないのです。どうしたらよいか。答えは単純です。**「集団的自衛権」を禁止すること**。このことによって「軍事同盟」がなくなります。そうすれば、国連の「集団安全保障体制」が完全に機能するようになります（「国連軍」が必要であれば、そのつど有志で結成すればよいでしょう）。

でも、この考えが望ましいとしても、国際社会では受け入れられないだろうと思う方もいるのではないでしょうか。しかし、そうではありません。非同盟・中立の運動は1950年代から始まっており、すでに120カ国が非同盟運動に参加しているのです。また、東南アジア諸国連合（ASEAN：10カ国）のように軍事同盟に依らず、紛争があっても戦争にしないという条約に基づいて、日常的に対話している地域があります。

日本も、米国との軍事同盟を止めて、非同盟・中立へ向かうべきなのです。

（2）常任理事国の「拒否権」は廃止すべき

今回もロシアが常任理事会で拒否権を発動しました。しかし、緊急総会を開いて140カ国余がロシアの国連憲章違反・国際法違反を非難し、戦争をすぐやめてウクライナから撤退するよう決議したのです。拒否権を盾に大国が牛耳ってきた安全保障理事会に対して国連総会で民主主義が生きる時代になってきています。現に２０１９年７月７日には、核兵器保有国である常任理事国５カ国の反対と干渉にも屈せずに、１２２カ国の賛成を得て『核兵器禁止条約』が成立しています。核兵器をつくることも、持つことも、使うことも国際的に違法とされる時代を切り開いたのです。この流れの中で、もはや常任理事国の特権が許されないようになることは明瞭です。国連の改革が進めば、国連中心の世界が一層鮮やかに表れてくるでしょう。その中で、これまで米国の陣笠と揶揄されてきた日本が、日本国憲法前文に記された「平和を維持し、専制と隷従、圧迫と偏狭を地上から永遠に除去しようと努めてゐる国際社会において、名誉ある地位を占めたいと思ふ」という初心に帰って「積極的平和」の創造に活躍することが望まれます。

なお、今回リヒテンシュタインが「常任理事国が拒否権を行使した場合に国連総会での説明を義務付ける」ことを提起し、総会決議で採択されたことも、この改革方向と軌を一にするものといえます。

コラム６　「満州国建国之碑」

（『昭和天皇の戦後日本〈憲法・安保体制〉にいたる道』（豊下楢彦著　岩波書店））

日本に対する中国の国民感情が悪化する原因には、安倍晋三元首相の祖父・岸信介元首相の「満州国建国之碑」問題がありました。中国の国民感情悪化を中国政府の責任とする主張がありますが、事実は真逆です。日本側の事情を知り、その誤解を解くうえで参考となりますので、掲記著書から引用させていただきます。

「ところで、この1982年には右の教科書問題以外に、日本国内ではほとんど知られることはなかったが、中国側の強いリアクションを起こし、日中関係に重大な影響を及ぼすことになった事態が生じていた。それは同年2月に、岸信介元首相を会長に擁した「満州国建国之碑」の「建設会」が発足したことであった。その趣旨は、「理想国家をつくろうとした歴史のなかでたくさんの人がなくなった。民族を問わず、万霊を供養する」というものであった。

しかし、中国侵略のシンボルとしての傀儡国家・満州国を「理想国家」と位置づけ、その「建国」を顕彰することを目的に、かつて満州経営の中心人物として辣腕をふるった岸信介を「建設会」の会長に据えるなどということは、中国側の神経を二重三重に逆なでするものであった。かくして、右の教科書問題の影響もあって、結局のところ右の計画は取り止めとなった（『朝日新聞』1982年9月15日）。計画は取り止めとなったとはいえ、戦後30数年も経て、〝亡霊〟のごとく戦前・戦中の記憶が呼び戻される事態に、中国側は厳しい対応を示した。…右の岸信介を擁した「建設会」の動きが明らかになると、中国政府の要人は、「日本で「満州国建国之碑」を建てるなら、私たちは「日本侵略者之碑」を建てなければならなくなる」として、対抗的に侵略者遺跡の保存や戦争記念館に着手することを示唆した。

かくして、同1982年に中国政府と共産党中央委員会は、全土に中国侵略の記念館・記念碑を建立して愛国主義教育を推進するように指示を出し、翌83年に「南京大虐殺記念館」の設立が決定され、抗日戦争勝利の40周年に当たる85年8月15日に同館はオープンしたのであった。当に5年前の35周年の場合と様変わりの様相を呈したのである。ちなみに、満州国のあった東北地方では、「吉林省偽皇宮陳列館」（１９８４年）、「侵華日軍第７３１部隊罪証陳列館」（85年）、「撫順戦犯管理所旧址陳列館」（87年）が相次いで開館した。

以上の経緯を踏まえるならば、岸信介らの時代錯誤的で隣国の神経を逆なでするような無謀な取り組みがなかったならば、「南京大虐殺記念館」をはじめ数々の「反日記念館」も建立されなかったかも知れないのである。中国や韓国が「歴史問題」を政治的プロパガンダとして用い、世論を扇動する道具として利用していることは間違いのないところであるが、右に見たように、１９８０年代から今日に至る日中間の歴史問題をめぐる対立状況については不幸にして日本の側が「引き金」を引いたと言わざるを得ない。」

コラム 7　自民党の政治とカネの系譜

1．満州国における資金源（アヘン）

安倍晋三元首相の尊敬する祖父・岸信介元首相が、満州国在任中に使った資金について、アヘンの密売資金ではないかとの指摘がありました。しかし、本人と悪名高い密売人が両者の直接的関係を否定したこともあり、明らかではない、とされてきました。ところが、歴史学者が関連文書を発見して、日本が組織的にアヘンの売買を運営し、主要な歳入源としていたことが明らかになりました。また、岸信介元首相が満州国の総務庁次長であった時、直属の主計処長が「アヘンをすべて取り仕切っていた」と述べていたことから、岸信介元首相がアヘンによる収益の一部を公私にわたり使用していたことは確認されたものと思います。

これは、岸信介元首相が政界に進出する前のことですが、その地歩を固めてゆく段階において使用したカネが、国際法で禁じられていたアヘンの収益であったことは、その後の政治資金の源泉を象徴的に表すものと思われます。(注) 現に岸信介元首相は、満州国を離れる際に次のような言葉を友人たちに遺したということです。以下は、『岸信介―権勢の政治家』(原彬久著　岩波新書) から引用させていただきます。

「諸君が選挙に出ようとすれば、資金がいる。如何にして資金を得るかが問題なのだ。当選して政治家になった後も同様である。政治資金は濾過器を通ったものでなければならない。つまりきれいな金ということだ。濾過をよくしてあれば、問題が起こっても、それは濾過のところでとまって、政治家その人には及ばぬのだ。そのようなことを心がけておかねばならん」(「私と満州国」)。

そして、同様の手法は、岸信介元首相自身が活用しただけでなく、岸信介元首相を尊敬する安倍晋三元首相にも引き継がれたように思われます。

2. 自民党の資金源 (CIA)

岸信介元首相は、A級戦争犯罪人容疑者でありながら、「反共産主義」を売物にしてGHQに釈放してもらって政界入りしました。そして、首相の座を獲得します。その資金源は、その濾過器まではわかりませんが、米国の中央情報局 (CIA) でした。これは、米国の公文書で明らかにされています。自民党が国会で多数派をつくるための選挙資金が、岸信介元首相がCIAから得たカネであったことは、決して忘れてはいけないことです。このことが、日本の政治が自民党を通じて「米国の言いなり」になっている根源となっているからです。しかも、米国の意に沿わない首相はクビにされるということも事実である、と言われています。

もちろん、その後に自民党の資金源は、経済成長に応じて日本の経済界からの政治献金によることになります。企業・団体からの政治献金は、賄賂であり、犯罪です。それにもかかわらず、自民党は、国民政治協会という濾過器を通すことによって、賄賂ではない、と言い逃れをします。同様に「政治資金パーティー」という濾過器をつくって政治資金を集めています。しかし、政党・政治家に対する賄賂であることに変わりはなく、犯罪であることは明瞭です。

3．自民党と「統一協会」との関係

米国は、A級戦争犯罪人容疑者であった岸信介元首相を救済し、その「反共産主義」を利用することにしました。米国は、岸信介元首相を通じて、日本への影響力を行使することにしたのです。このために、選挙資金を米国中央情報局（CIA）から岸信介元首相へ渡しました。現在なら、明らかに外国からの政治資金供与で違法行為として逮捕されるはずのものです。1960年に日米安保条約の改定はできたものの、国民の反対運動によって岸信介元首相は失脚します。

一方、1960年は韓国においても国民が李承晩独裁政権を打倒し、南北朝鮮統一の機運が盛り上がっていた時です。米国はこれを阻止するため、謀略機関である米国中央情報局（CIA）を用いて、朴正煕ら韓国軍将校を後押ししてクーデターを起こし、軍事独裁政権をつくりました。その国是の第一は、「反共産主義」でした。そして、韓国中央情報部（KCIA）を通じて、「世界基督教統一神霊協会」（以下、「統一協会」と記します）を拡大して「反共産主義」の普及に利用しようとしたのです。このための資金源を日本に求めました。これに協力したのが、岸信介元首相たちでした。統一協会は、自民党、特に岸信介・安倍晋太郎・安倍晋三の3代にわたる庇護のもとに「ニセ募金」「霊感商法」「信者の高額献金」など形を変えながら

違法な集金活動をしてきました。これらの違法行為は、自民党の政治力により目こぼしされて、その集められた巨額の資金を韓国へ還流するとともに、日本での反共産主義活動（「国際勝共連合」による謀略的反共宣伝など）や自民党などの選挙支援にも使われたのです。これは、**統一協会という濾過器を活用した資金源**と言えるでしょう。このように自民党の政治資金が一貫して、違法な資金をもとに濾過器を通して得たものであることがわかるでしょう。

（注）**日本の中国侵略とアヘン**

日本の中国侵略（満州事変）が１９３１年に開始されて、傀儡国家・満州国が建設されたのは、１９３２年のことです。そして、岸信介元首相が、商工省を離任し満州国の実業部総務司長に就任するのが１９３６年10月です。それから総務庁次長（事実上の総務大臣です）の職を辞し、日本の商工省次官に帰任するのが１９３９年10月です。この間に、１９３７年７月に日中戦争（支那事変）が始まりました。日本は、瞬く間にチャハル省、綏遠省、山西省に侵攻し傀儡政権を樹立します。１９３９年９月にはこれらを統合し、蒙古連合自治政府をつくりました（蒙古王公の徳公を主席に就け、実権は日本側が完全に握る体制でした）。

綏遠省は中国のアヘンの主産地の１つであり、同時に日本の占領地域内における唯一のアヘン生産地でもあったのです。日本は、アヘンの密輸入に加えて、綏遠省アヘンを中国中にばら撒き、占領地経営の主要な財源にしました。

中国国民党政府は、アヘンの禁止に腐心しており、１９２９年に禁煙法を制定、１９３５年には５か年禁煙計画を策定して、禁煙の実現を目指していました。ところが日本のアヘン政策は、これを蹂躙することになりました。１９３８年12月、蒋介石主席は、近衛首相の「新東亜秩序」声明を批判した演説のなかで、次のように非難しました。「中国国民は一度『日本』という言葉を持ち出したら、すぐ特務機関や罪悪を働く浪人のことを想ひ起こすのである。アヘンの販売、モルヒネ売り、コカイン作り、ヘロイン売りなどを連想し、賭博窟を作り、娼妓を一手に引き受け、兵器の密売買、土匪援助、無頼漢庇護、あるいは漢奸をつくって秩序を紊し、人民の道徳を退廃させるなど、毒化、匪化の陰謀を連想する」

アヘンは、国際条約（日本も調印・批准）で規定された禁制品です。日本が取り扱っていたアヘンの量は、50万人から80万人分に相当するとのことであり、廃人化により侵略への抵抗を抑えようとしたのです。

日本は「新東亜秩序」「五族協和」「王道楽土」などのいかにも美しいスローガンを掲げながら、全くこれらに反する非人道的な違法行為をしていたのです。それは、アヘンを歳入源としたこの一点だけでも明らかです。

コラム8　東西冷戦と日本政治の歪み

1．東西両陣営から日本政治へ干渉

東西冷戦構造の中で、米ソ両陣営は日本への影響力を持とうとして、ソ連と中国は日本社会党や日本共産党などを、米国は自由民主党などを、自らの意思に従わせようと干渉しました。自由民主党は、安倍晋三元首相の尊敬する祖父・岸信介元首相が選挙資金を米国ＣＩＡから得て政界での地歩を固めました。その後は経済力を得た財界からの選挙資金と企業ぐるみの選挙支援やいま話題の統一協会（「国際勝共連合」など含む）の支援によって政権党の地位を維持してきました（なお、支持率の低下には選挙制度を小選挙区制など自党に有利な方式へ変えて対応してきたのです）。

この結果、自由民主党は、米国と財界に従属した政策を掲げざるをえない政党となっています。なお、統一協会の政策も反映したものとなっていることも明らかになっています。このため、その政策は政治の目的である国民の福祉向上からかけ離れた米国言いなり、財界言いなりのものになっています。

一方、日本共産党は、ソ連と中国の激しい干渉をはね退けて、国民の立場に立ち「自主・独立」を守りました。また、企業・団体献金も政党助成金も受け取らず、独自の新聞や書籍の出版事業ならびに個人献金による収入で運営しています。したがって、日本共産党の主張・政策は、国民の立場に立ったものであり、米国も含めてロシアや中国の覇権主義にも日本の財界にも毅然とした姿勢で自主的な批判を加えています。

ところが、旧ソ連や中国で基本的人権の侵害が発生すると、これらを最も厳しく批判している日本共産党（結党以来、平和と民主主義、自由と基本的人権を追求してきた）を、政党の名称が「共産党」と共通することだけをもって、あたかも旧ソ連（ロシア）や中国の仲間であるかのように貶めるネガティブ・キャンペーンが政府・与党・一部野党や御用学者・研究者、マスメディアも含めて行われてきました。アジア・太平洋戦争中に、日本がアメリカやイギリスを「鬼畜米英」（鬼や畜生のような米国・英国）と称した根拠のない悪罵と同類であり、すでに終結した東西冷戦において使われたプロパガンダが未だに清算されていないのです。

これも、日本政治の後進性がよく表れた事象です。

2．東西冷戦の虚像と実像

東西冷戦のことを「共産主義陣営 対 自由主義陣営」と称したことも問題を曖昧にしています。旧ソ連のスターリンが粛清と称して多数の政敵を処刑したことは知られていますが、この政敵とは1917年のロシア革命の推進者、いわば共産主義者であったことはなぜか忘れられています。スターリンは共産主義者ではありませんし、(注)共産主義を実現しようなどとは考えていませんでした（ドイツのヒトラーがこれを見抜いていたことは別途述べました）。スターリンは、旧ロシア帝国の過去の栄光を夢見て、覇権を競うために欧米諸国との経済的競争で「国家資本主義」的な経済の仕組みをとったのです。つまり「共産主義陣営」なるものも、経済学の概念では「共産主義」ではなく「資本主義」であったのです。「自由主義陣営」なるものは、経済学の概念では「資本主義」であり、両陣営の対立なるものは、異なる経済体制や政治理念の対立ではなく、単なる「資本主義諸国間の勢力圏争い」に過ぎなかった、と見るのが妥当なように思われます。なお、現在の中国についても中国共産党が政権を執っているため、「共産主義」あるいは「社会主義」と報じられることが多いのですが、実態は「資本主義」経済の仕組みになっています。

過去の誤った認識は、正しい認識に置き換えることが大切であり、これこそが科学的な態度です。これができないことは、日本政治の後進性を表すものであり、政府・各政党、学者・研究者、マスメディアなども意識して清算すべきものと思われます。

（注）**スターリンは共産主義者ではない**

筆者は、スターリンの行動から共産主義とは異質と判断しました。なお、次のことが言われています。

- 娘が、父は共産主義者ではありませんでした、と（朝日新聞のインタビュー）。
- 皇帝ニコライ2世が、レーニンを監視し報告するよう雇ったスパイ、との説あり。
- レーニンを毒殺した（なお、スターリンも毒殺された。酷似の症状）との説あり。

コラム9 共産主義とは何か？

1．はじめに

共産主義と聞くと、崩壊した旧ソ連や現在の中国を思い浮かべる方が多いのではないかと思われます。「言行不一致」という言葉があります。「言っていること」と「行っていること」が異なることを指します。みなさんは、人を評価するときに、「言っていること」で評価しますか、それとも「行っていること」で評価しますか。

「言行一致」の人なら、どちらでも一緒です。でも「言行不一致」の人なら、「行っていること」で評価することでしょう。

共産主義については、旧ソ連や中国がそれとかけ離れたことを行っていながら、看板にそう書いているため、逆に、旧ソ連や中国が行っていることが共産主義だ、という誤解があります。ですから、事実を明らかにするためには、①共産主義とは何か？　②旧ソ連や現在の中国は、共産主義か？　それとも、他の何か？　というふうに解明してゆくことが必要なのです。筆者は、別のコラムで旧ソ連や現在の中国を「資本主義」と述べています。この項では、共産主義とは何か？　について述べます。

2．共産主義とは何か？

手許の辞書やスマホで「共産主義」を調べてみました。

①集英社『国語辞典』には、「私有財産を否定し、社会階級が消滅し、各人が能力に応じた生活のできる社会の実現を目指す思想・運動。マルクスとエンゲルスが体系づけた。」とあります。

②インターネットのOxford Languagesは、「財産の共有を目指す主義。特に、マルクスが唱え出した、生産手段の社会的共有により、階級や搾取のない、万人の平等を目ざす、科学的な社会主義。」とあります。

筆者の理解では、いずれも「科学的社会主義」で言う「共産主義」を誤って説明しています。

したがって、マルクスとエンゲルス自身の言説および科学的社会主義を理論的基礎に置く日本共産党の綱領によって、共産主義とは何か？　を調べてみました。これらによって、辞書などの誤りを確認し、科学的社会主義における共産主義を正しく理解したいと思います。

3．科学的社会主義における「共産主義」

（1）マルクス／エンゲルス

科学的社会主義を提唱したマルクスとエンゲルスは、共産主義をどのように見ていたでしょうか。

1848年に著した共産主義者同盟の綱領である『共産党宣言』において、資本主義社会に代わって現れる新しい社会を次のように表現しています。

「各人の自由な発展が、万人の自由な発展のための条件である連合体（アソツィアツィオーン）」

１８６７年に著した『資本論』では、次の表現が見られます。

「各個人の完全で自由な発展を基本原理とするより高度な社会形態」

つまり、みんなが個人として個性豊かな能力を自由に完全に発展させることができる社会ですね。これを見れば、旧ソ連や現在の中国の状況と如何にかけ離れているかがわかると思います。

なお、１８７５年に著した『ゴータ綱領批判』において、共産主義社会に関する次のような表現が見られます。

共産主義社会の低い段階では「各人は能力に応じて働き、労働に応じて受け取る」

共産主義社会の高い段階では「各人は能力に応じて働き、必要に応じて受け取る」

（後者は、ルイ・ブラン「各人がその才能に応じて生産し、その必要に応じて消費する」に由来します）ただし、『ゴータ綱領批判』は、当時のドイツ社会民主労働党の綱領草案を批判して書かれたものです。その趣旨は、綱領の基本には科学的社会主義の理論が据えられなければいけないということでした。「各人は能力に応じて働き、必要に応じて受け取る」というスローガンを掲げるのはよいが、実現するには、労働者階級が政治権力を掌握し、生産手段の社会化によって生産関係を変えることが必要だということを明確にすべきだということです。しかも、共産主義の高い段階に至るには過渡的な長い時期があり（注）、その間は資本主義の影響が残るので、「各人は能力に応じて働き、労働に応じて受け取る」という時期もある、しかも、労働者が剰余生産物も受け取ることができるとしても、「不変資本を補填する部分」「不慮の出来事と危険に備えた保険元本」「蓄積拡大に充てられる部分」「子供や老人の扶養に充てられる部分」を控除した後のものだということとです。

このように、ドイツ社会民主労働党の綱領草案に見られた弱点すなわち、スローガンが空文句に終わらないためには、学問に裏付けられたものでなければいけない、と釘を刺したのでした。

なお、エンゲルスは、共産主義をひと言で表す文言を求められて、『共産党宣言』の先の言葉を選びました。『ゴータ綱領批判』の文言は、掲げられたスローガンに対するコメントであり、生産と分配の関係に限定されたものなのです。

(注) 過渡期の政治形態

なお、この過渡期の政治形態について「プロレタリアートのディクタトゥール（Diktatur）」と記載されています。このディクタトゥールを「独裁」と翻訳されたため、「独裁政治」のイメージを与えました。しかし、このディクタトゥールの意義は、「憲法秩序を保護するため、クーデター、テロなどの暴力を抑制する権限をもつ政治権力」ということです。「労働者階級が執行する権力」、「労働者階級の執権」という訳語に代えられるべきものです。

マルクスとエンゲルスが展望していた新しい社会とは、日本国憲法13条「すべて国民は、個人として尊重される。」その上で、資本主義における束縛から解放されて、「一人ひとりがその能力を自由に全面的に発展できること、そうして社会の全構成員がその能力を自由に全面的に発展できるようになる社会」です。もちろん、それを保障する経済的基礎が必要です。「各人は能力に応じて働き、必要に応じて受け取る」ような生産関係が、それなのです。

(2) 辞書の誤り

集英社『国語辞典』の「私有財産を否定」とインターネットOxford Languagesの「財産の共有を目指す

主義」は、科学的社会主義の理論についての記述とすれば、間違いです。マルクスとエンゲルスは、生産手段を私的所有から社会的所有に変えることを主張しましたが、生活手段は私的所有で変わりません。つまり、私有財産一般を否定したのではなく、また財産一般の共有を目指したのでもなく、生産手段を社会的所有・共同所有にする（「生産手段の社会化」と言われます）ことで、個人へ豊かな私有財産（生活手段）を取り戻せる、と考えたのです。

また、集英社『国語辞典』の「各人が能力に応じた生活のできる社会」も正確でありません。すでに見たように、「みんなが能力を自由に完全に発展させることのできる社会」を目指しているのです。資本主義のもとで、自由に能力を発展させることすらできずに、「能力に応じた」生活を強いられている状況から、資本主義による束縛から脱却して新たに能力を発展させた上での「能力に応じた生活」となるのです。

さらに、インターネットOxford Languagesの「生産手段の社会的共有により、階級や搾取のない、万人の平等を目ざす」について、確認すべきことがあります。「生産手段の社会的共有により」と集英社『国語辞典』には見られない一句があります。これは、科学的社会主義において鍵を握る文言です。これがなければ、共産主義は実現しません。なお、「万人の平等を目ざす」という言葉尻を捉えて、「一人ひとり能力も異なるのだから、平等などありえない、悪平等をもたらす、共産主義は夢物語だ」などと言う人たちがいます。しかし、科学的社会主義で言う共産主義は、先に見たように個人が一人ひとり異なっているのは当然であることを前提にして、その一人ひとりの能力を自由に完全に発展できるような状況を目指しているのです。ですから、先のような指摘は当たりません。

（3）日本共産党の『綱領』

次に、科学的社会主義を理論的な基礎とする日本共産党は、共産主義をどのように見ているのでしょうか。『綱領』から、簡潔な表現を抜き出してみました。

「搾取も抑圧もない共同社会」

「原則としていっさいの強制のない、国家権力そのものが不必要になる社会、人間による人間の搾取もなく、抑圧も戦争もない、真に平等で自由な人間関係からなる共同社会」

これだけ見ると、マルクスとエンゲルスの言っていることとはだいぶ異なるように見えます。そこで、共産主義を実現する鍵を握る「生産手段の社会化」の記述を見ました。すると、そこには、「社会のすべての構成員の人間的発達を保障する土台をつくる」と明記されていました。

『綱領』のなかで、社会主義的変革の中心は、主要な生産手段の所有・管理・運営を社会の手に移すこと（「生産手段の社会化」）であるとして、「生産手段の社会化」によってもたらされることを次のように例示しています。

○人間による人間の搾取を廃止、すべての人間の生活を向上、労働時間の抜本的短縮を可能にする、社会のすべての構成員の人間的発達を保障する土台をつくる

○生産と経済の推進力が、「資本の利潤追求」から「社会の物質的精神的な生活の発展」へ移る経済の計画的運営で不況を除去、環境破壊や社会的格差の拡大などへ有効な規制を可能にする

○経済を利潤第一主義の狭い枠組みから解放し、人間社会を支える物質的生産力発展の条件をつくる

また、旧ソ連や現在の中国が「社会主義・共産主義」だと誤解する人たちのために、次の文を入れています。

「さまざまな思想・信条の自由、反対政党を含む政治活動の自由は厳格に保障される。『社会主義』の名のもとに、特定の政党に『指導』政党としての特権を与えたり、特定の世界観を『国定の哲学』と意義づけたりすることは、きびしくしりぞけられる。」

さらに、この共産主義の運動が歴史的進歩の本流であり、また、そういう運動であらねばならないという思いも述べられています。

「社会主義・共産主義の日本では、民主主義と自由の成果をはじめ、資本主義時代の価値ある成果のすべてが、受けつがれ、いっそう発展させられる。…『国民が主人公』という民主主義の理念は、政治・経済・文化・社会の全体にわたって、社会的な現実になる。」

3. むすび

(1) 科学的社会主義誕生の歴史的背景

科学的社会主義が生まれる歴史的背景から説明したいと思います。1789年のフランス革命は、「**自由・平等・友愛**」を掲げて行われました。封建制度の支配を打ち破って、資本家が支配する社会となりました。しかし、実現した社会は資本家に自由な活動（営業の自由、商業の自由）をもたらしましたが、そのもとで働く人々には自由をもたらしませんでした。**自由**で**平等**に見える雇用契約は、資本家がますます富を大きくする一方で、働く人々は貧困や飢餓にあえぎ、貧富の格差は拡がる一方でした。働く人々は、不自由と不平等の現実のなかで「**友愛をください！**」と叫ばざるをえなかったのでした。

こうした状況を見て、人間の不自由・不平等を不正義・不合理なものと考えて、道徳（友愛）によって正義・合理性をもたらし、人間の自由と平等を実現できる、と考える人々もありました。しかしやがて、社会の仕組みを解明した上で、人間の不自由・不平等は、経済の仕組み・生産関係がつくりだしており、これに代わる新しい生産関係をつくらなければ、人間の自由と平等は実現できない、ということが学問的に明らかにされたのです。これが、マルクスとエンゲルスの創始した科学的社会主義の学説です。

つまり、市民革命が掲げた綱領は、生まれた新しい社会（資本主義）の中では、ごく一部の資本家には実現できたものの、大多数の労働者・農民には夢に終わったのです。憲法には、自由や人権などが盛り込まれましたが、それを実現できる経済的裏付けのない労働者にとっては、絵に描いた餅のようなものだったのです。

そこで、これを単なる夢に終わらせないで、社会のすべての構成員に自由・平等・友愛を実現しよう、という運動として生まれたのが、共産主義です。つまり歴史的に達成されてきた一部の人の自由や人権をすべての構成員にまで広げようとするものです。そのためには、道徳（友愛）だけでなく、経済的裏付けが必要です。日本においても、この運動がつくられました。その一端は、Ⅳ．「憲法押しつけ」神話の中で触れました。日本国憲法の制定過程で、この経済的裏付けをもって自由や人権を保障しようとした政党がありました。それは、唯一、日本共産党でした。言論・出版の自由を保障するために必要な物質的条件（印刷所、用紙、公共建築物、通信手段その他）の提供を求め、「人民の生活権、労働権、教育される権利を具体的設備を以て保証する」として、例えば、教育においては、初等・中等学校の教育費用は全額国庫負担、上級学校は一定条件の国庫負担制を憲法へ盛り込もうとしたのです。

（2）資本主義経済の仕組み

資本主義経済の仕組みを、簡単に説明してみます。資本主義においては、資本家と労働者が自由な意思で平等の立場で、雇用契約をします。資本家から労働者へは賃金が支払われますが、生産物は全て生産手段（土地、建物、機械・工具、原材料など）の所有者である資本家が取得します（これを資本主義的取得、または資本主義的私的所有と言います）。生産様式が、工場制度により分業と協業を発達させましたので、生産物は個人がつくったものではなく、多くの労働者の分業と協働の産物となりました。分業と協業の発達によって社会的生産力が高まります。しかし、生産物は相変わらず社会的生産力の向上分まで含めて全て資本家が取得します。

資本家と労働者の雇用契約は、自由な意思によって平等の立場で、結ばれるとしても、貯えを持たない労働者の側は、今日・明日の命をつなげるだけの収入があれば、それ以上は望めないという弱い立場になってしまいます。資本家の側は、嫌なら別の労働者を探すよ、と言える立場だからです。これによって、例えば、生命（労働力）を維持するだけの収入が1日の労働時間10時間のうち4時間だとすれば、残りの6時間は資本家が無償で取得することになります。しかし、このような関係は、見えません。封建時代なら、農民が米作により１００俵の米を収穫したうち、60俵を生産手段（土地）の所有者・領主へ年貢として納め、農民は残り40俵で生活していたので、この関係はよく見えていました。

（3）共産主義への移行（「生産手段の社会化」）

資本主義的取得（私的所有）が行われる根拠は、資本家が生産手段を私的に所有していることにあります。生産様式は、生産が分業や協業で集団化・社会化することで、生産力を高めるものになりました。生産が社会化するならば、生産物を労働者が集団的・社会的に取得する方が理に適っているのではないか、と考えられます。このためには、**生産手段を資本家の私的所有から労働者の共同所有へ変えれば**、自ずとそうなります。

先程の例によれば、1日10時間労働の生産物が全部労働者のものに、農民の収穫１００俵が全部農民のものになる、ということです。ただし、「不変資本を補填する部分」「子供や老人の扶養に充てられる部分」などを控除した後のものということです。

それでは、労働者はどのようにして生産手段を共同所有に（「生産手段の社会化」と呼ばれます）したらよいのでしょうか？　日本共産党は『綱領』の中で、「社会主義的変革の中心は、主要な生産手段の所有・管理・運営を社会の手に移す生産手段の社会化である」、としています。単に所有権を移すのではなくて、管理し、運営するということです。

①労働者は、管理・運営の能力を持っているのでしょうか？　↓　答えは、Ｙｅｓ！　です。

これまで、資本家と労働者との関係で説明しましたが、株式会社での関係であれば、資本家は株式所有者ということになります。株式会社の経営者が必ずしも資本家ということではなくて、株式をほとんど持たずに経営を委託されている場合もあります。大企業においてはほとんどの場合そうです。大企業においては、経営者も労働者と役割は違うものの、同じ労働者と見ることもできます。ですから、企業の中においては、生産手段はすでに日常的に経営者を含む労働者が管理・運営しているのです。これを同じ産業界、あるいは地域に拡げていくことになるかもしれません。それでも、労働者が生産手段を管理・運営することに問題はないでしょう。課題は、労働者がみんな経営者と同じ経営能力を身につけていくことです。そうしてこそ、誰もがどんな業務でも担えるし、いつでも交代することができるからです。

なお、ソ連や中国で労働者・農民・兵士が政権を執る段階で、資本家や経営者が国外に逃亡するということがあり、企業経営に支障をきたし、経済が混乱する事態がありました。次項で述べることも含めて考えてみれば、労働者として経営者も、さらに豊かな収入を得ることができるのであり、また「利潤第一」の狭い視野に縛られた利益追求の短期的な視点からの経営から解放されて、真に人類の平和と幸福のために、広い視野と長期的な視点からの経営を行うことができる機会を得ることができます。資本の人格化した役割から真の人間としての役割を果たすことができるようになるのです。

②労働者たちに、所有権を移す手続きはどうしたらよいでしょうか？ ↓ 「正当な補償」で取得する。

理論的には、これまで労働者が資本家へ無償で提供した労働の価値の方が、資本家が生産手段に投資した金額をすでに上回っている、すなわち、資本家が当初投資した生産手段は、すでに労働者が無償で提供した価値で置き換えられている、と考えられます。そうであれば、資本家から労働者へ無償で所有権を移転する、ということもできるでしょう。しかし、この場合には、資本家の抵抗は大きいでしょう。

共産主義革命では、労働者が国家権力を握って、資本家から生産手段を無償で没収するのではないか、と恐れられているようです。これが、共産主義に対するアレルギーになっているようにも思えます。したがって、資本家の納得も得て、円滑にことを進めるためには、日本国憲法29条[注1]に遵って「正当な補償」によって株式を買取る方式がよいと思われます。

株式会社が自社の株式全部を時価で買い取り、消却すれば、その企業は経営者・労働者など従業員の共同所有となります。現在多くの上場企業が自社株式を購入していますが、全株式を購入して消却すればよいのです。株式の購入資金は次のようにします。まずは、企業内に蓄積された余剰資金を充て、次に借入金で充当することになります。政府系の金融機関から企業に資産を担保にして無利子で貸し付けます。あるいはマイナス金利[注2]で貸し付ければ、生産手段の社会化を促進することになるでしょう。まずは、日本の主要な産業において重要な企業から、このようなやり方を始めてみるのがよい、と筆者は考えます。

なお、このような「正当な補償」という方法について、マルクスとエンゲルスは、米国の南北戦争においてリンカーン政府が、憲法の一字一句も蔑ろにせずに、「奴隷解放」のために採った「反逆しない穏健な奴隷所有者に対しては、奴隷を手放すことへの代償として、大金を支払った」方法を高く評価していました。

（注1）**日本国憲法29条**

「…私有財産は、正当な補償の下に、これを公共のために用ひることができる。」

因みに、日本国憲法は現行のままでも、日本が社会主義・共産主義へ進む時にも支障のない優れたものである、と筆者は考えています（天皇の制度は、民主主義の観点から見直される時期が来るでしょうが、支障になるほどのものではないでしょう）。

（注2）**マイナス金利の借入金**

借入金に苦しむ中小企業が、新たな借金をして自社株式を購入するだろうか？　という疑問が湧くでしょう。この疑問を解く鍵が「マイナス金利」の借入金です。これは、次のように返済しなくてよい借入金にすることも可能です。返済しなくて済むなら、安心して借入することができますね。例えば、中小企業全社の自社株式購入資金が２００兆円として、金利をマイナス５％とすると、毎年の利息はマイナス10兆円（中小企業の受取利息となります）です。これを借入金返済基金（これは無利息とします）として、政府系金融機関に積み立てるのです。そうして、20年後に借入金を一括返済します。この年間10兆円の借入金返済基金への積立額は、政府が中小企業振興予算から充当します。政府の財源はどうするか？　次の２つが考えられます。

①自社株式取得に係る株式売却益については、特別の税率（高度の累進税率）を適用する。
②株式売却益に対する分離課税制度を廃止して総合課税として、併せて累進税率を高める。

いずれにしても、超高額所得者に自社株式取得に係る株式売却益の課税負担を多くしていただくことで、この財源をつくることを考えます。なお上記は、中小企業は資本金1億円未満の企業、株式売却益は全企業に関するものを対象として想定しました。

なお、日本共産党の『綱領』では、「生産手段の社会化は、その所有・管理・運営が、情勢と条件に応じて多様な形態をとりうるものであり、日本社会にふさわしい独自の形態の探求が重要である」とし、さらに、社会主義の原則「生産者が主役」を強調、「『国有化』や『集団化』の看板で、生産者を抑圧する官僚専制の体制をつくりあげた旧ソ連の誤りは、絶対に再現させてはならない。」としています。

コラム10 「抑止力」神話

岸田文雄自公政権は、「抑止力」を強化すると称して、軍事力増強・軍事同盟拡大へ盲進しているかに見えます。

しかし、「抑止力」には、「軍事的抑止力」と「平和的抑止力」があります。まず、前者がいかに不安定で危険なものかを明らかにしたいと思います。次に、前者と後者のどちらを選択すべきかについて考えていただこうと思います。

1. 軍事的抑止論とは、どのようなものか？

①「抑止力」は、主観的なものです。客観的なものではありません。

相手国がこちらを攻撃した場合、攻撃による利益よりも大きい不利益を受ける、と相手国が理解するならば、相手国は攻撃を思い留まる、とこちらが認識する。しかし、こちらの認識と同じに相手国が行動するか否かは、本当のところわかりません。相手国がこちらを攻撃した場合、攻撃による利益よりも大きい不利益を受ける、と相手国が理解していても、攻撃することもあれば、攻撃しないこともあるでしょう。つまり「抑止力」によって攻撃されない、ということは客観的に論証できないものなのです。

②「抑止力」の前提そのものが曖昧なものです。

お互いの軍事力や軍事戦略に関する情報がすべて明らかでないと、攻撃による利益と不利益を測定できません。ところが、現実はそのような情報は曖昧で、お互いの腹の探り合いをしているのです。そうすると、①で述べた「抑止力」そのものが不確かなものだということになります。

③「抑止力」は国際テロなどには役に立ちません。

世界一の軍事大国・米国がテロ攻撃を受けました。自爆テロには軍事的威嚇・脅しなどの「抑止力」が何の役にも立たないことも明らかになっています。これは、現在ロシアの「核抑止力」にもめげずに、ウクライナが抵抗していることからもわかるでしょう。

④「抑止力」は一時点のものです。

相手国を上回る軍事力を持ったことで、「抑止力」を持てたと思ったとしましょう。しかし、これはその時点のことであり、相手国を刺激して、軍拡競争を誘発することが考慮されていません。一触即発の危機をつくり、かえって安全から遠ざかることになります。

⑤「抑止力」論は、「抑止力」で戦争を防止できるという前提での議論です。

偶発的事件をきっかけとして、抑止が破れれば戦争になり、軍拡競争によって蓄積された、さらに大きくなった殺傷力によって一層甚大な被害をもたらすことを隠した議論です。

2.「軍事的抑止力」と「平和的抑止力」

「軍事的抑止力」というのは、次のようなものです。「攻めてきてみろ！　もっとひどい目にあわせてやるぞ！」

つまり、相手国が攻撃することをためらうような軍備をすれば、相手国の攻撃を抑止する効果があるというものです。しかし、その不確かさは、先に見たとおりです。

「平和的抑止力」というのは、次のようなものです。「あんなに立派で、みんなに親しまれ、尊敬され、みんなに恩恵を与える国を攻撃すれば、自分の国は、不利益を受けるだけでなく、他の国々からも疎まれ、馬鹿にされ、仲間外れにされる」。このように相手国に思われる国であることです。

日本国憲法は、すでに「平和的抑止力」を持つことを選択しています。しかし、歴代の日本政府は、これと真逆の・憲法違反の選択を、米国に押しつけられてきたのです。

さて、日本は、どちらの「抑止力」を選択すべきでしょうか。みなさんは、どちらを選択しますか。

3.まとめ

「抑止力神話」も、子どもなら騙されない、大人騙しの議論だったことがおわかりでしょう。

①こちらが抑止力になると思う武器を持っても、相手がこれを上回る武器を持てば、抑止力になりません。

②こちらに武器があれば、相手も何がしかの犠牲が出ることを予想して、攻撃を思い留まるのではないか？　そうかもしれません。しかし、こちらが抑止力になると思っても、相手がそう思うとは限らないのです。

こちらが強力な武器を持てば、相手はさらに強い武器を持つ。悪循環の行き着く先は戦争であり、一番の犠牲者は庶民です。そして高笑いするのは、軍需産業の資本家と政治屋なのです。

コラム11 「覇権主義批判」

1．覇権主義とは

覇権主義とは、「影響力を拡大するため、一つの大国が軍事面・経済面・政治面で自国より弱い他の国々に介入し、その国の主権［国民及び領土を統治する国家の権力］を侵害し続けること」です。ウクライナを侵略したロシアの行為は、この覇権主義というべきものです。

2．覇権主義批判

国連安保理緊急会合（2022年2月21日）において、民族自決権を掲げて20世紀の植民地体制のくびきから離脱したケニアの国連大使は、次のように発言し、この覇権主義を厳しく批判しました。心に響く、これこそ21世紀の理性、と感じさせるものです。

「ケニアと、ほとんどのアフリカ諸国は帝国の終焉によって誕生した。私たちの国境は私たちが自分で引いたものではない。ロンドンやパリ、リスボンなど植民地時代のはるか遠くの大都市で、彼らが分割した古くの民族に何ら関係なしに、引かれたものだ。

今日、アフリカのすべての国で、国境の向こう側には、歴史と文化と言語を深く共有する同胞たちが住んでいる。もしも独立の際に、われわれが民族、人種、宗教の同質性に基づく国家を追求していれば、何十年も血にまみれた戦争を続けることになっていただろう。

そうではなく、われわれは、受け継いだ（植民地主義者が引いた）線で国境を定めることに合意した。しかし、われわれはなお、アフリカ大陸の政治的、経済的、法的な統合を目指す。危険なノスタルジアで過去を振り返り続ける国民国家をつくるのではなく、われわれの多くの民族と人民の誰も見たことのない偉大性に向かう未来を選択した。

帝国支配の後に形成され、破綻あるいは後退したあらゆる国には隣国の同胞との統合を渇望する人々が存在することを知っている。当然のことだし、理解できる。いずれにせよ、同胞と一緒になりたいと思わず、共通の目的を持ちたいと思わないものがいるだろうか。

しかし、ケニアは、そのような願望を力で追求することを拒否する。われわれは、滅亡した帝国の燃え残りから、新たな支配や抑圧に陥ることなく、復活を遂げなければならない。われわれは、人種、部族、宗教、あるいは文化を含むいかなるものが基礎となっているにせよ、領土回復主義と拡張主義を拒否した。われわれは、今日、それを再び拒否する。」

コラム 12

「平和国家」神話―日本は侵略国家

明治以来70年余は戦争準備と戦争に明け暮れた日本でしたが、日本本土への空襲が1944年後半、沖縄での戦闘は1945年になってからであり、ほとんどは海外で戦闘が行われていたために、アジア・太平洋戦争において日本人の犠牲者が310万人だったのに対して、日本人によって中国やアジアで2、000万人もの犠牲者を出したことをなかなか実感しにくかったのかもしれません。

現在の私たちもこれと同じように、日本が敗戦後の70年余にも朝鮮戦争で国連軍に協力し、その後は米国のベトナム、アフガニスタン、イラクでの侵略戦争に軍事基地の提供や後方支援（兵站活動）という形で、侵略戦争に協力してきました。しかし、多くの国民にとって、これによって日本が国際法上の「侵略国」になってきたという意識が薄いのではないかと思われます。これも日本が島国であり、侵略されている地域・戦場から遠く離れていたせいかもしれません。

しかし、日本は侵略国であったわけで、その責任は米国の侵略戦争に協力した日本政府とこれを許した国民にもあるのです。それぞれの戦争において日本も交戦区域に入っていますから、相手国あるいはテロリスト集団から反撃あるいは報復される危険もあったのです。相手国等が日本から遠く離れていることや反撃・報復力がないために、そうしていないのに過ぎません。しかし、これが東アジアでの戦争となると、そうはいきません。日本が戦場になる危険が生じます。そして、その危険がいままさに日本に迫っています。

1. 侵略戦争の支援も侵略である

日本は、国連加盟国ですから、侵略する国には、たとえ米国であっても、止めさせる立場にあります。ところが、2001年9月11日に米国で同時多発テロが発生し、ブッシュ大統領が「テロとの戦い」と称して報復戦争を始めた際に、日本政府はこれを批判せず、米国のアフガニスタン侵略を手助けしました。国際法では、**報復戦争は禁止**され、**テロリストは逮捕して裁判で裁くこと**が要請されています。2003年のイラク侵略戦争のときも同様でした。国連が大量破壊兵器の存在を確認する前に、米国は英国とともに攻撃を始めようとしました。ドイツやフランスは慎重でした。日本政府も本来は国連の調査・確認を待ちなさいと諫言すべきでした。ところが、小泉純一郎首相が米国を後押ししたのです。イラク侵略戦争は、日本が反対すればなかったかもしれない、と著者には悔やまれます。しかも、国連の承認がないままに、米国他の有志連合に日本も自衛隊を派遣し、侵略の手助けをしました。公明党までがイラクへ出かけて自衛隊派遣の露払い役をしました。米国の口実とした大量破壊兵器の存在は確認できませんでした。派遣した自衛隊の活動を憲法違反とする裁判所の判決も確定しました。自民党・公明党連合政権は、一連の国連無視と憲法違反を断罪されたのです。ところが、政府、両与党とも未だに頬かむりしています。

そもそも、侵略国を軍事面で支援する行為は侵略であり、国際法上はその支援する国も侵略国とされます。(注)米国のベトナム・アフガニスタン・イラクへの侵略に、日本は軍事基地を提供し、兵站(後方支援)を担いました。日本は、国際法上の侵略国となるのです。しかし、私たちは戦後、日本領域内での戦争を経験していません。だから「平和だった」と感じている方が多いと思います。このため、**日本が米国の侵略戦争の共同犯罪国だった**、との意識が薄いのではないでしょうか。

2. 侵略戦争への加担はやめよう

直視すべきなのは、これらの侵略戦争がもたらした戦禍です。数百万人もの無辜のベトナム・アフガニスタン・イラクなどの国民が犠牲者となり、その何倍もの難民も生まれたのです。合計すると何千万人となるでしょう。いまウクライナの難民の救済に焦点が当てられていますが、世界の難民は1億人を超えたと言われます。犠牲者と難民の発生には、日本も大きな責任があるのです。しかし、日本政府は口を噤んだままです。申し訳程度にウクライナ難民を受け入れていますが、これも「難民」として受け入れたのではありません。また、米国の侵略戦争に追随してつくった「難民」は全く受け入れていません。米国の侵略戦争がこれまでは、日本から遠く離れた海外で行われたためかもしれません。

しかし、日本政府は、戦争による犠牲者・難民に対する責任を果たしていませんし、果たそうともしていません。このような政府でよいのでしょうか。少なくとも、私たちには、日本政府に犠牲者・難民をつくる戦争に加担しないよう求めることが必要なのではないでしょうか。

（注）**「侵略の定義に関する決議」**

（1974年12月14日（国連第29回総会）採択＝国連総会決議3314（XXIX））

第2条〔武力の先制行使〕国による憲章に違反する武力の先制行使は、侵略行為の一応の証拠となる。ただし、安全保障理事会は、憲章に従い、侵略行為が行われたとの決定が他の関連状況（当該行為またはその結果が十分な重大性を有するものでないという事実を含む。）に照らして正当化されないとの結論を下すことができる。

第3条〔侵略の具体的行為〕
（f）他国の使用に供した領域を、当該他国が第三国に対する侵略行為を行うために使用することを許容する国の行為
（g）前期の諸行為に相当する重大性を有する武力行為を他国に対して実行する武装部隊、集団、不正規兵または傭兵の国による派遣もしくは国のための派遣またはこのような行為に対する国の実質的関与

国会における質疑の中で、アジア・太平洋戦争は「侵略戦争」か？　と問われた安倍晋三首相（当時）は、後の時代に学者が判断するものと答弁していました。一方、日本政府は国連の安全保障理事会の「常任理事国」になりたいという意向を示していたのです。すでに「侵略の定義」があるのに、首相がその判断すらできないというのでは、日本には「常任理事国」の資格も能力もない、ということを世界にさらけ出したなと感じる答弁でした。

コラム13 「武力行使による破壊には賠償義務を！」

ロシアのウクライナ侵略の戦禍を目の当たりにして、祖先より引き継がれ営々として築かれた資産が、強力な武器・弾薬によって一瞬にして灰燼に化すのを見るにつけ、戦争の愚かさを強く感じます。本当にもったいないことだと思います。そこで、次の提案をしてみます。

これが、国連において国際ルールとして確立できれば、戦争による国土（社会資本や住居、森林・河川・田畑など）の破壊を止めさせて、世界平和の実現に寄与すると考えます。

趣旨：武力行使による資産等の破壊に対して、破壊した国に賠償義務を課す国際ルールを確立すること

前提：戦争による領土拡大を認めない等、戦争によって戦利品を獲ることを認めないこと

利点：①戦争防止　②軍備縮小　に寄与すること

①政府が戦争しようとする場合、国民は相手国に対する資産等破壊の賠償金に相当する税金を負担することになるので、政府の戦争行為を阻止するようになるのではないでしょうか。

②兵器の破壊能力が大きいほど資産等破壊の賠償金も大きくなるため、強力な武器を開発する意味がなくなる。まずは核兵器に始まって全般的な軍備縮小を促進することができるのではないでしょうか。

なお、ウクライナにおいてロシアの侵略による被害額が推定され、復興資金として、ロシアの凍結資産を充当することが提案されました。上述した国際ルール確立への一歩前進と考えます。ウクライナ侵略戦争を早期に終わらせ、この方式でロシアに賠償させて、これを国際的に慣習化し、ルール化したいものです。

（参考1）第1次世界大戦後のドイツに対する苛酷な賠償金が第2次世界大戦を招いたとする議論もありますが、予め上記の国際ルールを設けておけば、戦争の準備による軍事費から戦争の実施による賠償金までの浪費を各国民が負担させられることを認識し、政府による戦争を阻止しようとする国

民のインセンティブが働くようになるのではないでしょうか。

（参考2）第2次世界大戦において「領土不拡大」の原則が確認されました。しかし、例外を認めて汚点を残したのが、ヤルタ会談におけるソ連に参戦を促すための千島列島の引渡し密約です。「領土不拡大」の原則確立のため、この例外を認めず、北海道の一部である歯舞・色丹とともに千島列島全部の返還を要求しているのが日本共産党です。終戦間際の天皇発言に拘束されて「国際的に理屈が通らない」(*)南千島（国後・択捉）と北海道の歯舞・色丹の返還を要求してきたのが自由民主党です。ただし、なぜか安倍晋三元首相はプーチン大統領との交渉で、南千島（国後・択捉）の返還要求を取り下げました。これは、無原則であるだけでなく、自己顕示欲が安倍晋三元首相の行動原則かと疑われるものでした。しかも、プーチン大統領はロシア憲法を改正し、領土の変更ができないようにしてしまいました。つまり、北海道の歯舞・色丹の返還もできなくなりました。結局、安倍晋三元首相は、経済協力資金をロシアに提供しただけだったのです（なお、資金に色がついているわけではないことから、ウクライナ侵略にこの資金も使われている、との批判もあります）。

（＊）日本政府は、サンフランシスコ平和条約で千島列島の領有権を放棄しました。千島列島に南千島を含むことは日本政府も認めていました。南千島だけの返還要求は、国際的に通用しないことは明瞭なのです。

コラム14 ASEANインド太平洋構想（AOIP）

世界に「分断と敵対」の対立構造がもたらされようとしているときに、紛争と戦争が絶えることのなかった東南アジアがこれを克服して、これまでに「対話と協力」を通じて築いてきた平和と繁栄の基盤を他の地域に拡げようという、貴重な取り組みを知り、それを活用することが、私たちに求められているように思われます。

要点は、**対話と協力を通じて相互理解と信頼を醸成してゆく地道な努力が、本当の安全保障だ**ということです。

米中対立を目の当たりにするにつけ、この思想に基づいて両国が、地球温暖化対策など人類的課題に協力して共同で対処することができれば、相互理解と信頼が醸成されて、軍事対軍事の対立が棚上げされ、半世紀もたてば、お互いを仮想敵国とする考えなど、雲散霧消してしまっているのではないかと思われます。

米中間の「軍事対軍事」の対立がこのまま進めば、日本は戦場となり、国土の廃墟化・焦土化、国民の凄絶な犠牲の危険性が高まります。米国と中国および国際世論に、両国が軍事対軍事の対立を棚上げして、総力を挙げて人類的課題に協力して当たるよう、訴えるべきではないでしょうか。

1．ASEANインド太平洋構想（AOIP）

AOIP（ASEAN Outlook on Indo-Pacific）は、2019年にASEAN首脳会議で採択された地域の平和構想です。なお、米国、中国、日本も、これを支持すると表明しています。その概要は、次のとおりです。

目標：インド太平洋地域を「**対抗でなく対話と協力の地域**」にする。
指針：「東南アジア友好協力条約（TAC）」の平和原則が国家間関係の規範となるよう推進する。
原則：主権尊重、相互尊重、平等・互恵など国際法及びASEAN原則を尊重する。

2. ASEANの平和創出

ASEAN（Association of Southeast Asian Nations）の平和創出の取り組みの特徴は、次のとおりです。
①どの国も排除しない包摂的枠組み（特定の国を仮想敵国として排除しない）
②意見の相違や紛争は平和的に解決（軍事力や軍事同盟に頼らない安全保障）
③対話と協力で相互理解と信頼を醸成（相互理解に基づく共通ルール化推進）

3. 「東南アジア友好協力条約（TAC）」の平和原則

条約から関連部分を要約して紹介します。
第一条（目的）永久の平和、永遠の友好及び協力を促進すること
第二条（原則）a．独立、主権、平等、領土保全及び主体性の相互尊重
b．外部から干渉され、転覆され又は強制されることなく国家として存在する権利
c．相互の国内問題への不干渉
d．**意見の相違又は紛争の平和的手段による解決**
e．**武力による威嚇又は武力の行使の放棄**
f．締約国間の効果的な協力

4. ASEANの概要

ASEANの歴史は、概略、次のとおりです。

1967年　インドネシア、マレーシア、フィリピン、シンガポール、タイの5カ国で設立。

「平和、自由、社会正義、経済的繁栄という長年の理想を達成する最良の道は、歴史的、文化的な絆を持つ地域諸国間に、相互理解と善隣関係、有益な協力を育むことである」（設立宣言）

1976年「東南アジア友好協力条約（TAC）」を締結。

現在ASEAN（10カ国）の他39カ国（計49カ国）およびEUが加盟〈5大陸に及ぶ〉。

1994年　東アジアと北太平洋のほぼすべての国とEUが参加するASEAN地域フォーラム（ARF）第1回閣僚会議でTACをこれら地域全体の「平和の規範」として共有すると宣言。ARFは現在26カ国＋EU。

1999年　カンボジアの加盟により地域10カ国すべてが加盟。

5．「東アジアサミット（EAS：East Asia Summit）」

「東アジア首脳会議」とも言われます。2005年に発足しますが、米国とロシアは2011年から参加しました。

現在の参加国数は、次の18カ国です。

ASEAN　10カ国（インドネシア、マレーシア、フィリピン、シンガポール、タイ、ブルネイ、ベトナム、ラオス、ミャンマー、カンボジア）

その他　8カ国（**日本**、**中国**、韓国、オーストラリア、ニュージーランド、インド、**米国**、**ロシア**）

ＥＡＳに参加する日本、中国、米国は、ともにＡＯＩＰを支持すると表明しています。日本は、ＥＡＳを通じて中国と米国に対して「対抗でなく対話と協力」が大事だと訴えることができます。しかし、ＡＳＥＡＮの地道な努力に学ぶならば、ＥＡＳの機会だけでなく、日常的に、両国の相互理解と信頼を醸成する方策を提案し、実現させる努力が必要だと思われます。

コラム 15

米国の軍隊＝資本主義のためのギャング

1．軍事大国の米国

米国について、みなさんがお持ちのイメージはそれぞれ異なることだろうと思います。また、最近のトランプ元大統領の言動からは、これまでの米国と違うぞと感じている方も多いと思います。しかし、よく観察すれば、これまでの米国は、トランプ元大統領のような剥き出しの露骨な表現をしていなかっただけで、国益優先の姿勢は全く変わらないものです。しかも、国益（「国民」の利益ではなく、「国家」が代表する大企業の利益のことです）のためには手段を択ばず、軍事力の行使を当然とする大変危険な国なのです。

2．「戦争はあこぎな商売」

米国・海兵隊において他国への軍事介入を何度も体験したバトラー将軍の回顧談をご紹介します。

「戦争はあこぎな商売」（スメドリー・バトラー）（『オリバー・ストーンが語るもうひとつのアメリカ史』、早川書房から引用）

「私は33年と4カ月、この国で最高の機動力を誇る海兵隊の一員として多忙な軍務に明け暮れた。少尉から少将まで、すべての階級を勤め上げた。そしてその期間のほとんどを、大企業やウォール街、それに銀行家のための高級ボディーガードとして働いた。早い話がごろつきと同じ。資本主義のためのギャングである。

１９１４年にはアメリカ石油業界の利権を守るため、メキシコの、とくにタンピコの安全確保に手を貸した。ハイチとキューバをまともな場所に変えて、ナショナル・シティ銀行が収益を上げられるようにしてやった。ウォール街の利益のために、中米の共和国を半ダースばかり略奪する片棒を担いだ。ごろつきの仕事はまだ終わらない。１９０９年から12年にかけては国際的な銀行であるブラウン・ブラザーズのため、ニカラグアから反乱分子を一掃してやった。１９１６年にはアメリカ製糖業界の利権のために、ドミニカ共和国に光をもたらした。中国では、スタンダード・オイル社が思うままにふるまえるよう取り計らった。…この間私は裏稼業の連中よろしく、じつに美味しいあこぎな商売をやっていた。

今にして思えばアル・カポネにだってコツの2、3は教えてやれただろう。あの男はせいぜい３つの地区で稼いだだけだが、私は３つの大陸を相手にやってのけたのだから。」

コラム16

天皇の軍隊（好戦的な無法国家・日本）

みなさんは、日本が戦後70年余も日本領域内での戦争を経験していないので、日本は平和でいいな、と実感していることでしょう。それでは、それ以前の日本の70年余はどうだったのでしょうか。

1. 明治維新以来の好戦国家

明治政府ができると「富国強兵」を掲げて他国への侵略の準備が進められ、はやくも6年後の1874年に台湾に出兵しました。翌1875年に朝鮮で江華島事件、1894年に日清戦争、1904年に日露戦争、1910年に日韓併合、1914年に第1次世界大戦、1918年にシベリア出兵、1931年に満州事変、1937年に支那事変（日中戦争）、1941年には米国・英国等との太平洋戦争の開戦でした。

2. 外交姿勢の誤り

さて、明治以来の日本の戦争をいま振り返ってみると、やはり明治政府の基本的な外交姿勢に疑問を抱かざるをえません。明治維新の精神的主柱とされた吉田松陰（安倍晋三元首相は、「わたしの郷土である長州が生んだ俊才、吉田松陰先生」と自著『新しい国へ　美しい国へ　完全版』（文春新書）で記しています）の対外戦略は、**西欧列強から取られたものは、アジアから取り返せばよい**とするもので、その対象は朝鮮・満州・支那などでした。なんと邪《よこしま》で卑しい思想ではないでしょうか―これが『美しい国』の正体なのです―。アジアの人々から見た日本は、口では美辞麗句を並べるが、やることは西欧列強の真似をする、ということなのです。そして、長州出身の安倍晋三元首相が「積極的平和主義」の美名のもとに進めたことは、米国の「軍事力による支配」に隷属的に協力する「軍事大国化」（明治政府のスローガン「富国強兵」）に外なりません。

ところで、一般的に「積極的平和主義」とは、戦争がない状況に留まらず戦争の原因となる貧困・飢餓などをなくすなど積極的に平和の環境をつくりだすという意味に使われています。ところが、安倍晋三元首相は、日本が「一国平和」「国際貢献しない」など消極的なので、この状況を変えて「積極的に国際平和に貢献する」、と国民向けに説明しました。しかし、外国向けには、英語で〝proactive pacifism〟を用いています。国民向けに消極的〝passive〟から積極的〝positive〟へ変えたイメージをつくりながら、外国向けに**軍事用語の「先制攻撃」**に当たる〝**proactive**〟を用いたことに注意が必要です。安倍晋三元首相から託されて岸田文雄自公政権が検討している「敵基地攻撃能力」は、相手の攻撃着手（準備段階）をもって攻撃するというまさに「先制攻撃」（国際法上の侵略行為）だからです。

3. 国際法違反の無法国家

ところで、中国や東南アジアの侵略にあたって日本は、様々な国際法違反を犯しました。この点にも改めて目を向けておく必要があります。いくつか列挙しておきます。

（1）戦争禁止に違反

戦争を違法とする国際連盟が設立され、「不戦条約」が締結されるという国際的潮流に逆らって、「事変」の名称で中国への侵略戦争を進めました。挙句の果てに、常任理事国であった国際連盟を脱退したのです。

（2）文民・捕虜の保護に違反

国際法では、戦闘の目標は軍人であり、文民（民間人）は保護しなければいけませんし、軍人でも降参すれば（捕虜となれば）保護しなければいけません。日本は、これに違反する残虐な行為をしました。中国臨時政府のあった重慶と四川省全域を無差別空爆した「重慶大爆撃」では、１９３８年から１９４４年までに**約10万人の死傷者**が出たとされます。また、１９３２年の「平頂山事件」（3千人以上の村民）、１９３７年から１９３８年の「南京大虐殺」（20万人以上とも言われる軍人・民間人）、１９４３年の「廠窖鎮虐殺」（3万人以上の軍人・民間人）もありました。また、１９３７年から１９４５年までに中国共産党が解放した抗日根拠地において、中国が「三光作戦」と称した「焼きつくす（焼光）、殺しつくす（殺光）、奪いつくす（搶光)」の掃討燼滅作戦が実施されました。

(3)毒ガス・細菌使用禁止に違反

国際法では、毒ガスや細菌の使用が禁止されていましたが、開発のため捕虜を人体実験材料(3千人以上が犠牲)に使ったほか、実際に中国の十数都市で細菌を散布しました。

(4)アヘンの密輸・生産・販売禁止に違反

アヘンは国際的な禁制品でした。しかし日本は、アヘンを生産させて配給し、満州国を含む傀儡政権の重要な財政収入源とし、あわせて中国の国民を廃人にすることによって抗戦力を麻痺させようとしたのです。中国からは、「毒化」と称されました。1939年から1942年に日本の捌いたアヘンの量は、アヘン中毒者50万人~80万人の吸引量に相当するとのことです。

(5)「従軍慰安婦」は基本的人権の蹂躙

「南京大虐殺」は、強姦・掠奪・放火など皇軍(天皇の軍隊)の規律のあまりの酷さに軍上層部にさえ危惧の念を抱かせました。陸軍による最初の慰安所設置は1932年でしたが、これ以降は爆発的に拡大しました。朝鮮などから集められた従軍慰安婦は、8万人から10万人とされます。

コラム17 「徴用工問題」・「従軍慰安婦問題」

日本政府と韓国政府の間には、「徴用工問題」や「従軍慰安婦問題」において、見解の相違があります。この問題を中心にして、日本政府やマスメディアを通じて嫌韓感情や反韓感情が煽られているように見えます。しかし、冷静に歴史的な事実を見ていくと、日本政府の方にこそ基本的人権や植民地支配に対する国際法の潮流から遅れている実態が見えてくるように思います。また、日本政府において、過去の歴史に対する誠実な反省がなされていないことが問題の根底にあるように思います。

1．徴用工へ慰謝料支払いの判決

２０１８年10月、韓国の大法院（最高裁判所）は、韓国人４人が「徴用工として日本で強制的に働かされた」として、新日鉄住金（現「日本製鉄株式会社」）に損害賠償を求めた裁判で、賠償を命じる判決を言い渡しました。

韓国の大法院判決は、原告が求めているのは、未払賃金や補償金（これらについては１９６５年の「日韓請求権協定」において請求権を放棄）ではなく、朝鮮半島に対する日本の不法な植民地支配と侵略戦争の遂行に直結した日本企業の反人道的な不法行為—強制動員に対する慰謝料（賠償金）を請求したものだとしています。そして、日韓請求権協定の交渉過程で、日本政府は植民地支配の不法性を認めず、強制動員被害の法的賠償を根本的に否定したと指摘し、このような状況では、強制動員の慰謝料請求権が請求権協定の適用対象に含まれると見なすことはできないと述べています。

2．日本政府の誤った反応

安倍晋三首相（当時）は、元徴用工の請求権について、「１９６５年の日韓請求権・経済協力協定によって完全かつ最終的に解決している」「判決は国際法に照らしてありえない判断だ」とし、韓国を非難する姿勢を示しました。

しかし、安倍晋三首相（当時）の発言は、以下に示すとおり大きな誤りを含んでいます。

①韓国大法院の判決は、「慰謝料（賠償金）の請求」であることを根拠に、安倍晋三首相（当時）が「完全かつ最終的に解決している」とする「日韓請求権・経済協力協定」で定めた範囲に含まれないものである、としています。安倍晋三首相（当時）は、これを理解していないか、協定の範囲に含まれると意図的に誤解しています。

②次に、仮に安倍晋三首相（当時）の言うとおり「日韓請求権・経済協力協定」で定めた範囲に含まれるとした場合でも、国家間での請求権放棄とは外交的保護権の放棄であり、個人の請求権まで消滅させることはできない、とされています。安倍晋三首相（当時）は、この事実さえも無視しています。

なお、この個人の請求権が消滅していないという事実は、日本政府も繰り返し言明し、日本の最高裁判決でも明示されてきたことです。つまり、両国政府、両国最高裁判所とも「個人の請求権は消滅していない」という点では同じ見解なのです。ですから、安倍晋三首相（当時）の「完全かつ最終的に解決している」という発言は、「国家間の請求権放棄」には当てはまっても、「個人の請求権」に関しては、全く根拠のないことです。しかも、企業と個人間の訴訟なのですから、日本政府が介入すること自体がおかしいことなのです。

③さらに「判決は国際法に照らしてありえない判断だ」との安倍晋三首相（当時）の主張は、韓国が「日韓請求権・経済協力協定」を遵守していないと言いたいのだと思います。なるほど「条約法に関するウィーン条約」第26条は、「効力を有するすべての条約は、当事国を拘束し、当事国は、これらの条約を誠

実に履行しなければならない。」と規定しています。ところが、①②で見たとおり、韓国大法院の判決は、「日韓請求権・経済協力協定」を認めた上で判断されていることは明らかです。その上で、この事案が「日韓請求権・経済協力協定」の範囲に含まれない、としているのです。しかも、仮にその範囲に含まれるとしても「個人の請求権が消滅していない」ことは両国政府・最高裁判所の一致した見解だったのです。安倍晋三首相（当時）の事実誤認あるいは単なる言掛かりに過ぎません。

3．日本政府の恥ずべき対応

安倍晋三首相（当時）は「個人の請求権」を「国家の請求権」にすりかえ、また「慰謝料（賠償金）の請求」を「未払賃金や補償金の請求」とすりかえて「完全かつ最終的に解決している」「韓国は国際法を守らない、約束を守れ」などと言いました。前述のとおり、これはデマに等しいことなのです。しかも、日本政府が韓国政府に対して司法に介入するよう要求するということは、国際法上許されない内政干渉であり、他国の三権分立制度を掘り崩そうとする全く無法な行為なのです。

しかしながら、マスメディアは安倍晋三自公政権のデマを無批判にたれ流し、嫌韓感情や反韓感情を煽る状況でした。河野太郎外相（当時）に至っては、国会答弁で、「個人の請求権は消滅していない」という従来の政府見解を認めながら、その直後に駐日韓国大使に対して居丈高に「無礼者」呼ばわりまでしました。なんと厚顔無恥なのでしょう。私は日本人として穴があったら入りたいほどの恥ずかしい思いをしましたが、みなさんなら如何でしょうか。

4．韓国司法の高い水準

韓国の大法院は、１９６５年の「日韓基本条約・日韓請求権協定」の交渉過程で（1）日本政府が、植民地支配の不法性を一切認めなかったこと、(2) 徴用工の問題について被害者への明確な謝罪や反省を表明してこなかったという2つの事実を指摘しています。明確な事実の指摘とこれに基づく判決は、韓国司法の高い水準を感じさせます。なぜなら、これまで両国の司法当局は、「日韓基本条約・日韓請求権協定」の文言を解釈することに基づいて判断してきたのに対して、今回判決は交渉過程全体へ視野を拡大して、そもそも日韓請求権交渉において、**植民地支配に関する両国見解の不一致**[注]が明らかであり、このため、違法な強制連行・強制労働の重大な人権侵害による徴用工に対する慰謝料(賠償金)が、日韓請求権協定の範囲外にあることを明らかにしたものだからです。これにより、個人の請求権が消滅していないだけでなく、国家の請求権(外交的保護権)も放棄されていないことを明らかにすることができました。これは、条約や協定の文言だけから解釈するのではなく、それが成立した交渉経過まで調査・研究したからこそできたものです。

(注) **植民地支配に関する両国見解の不一致**

日本の韓国併合について、韓国政府は不法なもので無効であると主張し、一方日本政府は植民地支配の不法性を一切認めていません。日本の韓国併合は、軍事力(武力)で行ったものです。しかもこれを、韓国の国王が日本の天皇にお願いして併合していただいたという(韓国にすれば、屈辱的な)体裁を整えるという手の込んだ偽装を行いました。韓国政府は、韓国併合は無効であると主張し続けていますが、日本政府は未だに形式的に瑕疵のない正当なものであったと主張しています。

現時点では、国際法の上で、植民地化や人種差別は不当なものと断罪されています。また、「**武力による威嚇又は武力の行使の結果締結された条約は、無効である。**」(「条約法に関するウィーン条約」第52条）とされています。韓国併合時の状況からは、無効とするのが妥当と思います。条約に記されたこと（偽装された形式）をもって正当とするのは、誤りであり、その時の状況（軍事占領下、偽装の事実）も含めて判断されるべきです。これが、「条約法に関するウィーン条約」第52条の趣旨でもあるのです。

なお、安倍晋三元首相が口にした「韓国は約束を守らない」の根拠は、「効力を有するすべての条約は、当事国を拘束し、当事国は、これらの条約を誠実に履行しなければならない。」（「条約法に関するウィーン条約」第26条）である、と思われます。しかし、韓国は条約を誠実に履行していますし、先に見た事案は条約の対象範囲外だと指摘したのです。ところが、安倍晋三元首相は、対象範囲外との指摘に対する反論もなしに、当該事案が条約の範囲内であるかのような虚偽の前提で、すでに「解決された」問題である、と両国民を欺こうとしたのです。条約の対象範囲外のことで、条約（約束）を守らない、と頓珍漢なことを口にしたということです。

そのくせ、高等教育の無償化に関する条約を批准した日本政府の長である安倍晋三元首相が、「誠実に履行しなければならない」はずの、「高等教育の無償化」を進めていなかったことは、「日本は約束を守らない」国である、ということ示しています。「天に唾する」とは、まさにこのことです。

5．徴用工問題と解決の方向

徴用工の問題は、戦時下、朝鮮半島や中国などから、多数の人々を日本本土に強制動員し、日本企業の工場や炭鉱などで強制的に働かせ、劣悪な環境、重労働、虐待などによって少なくない人々の命を奪ったという、侵略戦争・植民地支配と結びついた重大な人権侵害の問題でありながら、日本政府や当該企業がこれらの被害者に対して明確な謝罪や反省を表明してこなかったという事実があります。被害者と当該企業が、過去の植民地支配と侵略戦争への真摯で痛切な反省を基礎にして、被害者の名誉と尊厳を回復し、公正な解決をはかるために努力をつくすべきであり、日本政府もそのような環境を整える責務があります。しかも、既に中国の徴用工に関しては、日本政府も一定の役割を果たして西松建設、三菱マテリアル、鹿島建設で和解が成立していたのですから、同様の計らいをすべきでした。

この流れを変えてしまったのが安倍晋三首相（当時）であり、その異常さが際立っています。安倍晋三首相（当時）は財界からの要請を受けて、自分の力を見せつけてやろうということだったのでしょう。しかし、結果的には無知をさらけ出すことになりました。国内法だけでなく国際法も守らないのは、安倍晋三首相（当時）自身だということをさらけ出したのでした。

しかし、多くのマスメディアが揃って、安倍晋三首相（当時）の尻馬に乗って嫌韓感情・反韓感情を煽ったことを見落としてはいけません。そういう中で、韓国の側に理があり、安倍晋三首相（当時）や多くのマスメディアの側に非があることを指摘したのは、一部の学者、弁護士、政党では日本共産党だったように思います。そういう意味で、日本にも真面な人々がいることを示し、日本の名誉を守ってくれたのではないかと思います。

6. 韓国新政府の対応

ところで、新たに就任した尹錫悦（ユン・ソンニョル）大統領のもとで韓国政府は２０２３年３月６日、徴用工問題をめぐり、被告である日本企業の代わりに公益法人「日帝強制動員被害者支援財団」が賠償金を支払うとする解決策を発表しました。言わばカネで解決しようということ、しかも当事者の日本企業でなく、韓国が支払うというのです。

元徴用工らが求めているのは、日本企業の工場や炭鉱などで強制的に働かせ、劣悪な環境、重労働、虐待などによって少なくない人々の命を奪ったという重大な人権問題に関して、「日本政府と当該企業による謝罪を通じて被害者の名誉と尊厳を回復すること」です。ところが、尹錫悦大統領は「未来志向の韓日関係に進むための決断だ」として、元徴用工らが求めていることとは違う解決策を表明したのです。被害者を支援している市民団体は、「韓国政府が日本の強制連行加害企業の法的責任を免責させることになる」と批判しました。韓国政府も、日本政府と当該企業が謝罪を表明せず、公益法人「日帝強制動員被害者支援財団」の基金に拠出もしないのを見て、この問題は解決しないと思っているのではないでしょうか。なぜならば、次項の「従軍慰安婦」と同じ問題を抱えたままなのですから。

7.「従軍慰安婦」に関する日本政府の問題

なお、安倍晋三首相（当時）は２０１５年12月の「従軍慰安婦」に関する日韓合意についても、「韓国は国と国との約束を守らない」と非難しています。しかし、これにも道理がありません。日本は、従軍慰安婦にされた「被害の事実」を認め、「被害者への謝罪」を求められていました。これについては、被害者や市民の声を黙らせるために10億円のカネを拠出することにした交渉経緯が明らかになりました。さらに、日本政府は、国連では「加害の事実を否定」し、日本の国会では「謝罪の表明を拒否」するなど、被害者の要求に反する言動を続けたのです。日本側に非のあることは明瞭でした。

このため、被害者は日本の拠出金の受取りを拒否し、文在寅大統領（当時）も「この合意では問題が解決しない」と言わざるをえなかったのです。文在寅大統領（当時）の判断は至極当然のものだと思います。カネを使って事実をなかったものにする自民党流・日本政府流のやり方が、朴槿恵元大統領には通じても、尹錫悦大統領には通じても、国際的に通用する時代はもう過ぎたのではないでしょうか？　日本政府がこのような卑劣なことをする（あるいは、やらせる）ことを止めなければ、日本国民は世界の物笑いになるのではないでしょうか。

コラム18 米国の世界戦略と日本の役割（「ガイドライン」）

米国の世界戦略に沿って、第一次から第三次にわたる「日米軍事協力指針（ガイドライン）」によって「協力」という名目で「米国が要求する日本の役割」の変遷について、以下に見ていきます（なお、以下は抜粋であり、一部要約を含みます）。

1．第一次（1978年）

「日本以外の極東における事態で日本の安全に重要な影響を与える場合の日米間の協力」

①随時協議

②日本は米軍に便宜供与（自衛隊基地の共同使用、その他の便宜供与のあり方を含め予め相互に研究すること）

2．第二次（1997年）

「日本周辺地域における事態で日本の安全に重要な影響を与える場合（周辺事態）の協力」

①施設の利用―新たな施設・区域の提供、米軍による自衛隊施設及び民間空港・港湾の一時的確保
②後方地域支援―主として日本領域において（日本周囲の公海及び上空も含む）
日本は中央政府及び地方公共団体と民間の権限・能力を活用（補給・輸送・整備・衛生・警備・通信・その他）
なお、効果的に行えるよう「包括的メカニズム」と「調整メカニズム」を構築。

3．第三次（2015年）

「日本の平和及び安全の切れ目ない確保」
D．日本以外の国に対する武力攻撃への対処行動
「地域の及びグローバルな平和と安全のための協力」
A．国際的な活動における協力
B．三か国及び多国間協力
「宇宙及びサイバー空間に関する協力」
「日米共同の取組」
A．防衛装備・技術協力　　互恵的な防衛調達の促進

コラム19 「森友事件」—「教育勅語」復権の企み

1.「教育勅語」などで幼児の洗脳

「教育勅語」は簡単に言えば、「緊急事態には、天皇を助けるために、国家に命を捧げなさい」という内容です。民主主義に反し、個人の尊厳を否定するものですから、当然のこととして、戦後の国会において排除や失効確認の決議がなされました。それにもかかわらず、最近になって「教育勅語」に「親孝行しなさい。兄弟は仲良くしなさい」など家族を大事にするという良いことも書いてあるので、教材に使うことを認めよ、と言い出す人たちがいます。

そして、実際に行われていたのが、学校法人森友学園の塚本幼稚園でした。それは、次のようなものでした。

- 園児たちに「教育勅語」を暗誦させ、旭日旗を手に「愛国行進曲」などの「軍歌」を唱和させる。
- 運動会では、ヘイトスピーチや安倍晋三首相（当時）を礼賛する次のような宣誓をさせる。

「大人たちは日本が他の国に負けぬように、尖閣諸島、竹島、北方領土を守り、日本を悪者として扱っている中国、韓国が心を改め、歴史教科書で嘘を教えないようお願いいたします。安倍総理ガンバレ、安倍総理ガンバレ、安保法制国会通過よかったです」

2.「異常な教育」普及の企み

この「異常な教育」を日本中に普及させる先駆けにしようとして起こったのが「森友事件」、安倍晋三元首相夫妻、橋下徹・松井一郎元大阪府知事が関係した、あの事件です。

「森友事件」は、日本会議の会員である籠池泰典氏が大阪府で経営する学校法人森友学園の塚本幼稚園で行っていた「異常な教育」に共感した安倍晋三元首相と昭恵夫人が、その教育を幼稚園だけで終わらせてしまうのでは効果が薄れるので、小学校、中学校へと引き継がれるようにしたいとの思いから、籠池泰典氏の小学校設立を支援したことが発端です。首相夫人は、「森友学園の教育は素晴らしい」と絶賛し、新たにつくる小学校の名誉会長に就任することになっていました。また、維新の会も同様に共感して、研修として維新の会の議員たちに塚本幼稚園を見学させていたのです。維新の会の政治は、安倍晋三自公政権の「戦争する国」に向けた教育に呼応して、「愛国心」を教育目標に含めて、侵略戦争を美化する教科書を採択し、国旗・国歌強制条例を強行して「日の丸・君が代」を学校と教職員に押しつけてきました。つまり、安倍晋三元首相夫妻、橋下徹・松井一郎元大阪府知事は、日本を「戦争する国」に向かわせるために、先の「異常な教育」を普及させることで一致していたわけです。

3．不法な設立認可と国有地売却

ところで、小学校を設立すると言っても、財政基盤がしっかりしていなければ、経営が破綻することもあります。そうすれば、生徒は放り出され、親も困ります。こういった事態を避けるために、設立の認可基準があるのです。しかし、森友学園には、その基準に合格する財政力がありませんでした。そこで、次の2つのことが行われました。

1つ目、安倍晋三首相の意向を受けて、橋下徹大阪府知事が認可基準の見直し要請を受けて、松井一郎大阪府知事が認可基準を緩和したうえ、私学審議会においてその基準すら満たしていないのに強引に認可したこと。

2つ目、安倍晋三首相の意向を忖度して、財務省と国土交通省とで国有財産の土地を不法に安く（ほとんど資金負担をさせないよう）売却したこと。

公的立場にある首相とその夫人や大阪府知事が、自らの共感する軍国・愛国主義思想を広めようとして、本来なら設立認可されないような小学校を設立しようとしたのです。しかも、無責任な規制緩和、無法な国有財産の格安売却というやり方でもって。

4．危険な国家・地方行政の教育介入

安倍晋三首相は国会で批判されて、「私や妻がこの認可、あるいは国有地払い下げに、もし関わっていれば、総理大臣はもちろん、国会議員も辞める」と大見得を切りました。しかし、籠池泰典氏の要請を受けて首相夫人・昭恵氏は、首相夫人付政府職員を通じて財務省へ国有地払い下げに関する照会をしており、この行為は「妻が関わっていたこと」を示す十分な証拠です。したがって、国会答弁どおりに、安倍晋三首相は「総理大臣はもちろん、国会議員も辞める」べきだったのです。

憲法15条2項は、「すべての公務員は、全体の奉仕者であつて、一部の奉仕者ではない。」と規定しています。首相夫人が籠池泰典氏の口利きをしたことは、「一部の奉仕者」となったことであり、憲法のこの条項に違反します。このように首相夫人が「関わっていたこと」は明らかなのに、「関わっていないこと」にするために、財務省などで公文書の書き換え・廃棄など改竄が行われたのです。自分は「全体の奉仕者」である、と自覚していた近畿財務局職員の方が抵抗しながらも公文書を改竄させられて自責の念から自死に追い込まれました。一方、「一部の奉仕者」に成り下がった職員たちは悉く栄転[*]させてもらえたのです

この「異常な教育」こそが、「憲法改正神話」の中で、国家の教育への介入が狙われている、と指摘した内容です。国家に都合のよい思想で国民を幼い頃から洗脳した明治時代から敗戦までの歴史を繰り返してはいけません。

（＊）このやり方は、口封じのためにとられる常套手段になっています。

コラム20 「司法の独立」神話　（1）「最高裁判例」神話

日本における最高裁判所の権威が高いせいだと思いますが、不当な判決や明らかに誤った判決がいくつもあるのに、是正されることがありません。また、憲法違反かどうか問われる事案については、判決を回避する傾向が顕著です。しかも、判例として前例墨守される慣習となっています。誤った判決は絶対にないという神話が存在しているかのようです。明らかな不当判決であり、かつ、大きな悪影響を及ぼしている最高裁判決を3つ紹介します。

1．行政に忖度した最高裁判決
―八幡製鉄所献金事件

（1）事件の概要

八幡製鉄所の代表取締役2名が1960年3月14日、会社として自民党へ350万円の政治献金をしました。これに対して「政治献金は定款所定の目的を逸脱するもの」として損害賠償を求める株主代表訴訟が提起されました。

（2）最高裁判決とその不当性

一審（東京地方裁判所）は原告の訴えを認めましたが、二審（東京高等裁判所）では企業寄りに、そして最高裁判所（1970年6月24日）では全く企業と政治家に忖度する判決へと後退したのです。

しかし、1993年11月2日、岡原昌男元最高裁判所長官が、衆議院「政治改革に関する調査特別委員会」において、参考人として概略次のような意見を表明しました（なお、同氏は、この裁判には判事として関与していません）。

企業献金には適法性がない。「当時、企業献金が行き渡っており、全部の候補者がひっかかるので違憲や違反とできなかった。あれは助けた裁判だった。」

ところで、裁判官は、憲法76条3項において「すべての裁判官は、その良心に従ひ独立してその職権を行ひ、この憲法及び法律にのみ拘束される。」とされています。これに反して腐敗した政治家たちの状況を忖度した、というのです。裁判官としては、今回は助けてあげるが改心してもう止めなさいというつもりだったのですが、政治家も企業も最高裁がお墨付きを与えてくれたということで大手を振って企業献金がはびこることになりました。この判決は、大きな悪影響を与えていたのです。その後半世紀以上にわたって、企業・団体献金が「賄賂」であると言われながらも存続して、日本の政治を歪めるとともに、政治の遅れた状況を温存してきたのです。

▼詳細は、コラム22『「司法の独立」神話（3）「八幡製鉄所献金事件判決」の罪悪』を参照ください。

2．違憲審査は「具体的事件のみ」対象
―「警察予備隊」違憲確認訴訟

（1）事件の概要

１９５２年３月、再軍備に反対していた左派社会党は、鈴木茂三郎議員が原告になって警察予備隊違憲確認訴訟を起こしました。警察予備隊はその組織、装備、実体などから見て憲法９条２項が禁じている「戦力」に該当するから違憲である、という訴えでした。

（2）最高裁判決とその不当性

最高裁大法廷は同年10月８日、裁判所は具体的な法律関係についての紛争を判断するのであって、抽象的に法律命令などが合憲かどうかを判断するところではないから、訴えは不適法である」として事実審理に入らずに却下しました。この判例は、裁判所の違憲審査は具体的事件についてのみ行われるという前例になりました。

みなさんは、この最高裁の対応をどう考えますか。憲法81条は「最高裁判所は、一切の法律、命令、規則又は処分が憲法に適合するかしないかを決定する権限を有する終審裁判所である」とするのに対して、判決は「抽象的に法律命令などが合憲かどうかを判断するところではない」としました。単純に言えば、憲法81条に反し、任務放棄した、ということではないでしょうか。

いや、「抽象的に…判断するところではない」としているのだ、と言うならば、警察予備隊の組織、装備、実体などから、具体的に検討すればよいだけのことです。そうしないで、憲法の禁止している戦力に当たるか否かの具体的な事実審査と判断をしなくてもよいのなら、**最高裁判所の存在を自己否定**するものではない

でしょうか。警察予備隊の根拠法である「警察予備隊令」（昭和25年政令第260号）が憲法違反か否かを問われているのに、最高裁判決は「裁判所は具体的な法律関係についての紛争を判断する」としています。これは、最高裁判所の業務範囲を恣意的に憲法の規定よりも狭く限定していますよね。このような判例が残されることは、司法の堕落ではないでしょうか。誤った判例の前例踏襲は直ちに止めなければ、憲法違反の事例が積み重なり、立憲主義を掘り崩すことになります。

3．違憲審査は「高度に政治的案件」を対象外 ―「砂川事件」の最高裁判決

（1）砂川事件の概要

立川米軍飛行場に原水爆搭載機の離着陸用滑走路計画が持ち上がり、反対運動が展開されました。1957年7月8日、測量を強行した際に、境界柵が一部倒れて基地内にデモ隊の一部が立ち入りました。同年9月、この基地内への侵入が、旧安保条約に基づく刑事特別法に違反するとして、7名が起訴されました。

（2）最高裁判決とその不当性

第一審・東京地方裁判所の判決は、旧安保条約に基づく米軍駐留は憲法9条2項に違反し、そのための刑事特別法も憲法違反であるから、これに基づく犯罪は成立しない、としました。

ところが、日米両政府の干渉によって最高裁判所へ飛躍上告され、最高裁判所の判決は、旧安保条約は裁判所が違憲かどうか判断する司法審査の範囲外のものとし、第一審判決を破棄して東京地方裁判所に差し戻すものでした。

この裁判自体は、日米両政府から干渉があったこと、さらに裁判官がこれに呼応したという事実一つとっても無効です。なぜなら、憲法76条3項「すべて裁判官は、その良心に従ひ独立してその職権を行ひ、この憲法及び法律にのみ拘束される。」に違反しているからです。裁判長が利害関係者とこそこそ打ち合わせを重ねたことは、この「独立してその職権を行う」に反する行為です。と同時に、これは、明らかに**最高裁判所の任務放棄**であり、また、裁判官の**憲法擁護義務違反**でもあるのです。

▼詳細は、コラム21『「司法の独立」神話（2）「砂川事件判決」の歴史的帰結』を参照ください。

4. 司法界の課題

このように問題のある裁判でありながら、「八幡製鉄所献金事件」「警察予備隊違憲確認訴訟」「砂川事件判決」は、最高裁判所の判決だという理由で、不当・無効なものでありながら、「判例」とされ、前例踏襲されています。この前例踏襲の悪習から逃れられないのでは、司法の進歩・向上はありえません。このような誤った判例はたくさんあります。これらを、司法界が洗いざらい明らかにし、無効と宣言して、公正な判例だけを積み重ねていくことが求められていると思います。

「統治行為論」こそは、先に示したように立憲主義と三権分立の仕組みを否定するものとして、直ちに見直されるべきだと思います。特に深刻な問題が予想されるのは、安倍晋三元首相のもとで、これまで平和利用に限定されてきた原子力発電や宇宙開発などで、「安全保障に資するため」の文言を挿入する法律改定が行われたことです。これによって、「統治行為論」が幅を利かせて、原子力や宇宙開発の軍事利用に反対する裁判を「司法審査権の範囲外」として棄却されることが予想されます。そして、時の政府の独裁が罷り通る（合憲化される）可能性が大きいのです。

「企業・団体献金」（形を変えた政治資金パーティー収入を含む）も賄賂政治の悪習を克服できない日本政治の後進性を引き摺っており、直ちに禁止されるべきものです。

警察予備隊のように「違憲確認訴訟」を「抽象的に法律命令などが合憲かどうかを判断するところではない」と切り捨てれば、憲法違反の法令が蔓延することになるでしょう。最近の国会で強行採決される法律には、憲法違反と思われるものが多々見受けられます。最高裁判所として、任務をしっかり遂行して欲しいものです。

また、現時点において悪い判例、誤った判例を大掃除する運動を起こすことも大切ではないかと思います。そして、このような判例の検証を通じて、前例墨守から創造的な司法へと司法界の改革が進められることを望みます。

コラム21 「司法の独立」神話　（2）「砂川事件判決」の歴史的帰結

1．砂川事件の概要

砂川事件とは、次のようなものです。立川米軍飛行場に原水爆を搭載できる大型爆撃機が離着陸できるようにする滑走路の延長計画が持ち上がりました。延長されると、砂川町の唯一の幹線道路が遮断されるので、土地を奪われる農民だけでなく、町を挙げての反対運動が展開されました。1957年7月8日、測量が強行されました。これに反対する農民、支援の労働者・学生の示威行動も開始されました。その際、境界柵が一部倒れて基地内数メートルにデモ隊の一部３００人くらいが立ち入る結果となりました。同年9月、この基地内への侵入が、旧安保条約に基づく刑事特別法に違反するとして、23名の労働者と学生が逮捕され、そのうち7名が起訴されたのです。

2. 東京地裁の判決（「伊達判決」）

第一審・東京地方裁判所（伊達秋雄裁判長）の判決（「伊達判決」と称される）は、旧安保条約に基づく米軍駐留を憲法9条2項（戦力の不保持）に違反するし、そのための刑事特別法も憲法違反であるから、これに基づく犯罪は成立しない、としました。

上告は、通常なら東京高等裁判所にされるのですが、後で述べる事情で最高裁判所へ飛躍上告されました。

3. 最高裁の判決（「砂川事件判決」）

最高裁判所（大法廷・田中耕太郎裁判長）の判決は、旧安保条約は裁判所が違憲かどうか判断する司法審査の範囲外のものとし、第一審判決を破棄して東京地方裁判所に差し戻すものでした。その一方で、駐留米軍は憲法9条2項の「戦力」に当たらないとの見解も述べました（「砂川事件判決」と称される）。

4. 最高裁判決の違法性と不当性

その後、当時知られていなかった事情が明らかになりました。また、歴史の経過によって、どちらの判決が適切なものだったかも明らかになりました。これらを踏まえて、「砂川事件判決」の問題点を指摘したいと思います。

（1）憲法違反の事実

まず明らかになった当時の事情とは、次のとおりです。「伊達判決」に驚愕した日米両政府は、進行中であった安保条約改定（「伊達判決」を認めれば、この条約も憲法違反となる）に支障をきたさないよう、新たな判決の期限を決め、それまでに合憲の判決を得ることにしたのです。このため、田中耕太郎裁判長とライシャワー駐日米国大使が協議するなどしました。つまり、行政から司法への介入、外国から司法への介入があった、という事実が判明しています。介入があっても撥ね退けたというなら、それでも良いでしょうが、そのまま受け入れたのです。つまり、この裁判自体は、この事実一つとっても無効なのです。なぜなら、憲法76条3項に違反しているからです。いわく「すべて裁判官は、その良心に従ひ独立してその職権を行ひ、この憲法及び法律にのみ拘束される。」裁判長が利害関係者とこそこそ打ち合わせを重ねたことは、この「独立してその職権を行う」に反する行為です。

（2）不当な判決内容

それでは、砂川事件判決の中身を検討してみましょう。

A．司法審査権の範囲外（いわゆる「統治行為論」）

まず、判決の要点を2つだけ抜き書きします。

「一見極めて明白な違憲無効と認められない限りは、裁判所の司法審査権の範囲外のもの」

「第一次的には、右の条約の締結権を有する内閣およびこれに対して承認権を有する国会の判断に従うべく、終局的には、主権を有する国民の政治的批判に委ねられるべきものであると解すを相当とする」

前段は、子ども騙しのような議論です。「一見極めて明白」であれば、訴訟になるのか？　わざわざ裁判するのか？　と言いたくなります。これは、明らかに最高裁判所の任務放棄と思われます。憲法81条はこう規定しています。「最高裁判所は、一切の法律、命令、規則又は処分が憲法に適合するかしないかを決定する権限を有する終審裁判所である。」また、憲法尊重・擁護義務違反でもあるでしょう。憲法99条には「天皇又は摂政及び国務大臣、国会議員、裁判官その他の公務員は、この憲法を尊重し擁護する義務を負ふ。」とあり、憲法81条の権限を放棄することは、憲法の尊重・擁護義務を果たさないことになるからです。

後段は、もっともらしく聞こえますが、しかし、これも任務放棄のための屁理屈です。なぜなら、旧安保条約はすでに内閣が締結し、国会が承認したものであり、それが違憲か合憲か問われているのですから。「砂川事件判決」は「終局的には、主権を有する国民の政治的批判に委ねられるべきもの」としていますが、憲法とは、主権者である国民が政治権力者に与えた指示書なのですから、それ（憲法）に基づいて違憲か合憲か裁判所が判断しなければいけない、と考えるのが自然です。ここで問題なのは、単に任務放棄というだけではありません。憲法上の三権分立を認めているように見せかけて、司法の力を殺ぐことになっていることです。日本では、国会で多数を占めた政党が内閣を構成する仕組みですから、それが主権者・国民の意思であるとしてしまえば、司法は不要になります。「終局的には、主権を有する国民の政治的批判に委ねられるべきもの」とする主張は、この陥穽に嵌ってしまうことなのです。つまり、**三権分立を崩壊させる議論**だということです。同時に、憲法によって政治権力者の手を縛る「立憲主義」を否定することになります。

B．「戦力に該当しない」との誤った解釈

判決は、本案件を「裁判所の司法審査権の範囲外のもの」としました。しかし、それならこれで終わるはずですが不思議なことに、次の意見を付しました。

「同条項［憲法9条2項のこと］がその保持を禁止した戦力とは、わが国がその主体となつてこれに指揮権、管理権を行使し得る戦力をいうものであり、結局わが国自体の戦力を指し、外国の軍隊は、たとえそれがわが国に駐留するとしても、ここにいう戦力には該当しないと解すべきである」

これも、もっともな解釈に見えるかもしれません。形式的には憲法に即した解釈であるかのように見えます。

しかし、「伊達判決」が「戦力に該当する」とした判断と対比してみるとどうでしょうか。「伊達判決」は、次のように判断しました。

（i）米軍の駐留は、わが国政府の要請と、米国政府の承認という意思の合致によるものであって「わが国の政府の行為によるもの」であるから、指揮権や米軍の出動義務の有無にかかわらず、「日本国憲法第9条2項前段によつて禁止されている陸海空軍その他の戦力の保持に該当する」

また、日本政府が予算からお金を出し、施設を提供し、物資を提供し、労務を提供しているからこそ米軍が駐留していられるのだから、駐留米軍は日本が保持している軍隊に該当する。

したがって、「わが国内に駐留する合衆国軍隊は憲法上その存在を許すべからざるもの」であるとしました。

（ii）また、外国軍隊が日本に駐留する場合、…日本がその国家のための軍事基地に化する危険性が多分にある。つまり、日本は、外国に基地を提供することによって、その国家が日本防衛以外の目的で戦争する場合にも協力しなければならない関係になる可能性が多いのであって、そうなれば「政府の行為によつて再び戦争の惨禍が起きないようにすることを決意し」た、この憲法の前文の趣旨と矛盾する結果になる。

以上のように、実体からみて、駐留米軍は憲法9条で保持することのできない「軍隊」と判断したのです。

それでは、この二つの判決は、どちらが正しかったのか。歴史を見れば明らかです。ご承知のとおり、駐留米軍は、日本の基地を利用して、ベトナム侵略戦争、アフガニスタン・イラクへの侵略戦争を実行してきました。国際法において、侵略国に基地を提供するだけで侵略国と認定されます。日本は侵略国（戦争当事者）となりました。基地提供以外にも兵站（後方支援）などの協力もして、何千万という戦争犠牲者をだした侵略戦争の共犯国に日本はなったのです。「伊達判決」が指摘したとおりに侵略戦争に巻き込まれたことによって、「政府の行為によつて再び戦争の惨禍」を招いたのです。この「戦争の惨禍」を日本国民だけの犠牲と受け止めないでください。アジア・太平洋戦争で日本人が殺害した2千万人の犠牲者を含む戦争被害を再び繰り返さないという決意でもあったのですから。しかしながら、米軍基地を提供した日本も共犯者として再び侵略国になってしまいました。これによって「砂川事件判決」が誤りだったことは、明瞭ではないでしょうか。

コラム22　「司法の独立」神話　（3）「八幡製鉄所献金事件判決」の罪悪

「企業献金」に関する「八幡製鉄献金事件」最高裁判決も不当な判決であり、その後の政治に与えた悪影響は甚大なものがあります。これも判例として残さず、破棄されるべきものです。

1．八幡製鉄所献金事件の概要

八幡製鉄所の代表取締役2名が１９６０年3月14日、会社として自民党へ３５０万円の政治献金をしました。同社は「鉄鋼の製造及び販売ならびにこれに付帯する事業」をその目的とすると定款に定めていました。これに対し株主である老弁護士は「政治献金は定款所定の目的を逸脱するもの」として損害賠償を求める株主代表訴訟を提起しました。

2．最高裁判決とその不当性

一審（東京地方裁判所）は原告の訴えを認めましたが、二審（東京高等裁判所）では企業寄りに、そして最高裁判所では全く企業と政治家に忖度する判決へと後退したのです。

１９９３年11月2日、岡原昌男元最高裁判所長官が、衆議院「政治改革に関する調査特別委員会」にて、参考人として意見表明しました。退官後のことです（なお、岡原昌男元最高裁判所長官は、八幡製鉄事件昭和45年最高裁判決（１９７０年6月24日）の約4ヶ月後である１９７０年10月28日に最高裁判事に就任しているため、この裁判に、判事として関与してはいません）。これに関して次の報道もありました。『元最高裁長官が、八幡製鉄献金事件昭和45年最高裁判決は、政治的配慮から、「助けた判決」であると、意見表明』。なお、岡村昌男元最高裁判所長官の発言は次のとおりです。

「法人というのはその定款なり寄附行為に定められた事業の範囲で生きているものでございまして、それ以外のもの【企業献金のこと】についてはできない、つまり適法性がないわけでございます」

「これだけ企業献金がその当時、あれは昭和35年【１９６０年】の事件でございます、行き渡っておったのでは、最高裁が『アレ[注1]』をやれるわけがないです、違憲であるとか違反であるというふうなことに。全部の候補者がひっかかるような、(注2)そういうことは実際上としてやれない。したがって、あれは助けた判決、俗に我々助けた判決というものでございます」

（注1）『アレ』とは、違憲立法審査権（憲法81条）行使のことだと思われます。憲法違反か否かを判断するのは最高裁判所だけです。しかし、腐敗した政治家たちに忖度して憲法違反の判決を出さなかったというのです。

（注2）「企業献金が…行き渡っていたので…全部の候補者がひっかかる」というのは、間違っています。当時にも全く受け取らない政党があったし、現在もあります。それは日本共産党です。企業献金を多く受け取った候補者が、全く受け取らない候補者、少なく受け取った候補者に比べて選挙活動の資金面で有利であり、より多く受け取ろうとして企業の言いなりになることは、誰にもわかることです。これは労働組合などの団体献金についても同じです。国民の代表、地域住民の代表でありながら、企業や団体からカネ（賄賂）で買収されることは許されないのに、この事件から60年余が経つ現在も形を変えて同じ状況が続いています。

3．問題の解決策

この判決に関しては、重要な問題点が2つあります。

（1）判決において忖度しないこと

憲法76条3項において「すべての裁判官は、その良心に従ひ独立してその職権を行ひ、この憲法及び法律にのみ拘束される。」とされています。裁判官が依拠すべき判断基準は「憲法と法律」です。腐敗した政治家たちに忖度した、ということはあってはならないことです。このような裁判のあり方は、その後へ悪影響を与えています。例えば、「1票の格差」に関する裁判が頻繁に行われています。なぜでしょうか。それは、明らかに最高裁判所がすでに行われた選挙を「憲法違反」あるいは「憲法違反状態」と認めながら、政府や政党・政治家に対する忖度によって、選挙のやり直しをさせていないからです。そのつどやり直しのための正しい選挙制度につくり直させていれば、こんなことが繰り返し起きることはないのです。

なお、政府・与党は、自らに有利な法律を作りますが、憲法に違反していることが多いのです。憲法違反の法律は無効なのに、そのまま適用されています。このような法律の大掃除も求められています。本件に関して言えば、「政党助成法」がそうです。「企業・団体献金」は違法として禁止することと引き換えに「政党助成金」を導入したにもかかわらず、「企業・団体献金」も残されており、日本の政治がいかにカネで操られているかを表しています。

(2) 誤った判決を判例としないこと

「砂川事件」・「八幡製鉄献金事件」最高裁判決など現時点で不当なものと判明しているものは、判例として残すべきではありません。

コラム23

「維新・『改革』」神話

(1)「維新の会」の誕生・理念なき政治

維新の会のキャッチフレーズ「身を切る改革」は、「改革」という語が付いているため、何か良いことに繋がる革新や改善をイメージしがちです。しかし、地域住民・国民にとって良いことは何もないのです。いわば、空文句であり、維新の会の言う「改革」は「神話」と言うべきものです。そもそも「維新の会」はどのようにして生まれ、どのような政治理念を持っているのかについて、最初に見ておきます。

はじめに　大阪は、コロナ感染死亡者、日本一！

大阪は先進的な政治が行なわれているところ、と思われているかもしれません。しかし、真逆です。大変わかりやすい例を挙げましょう。大阪府は、新型コロナウイルス感染による死亡者数が人口あたりで比較すると、全国で突出して多かったことは、ご承知のことでしょう。人口あたり死亡者数は、大阪府は他の全地域平均と比べ2・2倍となっています（2022年11月現在）。これは、医師・看護師など病院職員数を2007年対比で2019年までに、全国平均が6・2％減に対し大阪府は50・4％も減らし、衛生行政職員も全国平均15・4％減に対し大阪府は24・1％も減らしたことが主因です。維新の会が「身を切る改革」の実績と誇るものが、「**公務員を含む大阪府民の身を切る**」「**改革**」であったことは明らかです。

どうして、そうなったのか。そもそも維新の会とは何なのかを振り返ってみます。

1．「自民党・維新の会」の結成（2009年4月）

維新の会が設立されるきっかけは、大阪府が府庁舎を大阪城の近くに位置する一等地から大阪市が保有する大阪湾沿岸に位置する「大阪ワールド トレード センター ビルディング」（以下、WTCビル、と記します）を買い取って全面移転する、という橋下徹大阪府知事の提案でした。WTCビルは、大阪湾の埋め立て地にあり、耐震性もなく、交通も不便で、府庁舎には不適当であることは、初めから明瞭でした。WTCビルの買取りには、府議会の過半数の賛成、府庁舎の移転には3分の2以上の賛成が必要でした。2009年

3月に、両案とも過半数に満たない賛成で否決されました。しかし、同年10月再び議決されると、府庁舎の移転は否決されましたが、WTCビルの買取りは可決されたのです。この結果、全面移転はしないものの、WTCビルを「大阪府咲洲庁舎」として併用することになりました。当然のことながら、不効率が生じます。これにより、橋下徹府知事は、30年間で最大1、330億円の費用増が見込まれるという「税金の無駄遣い」の大失政をしてしまったのです。

なお、府議会では、WTCビル周辺が不等沈下しており、防災拠点にさえならないと再三指摘されていました。そして、このことは、東日本大震災（2011年3月）で証明されることになります。震度5弱で想定されていた規模の揺れが、震度3で起こってしまったのです。WTCビルは15分間にわたって揺れ続け、天井や壁が350カ所で崩落。エレベータ全26基も緊急停止、地震発生から丸1日過ぎても、うち8基が復旧しなかったのです。大阪府がビル購入時にまともな耐震性調査を行っていなかったことも判明しました。

ところが、このような状況の中で、橋下徹氏の人気で次の選挙で再選を図りたい当選回数1、2回の議員6名が「自民党・維新の会」を立ち上げたのです。

この経緯からわかるように、「維新の会」は、①自民党に所属していた人たちであること、②自民党の中でも誤った政策に固執した人たちであること、③橋下徹氏の人気に肖《あやか》ろうとした人たちであること、これら3点に「自民党・維新の会」の性格が表れていると思います。

2.「大阪維新の会」の設立（2010年4月）

橋下徹氏の人気上昇によって「自民党・維新の会」に自民党やその他の会派からも集まって「大阪維新の会」が設立されます。その目的については、大阪市長選挙において橋下徹氏が絶叫した「大阪市の権限、力、お金をむしり取る。」に集約されています。これを裏付けるため、『橋下「大阪維新」の嘘』（一ノ宮美成＋グループ・K21　宝島社）から以下に引用して読んでいただくことにします。

「筆者の手元に、『大阪維新の会』が設立された際の趣意書がある。その中に、『ワン大阪』という資料があるが、そこにズバリこう書いてある。『市の財産を使った府市双方の財政再建』『大阪全体をみた時に大阪市役所が保有する資産と人材は莫大。これを大阪全体のために有効活用することなくして大阪が地域として持続的に繁栄することはありえない』

そしてここには、その資産として地下鉄1・2兆円、公営住宅1・5兆円、大阪市域の25％は市有地で資産は負債5兆円をはるかに上回る―と書かれている。大阪府の財政については別項で触れるが、『大阪維新の会』の目的は、要は橋下市長が市長選挙で絶叫したように、大阪市の権限と裕福な財源を奪うことなのである。

そのために大阪府と大阪市の解体と再編、WTCへの府庁舎移転、市立大学と府立大学の統合、水道事業の統合、地下鉄・バスの民営化、すでに橋下府知事時代に半減を打ち出した府営住宅・市営住宅の共同建て替えを実現させ、最後には『大阪都』の解体を意味する『関西州』を作るということなのだ。こうしたスケジュールは、すべて関西財界が大阪府・大阪市に要求していたものである。橋下市長の大阪都構想はその丸写しであって、何も『大阪維新の会』が独自に作り上げた政策ではないのだ。」

以上のとおり、「大阪維新の会」の目指したものが、はっきりしてくると思います。①関西財界の政治的代理人であること、②「大阪都構想」が大阪市の権限と財源を大阪府が取上げて流用するものであること、③その狙いは、大阪市の資産売却による資金活用（借金返済と大型開発投資）にあること、です。

つまり、地方自治体が担うべき住民の福祉向上について全く語られず、単に大阪市の資産を使って大阪府の財政再建を図ることだけが、維新の会の政治目標だったのです。

3．「大阪維新の会」の目指したこと

(1)「府市双方の財政再建」の大うそ

先程引用した趣意書では、「市の財産を使った府市双方の財政再建」とあります。まずこれに注目することが大事です。大阪府も大阪市もバブル崩壊によって双方とも数兆円に上る負債を抱えることになったのです。日本政府が米国から当初430兆円、後には630兆円の公共投資を迫られ、これに応じた結果、関西財界もこれに便乗して幻想的な巨大開発投資を、大阪府・市を巻き込んだ第三セクター方式で行ったのです。その結果、バブルの崩壊によって巨額の損失が出ました。その尻拭いを関西財界（金融機関やディベロッパーなど）が応分に負担するのではなくて大阪府・市に重く負担させました。大阪府・市の巨額の負債は、以上のことに起因するものです。本来この残された債務返済は、府と市それぞれが責任をもって処理すべきものです。しかし、大阪府の「財政再建」という鳴り物入りで現れた橋下徹氏は、逆に債務を膨らませました。そこで、大阪市の富裕な資産に目を付けて、自ら増やした負債の穴埋めに使おうと考えたと推量されます。橋下徹氏が大阪府知事を辞め、大阪市長となった直後に、大阪府は「起債許可団体」に転落しました。起債許可団体とは、新たに起債（借金）しようとしても、国の許可なしにはできない、国の規制を受ける地方公共団体のことです。大阪市の富裕な資産が喉から手の出るほど欲しかった、と思われます。大阪市は、順調に債務を返済してきていましたので、「府市双方の財政再建」ではなく「府の財政再建への流用」が目的だったのです。そのうえ、莫大な借金の原因であった「大型開発投資の失敗」をギャンブルで取り返そうと、I

Rのカジノ誘致に取り組んでいるのです。

（2）「大阪全体のため大阪市の資産と人材を有効活用する」の大うそ

次の注目すべき点は、「大阪全体をみた時に大阪市役所が保有する資産と人材は莫大。これを大阪全体のために有効活用することなくして大阪が地域として持続的に繁栄することはありえない」という考え方です。これは、地方公共団体がそれぞれの機能を自主的に果たすという考え方、いわゆる地方自治や民主主義の考え方に反しています。バブルのツケである債務は、大阪市では着実に減少している一方、大阪府では橋下徹氏が登場してさらに増やし続けたのです。大阪市では債務がなくなってくれば当然、切り詰めてきた教育や文化の予算も増やすことができるので、住民福祉が増進されることが期待されていました。大阪府は、33市9町1村合計43の自治体からなっています。それぞれの自治体がもつ機能を果たしてもらい、その足らざるところを補うのが、大阪府の本来の機能です。大阪府は関西財界の言いなりになって、バブルの崩壊によって巨額の債務を負ってしまったのですから、その失政（自民党、その分派である大阪維新の会にも責任があります）は、自ら責任をもって対処すべきです。ところが、その対処方法として、他の自治体の資産と人材を有効活用する以外に方法はないというのです。大阪府が京都府や奈良県の観光資源に目を付けて、有効活用してあげるなどと言ったら、京都や奈良の人々は、どう思うでしょうか。これと同じことを主張しているのです。実際に「関西州」という中央集権化の構想を「地方分権」という偽りの看板で進めようという考えも、この下敷きにあるのです。

いや大阪府全体のためになるのなら、それでもいいのではないか、むしろその方がいいのではないか、という考えもあります。例えば、東京都（大阪府に相当）で言えば金持ちは区部（大阪市に相当）、その次が三多摩、それからはるかに離れて伊豆諸島などです。つまり、区部の高収入を三多摩、伊豆諸島などに配分しており、これによって再配分が実現されています。これと同じなら、それは望ましいことではないか、と「大阪都構想」を解釈するのが、この見方です。そこで、具体的に何をしようとしているのか、を見なければいけません。大阪市の人材や資産が、大阪府民全体の教育・文化など福祉の向上のために有効活用されるのであれば、それなりに意味があるからです。

ところが、そうではありません。次に見るように、巨大開発投資の失敗を繰り返すのではないかと危惧される大型開発投資へ「経済成長の起爆剤」と称して、資金を投入しようとしているのです。

（3）カジノで「経済成長」の大うそ

維新の会の目的は、大阪府民全体の教育・文化など福祉の向上にはありません。バブル崩壊とともに失敗に帰した大阪湾沿岸の巨大開発プロジェクトの二の舞となることが懸念されるIR（統合型リゾート「カジノ誘致」）の巨額投資で一か八かの賭けに出ようとしているのです。このカジノというものは、日本の庶民と外国観光客を犠牲にしてカジノ資本に稼がせて、そのお零れに与ろうとするものです。もちろん賭け事はお金を遣り取りするだけですから、新たな富を産まないだけでなく、働けば新たな富を生み出すはずの時間を浪費し、お金を失う庶民の家庭生活を崩壊させる「カジノ依存症」までつくることにもなります。これをもって、経済成長をもたらす、と主張する維新の会、自民党、公明党は、頭がおかしいのではないかと思います。しかも真面目に主張しているようなのです。企業を誘致し、雇用が生まれることをもって、経済成長と錯覚しているのかもしれません。先に述べたとおり、これは全くの誤りです。庶民がカジノで負けて、素寒貧になったら、その時点でこの企業は終了するのです。庶民のお金（過去に産み出した富）が、カジノ企業および関連する企業とそれらの雇用者ならびに大阪府・市に配分されるだけなのです。だから、日本では大昔からこのような不生産的かつ不道徳なことを禁じて、賭け事を犯罪として取り締まってきたのです。維新の会、自民党、公明党などが、あたかも成長産業であるかのような幻想を振り撒いて推進してきたのは、外国カジノ資本の要請とそれが後ろ盾になっている米国政府からの要求によるものです。トランプ元大統領から安倍晋三元首相が要求されたこと、またカジノ資本から賄賂を受け取り逮捕された国会議員も出たことは、マスメディアが報じたとおりです。つまり、外国カジノ資本の要求を、「経済成長」のためと称して、安倍晋三元首相をはじめとする国会議員や橋下徹氏などの首長や地方議員が、日本の庶民を犠牲にして受け入れようとしていた、ということです。

これは、単純な話で、全くの大人騙しなのです。寓話「裸の王様」のように、子どもなら簡単にわかる嘘なのです。トランプのゲームで勝負がついても、トランプのカードが1枚だって増えていないことを子どもは知っています。そして、実際のカジノでは、庶民の誰かがたまに勝つことがあっても、全体としてみれば、必ず胴元が勝つ仕組みで運営されるのです。つまり、庶民のお金が胴元に吸い取られるだけで、全体としてお金が増えたり、減ったりするわけではありません。庶民がこうして失うお金を何か別の財貨やサービスの購入に充てれば、経済は、その需要に応えようとして活動して成長へ向かいます。ところがカジノの場合は、これが、外国資本によって海外に持っていかれるのですから、国内経済は、マイナス成長へ向かうのです。いや、外国観光客目当てだというかもしれませんが、新型コロナ・パンデミックによって、現在の計画は、日本人相手中心のカジノになっています。また、外国人目当てでもカジノの性格は変わりません。外国観光客が関西の観光地で遣えばその観光地が潤うお金がカジノ資本へ吸い上げられるのです。しかも、カジノで負ける外国観光客は、日本にいい印象を持たずに帰っていき、リピーターにはならないでしょう。

4．維新の会の「改革」は空文句

「大阪市の人材・資産の有効活用なくして、大阪全体の持続的繁栄なし」という中身は、このようなものです。貴重な大阪市の資産を、またもや大型開発投資で浪費するだけになります。「労働が富を産み出す」という真理が忘れられているのです。労働する人を大切にする、そのために教育や福祉に重点を置くこと、これによって初めて、経済の成長も望めるのです。維新の会の政治で、大阪は全国に比べて経済成長が遅れてしまいました。それは、このように誤った考え方で、福祉予算の切り捨てを「改革」だと思い込んで実施したからです。教育についても米国で実施されて弊害が明らかとなっていることを「改革」だとして行われました。将来にわたって教育面でも悪影響が残ることになるでしょう。

しかも、橋下徹氏は、こう言い放ったのです。「(大阪について) **こんな猥雑な街、いやらしい街はない。ここにカジノを持ってきてどんどんバクチ打ちを集めたらいい。風俗街やホテル街、全部引き受ける**」。この言葉を聞いて、維新の会の「改革」や「経済成長」という看板を信じる方がおかしいのではないかと思いますが、みなさんは如何でしょうか。

コラム24 「維新・『改革』」神話 (2)「身を切る改革」—①「民営化」

維新の会のキャッチフレーズ「身を切る改革」は、本当の「改革」でしょうか。「民営化」から見てみます。

1．「民営化」は、誰にとっての利益か？

大阪では、維新の会が、水道事業や地下鉄事業を民営化しようとしていたことは、周知の事実です。それでは、「民営化」は何をもたらすのでしょうか。それは、公共サービスを受ける人々（大阪府民や市民）にとってよいことなのでしょうか。公共サービスを届ける人々（公務員）にとってよいことなのでしょうか。

「民営化」とは、国や地方公共団体が提供しているサービスを民間企業が提供するように変えることを言います。民間企業が提供するということは、利潤を追求して、儲かれば続けますが、儲からなければ止める、ということです。国や地方自治体よりも民間企業の方が効率がよいから、民間企業にまかせたら、サービスも良くなり、料金も安くて済むという話は本当でしょうか。新自由主義の政策が行われた世界の経験をみれば、民間企業がつぶれて水道が使えなくなり、大混乱したということもありました。また、フランスでは水道料金が高くなったため、民営化を止めて再び公共化したという経験もあります。

つまり、民営化とは、民間企業に儲け口を世話するだけのもので、公共サービスを安定的かつ安価に提供するという観点からは、望ましい選択ではありません。また、民間企業が儲けるためには、効率化と称して働く人々の首を切ったり、低賃金の派遣労働者に置き換えたりするので、働く人々にとってもいいことはありません。さらに、儲からなければ、フランスのようにサービス料金を上げることになりますから、サービスを受ける人々にとってもよいことではありません。

2.「民営化」の不利益

以上のことを確かめるために、簡単な例で、民営化について考えてみましょう。民間企業は、利益が出れば、法人税や事業税など税金を納めて、その残りから株主に対して配当金を支払います。すなわち、ある公共事業を民営化すれば、国などへの税金、株主への配当が余分に発生します。これは以前なら地方公共団体が、サービスの向上や料金の値下げなどに自由に使えたはずのものです。このことを前提にして考えてみましょう。

（1）公共事業として収支が0の場合

このまま民営化しても、料金の値上げをしないという前提なら、利益は出ません。利益が出なければ、民間企業として存続できません。この事業が独占的分野なら、サービス料金の値上げをするかもしれません。そうでなければ、組織やシステムを効率化して支出を減らすことにします。しかし、それには限界がありま す。主要な削減可能な費用である人件費に手を付けざるをえません。賃金カットするか、人員を減らすか、低賃金の派遣労働に置き換えるか。そうすれば、削減した費用と同じだけの利益が出ます。そして、この利益から、税金や配当金が支払われ、残りは企業の内部に留保されます。

この場合、働く人々は不利益をこうむり、サービスを受ける人々にも利益はないし、不利益があるかもしれません。ただ、国などが税収を増やし、株式所有者が配当収入を増やすことになります。

（2）公共事業として収支がマイナスの場合

このまま民営化しても、料金の値上げをしないという前提なら、赤字です。民間企業が赤字では経営を継続できません。この事業が独占的分野なら、サービス料金の値上げをするかもしれません。もう一つの手段は、（1）の例と同じように、組織やシステムの効率化、さらには賃金カット、人員削減、派遣労働者への置換えなどが行われるかもしれません。そして、これまでの赤字を上回る費用の削減ができれば、その差額だけの利益が出るのです。そして、この利益から、税金や配当金が支払われ、残りは企業の内部に留保されます。

この場合、サービスを受ける人々にとっては、もしサービス料金の値上げがあれば、不利益をこうむることになります。働く人々にとっては、もしサービス料金の値上げがなければ、（1）の例に比べていっそう苛酷な不利益をこうむることになります。ただ、国などが税収を増やし、株式所有者が配当収入を増やすことは同じです。

（3）公共事業として収支がプラスの場合

このまま民営化しても、料金の値下げをしないという前提なら、黒字です。そうならば、組織やシステムの効率化や賃金カット、人員削減、派遣労働者への置換えなど（1）（2）の例で行われるようなことは、必要ではありません。しかし、黒字ですから、この利益から税金や配当金が支払われることになります。残りは企業の内部に留保されますが、これまで支払う必要のなかった税金や配当金が外部に流出してしまいます。サービス向上や料金値下げに使うことのできた資金の半分程度が失われることになります。

3．大阪市の地下鉄「民営化」の愚行

以上のことから、維新の会が進めようとしている「民営化」は、働く人々にとってもサービスを受ける人々にとっても利益にならないということ、「改革」なるものが幻想に過ぎない（「民営化神話」）ということがわかった、と思います。

維新の会が進めた大阪市における地下鉄の民営化について具体的に見てみましょう。まず大事なことは、大阪市の地下鉄の収支はプラスだったことです（前述（3）の例に相当）。次に、維新の会は「民営化」したかのように宣伝していますが、現在は、大阪市が「大阪メトロ（大阪市高速電気軌道株式会社）」の株式を100％所有しており、「市営」のままなのです。将来は、これを民間企業に売却したいのでしょう（そうすれば、ようやく「民営化」することになるのです）。

この結果、起きていることは、配当金は大阪市へ歳入として戻るものの、国や大阪府に巨額の税金が流出している、ということです。このいわゆる「民営化」以降に支払われたであろう法人税などの金額は、大阪メトロ単体決算の損益計算書の「法人税、住民税及び事業税」の2021年度までの累計でみると、277億円(※)にも上ります。新型コロナによる影響のなかった2018年度だけで161億円(※)です。これは、「民営化」を止めておけば、地下鉄のサービス向上や料金値下げに使えたはずですし、地下鉄以外の住民サービスの向上（例えば、大阪市立大学の学費を無償にするには32億円でできました）にも使えたはずのものです。これも、維新の会の「税金の無駄遣い」の大失政というべきものです。

なお、地下鉄民営化の計画書では10年間平均の外部支払いの税金を132億円／年と明記していますので、10年間で1，320億円、15年間なら1，980億円もの資金が大阪市から流出する計画となっていたのです。

（※）この中には、一部大阪市に納税されるものが含まれます。

コラム25 「維新・『改革』」神話 （3）「身を切る改革」―②「（二重行政）効率化」

維新の会のキャッチフレーズ「改革」について、次は「二重行政」の効率化を見てみます。

1．「二重行政」の無駄はなかった

維新の会が創立当時から狙っていたことは、「ワン大阪」ということで、大阪府が大阪市の人材、資産や財源を取り上げてしまうこと（企業で言えば、吸収合併〔不良企業が優良企業を吸収する「逆さ合併」〕のようなもの）でした。「二重行政」のムダなどは、初めから存在していません。なぜなら、日本の行政の仕組みは（中央）国―（地方）都道府県―市町村です。言わば、「三重行政」となっています。

維新の会は、まず「大阪府と大阪市がいがみ合ってきた」という虚構をつくりあげました（本当は、バブル期の大型開発投資約40兆円は、関西財界・大阪府・大阪市が仲良く協議して決めたのです）。

次に、大阪市を潰してこれを大阪府に取り上げるために、「二重行政」の無駄をなくす、というありもしないスローガンを掲げたのです。

初めは、二重行政をやめれば、年間で8，000億円とか、4，000億円とかの無駄が省けるかのように宣伝しましたが、やがて155億円、**議会で精査した結果は1億円**となりました。全くの大うそだったのです。しかも、大阪市を廃止して特別区を設置する費用が数百億円も掛かるのです。1億円の節約では元を取るのに数百年掛かるので、もう止めますと言うべきでした。真面な人たちであれば、「二重行政」の無駄をなくす、という主張は引っ込めるはずでしょう。しかし、維新の会は、2回にわたる住民投票で、この誤ったスローガンを掲げ続けました（厚顔無恥というか、「嘘も百遍つけば本当になる」方式なのか、大阪府民を馬鹿にした対応です）。そして、大阪府と大阪市の両首長が維新の会で占めた結果、いまは「二重行政」はない、この状況を維持するために、大阪府と大阪市を一体化する、と中身をすり替えたのです。しかも、それでは通用しないと見たのでしょう。大阪市をなくして、4つの特別区を設置することによって、「二重行政」を効率化できるかのような幻想を振り撒いたのです。それには、次のような手段を用いました。

2.「財政効率化」の大うそ

大阪市は、学校法人嘉悦学園に「大都市制度（総合区設置及び特別区設置）の経済効果に関する調査検討業務」を委託しました。この報告書を利用して、大阪市と維新の会は、財政効率化によって1・1兆円の効果が出る、これを住民サービスに充てれば、「住民サービス　グーンとUP！」と訴えたのです。いわゆる「大阪都構想」によって財政効率化が図られて、住民サービスが向上するというのです。しかし、これも明らかな大うそです。大人は騙せても、子どもならわかる嘘なのです。これを簡略化した例で説明してみましょう。

(1)「財政効率化」のからくり

中学校の社会科・研究発表会の光景を思い浮かべてください。日本全国の市町村別の総人口と歳出額に基づいて、①どのような関係があるか？　②何か提案できることがあるか？　という課題です。生徒たちはまず、与えられた数値を基に、総人口が小さければ歳出額も小さいし、その逆でもあるという風に話し合っていましたが、歳出額が行政費用のことであり、住民サービスと関係するなら、1人当たりどれだけのサービスを受けているのか？　を見てみようということになり、やがて各市町村の歳出額を総人口で割って、1人当たり歳出額を算出しました。次に、これをグラフにしてみよう、ということになり、縦軸には1人当たり歳出額、横軸には総人口をとって、グラフに市町村ごとに点を書き入れました。意外と綺麗な線がでてきました。総人口が小さいところから50万人位のところまでは、1人当たり歳出額に急な低下傾向が見られます。ところが、総人口がそれ以上増えてゆくと逆に緩やかな上昇傾向へ転じました。第1問は、グラフで答えが出ています。第2問は、みんなで検討した結果、総人口の大きいところは、50万人程度に分割すれば、歳出額が最小になるのではないか、ということになりました。そして、「歳出額を抑えるため、総人口が50万人を超える市を50万人規模の市に分割すること」を提案したのです。

実は、これが「大阪都構想」（大阪市を廃止し、4つの特別区にする）の中身なのです。しかも、大阪市から委託された「学校法人嘉悦学園」が調査検討した報告書に記載された結論なのです。

（2）「財政効率化」の問題点

それでは、研究発表会に戻りましょう。発表会には、地域の高校生たちも招待され、講評してもらうことになっていました。高校生グループが相談してから、講評してくれた内容は、次のとおりです。

①人口1人当たりの歳出額を算定してみたことは、分析の第一歩として大事なことでした。
②その結果として総人口と歳出額の関係をグラフ化して明らかにしたこともよかったです。
③しかし、なぜこのようなグラフになっているのだろうか、という分析ができていません。
④この分析をしないで、結論を急いだ結果、単なる数字遊びになっていると感じられます。
⑤例えば総人口は住民数だと思います。昼と夜とでは人口が大きく異なることがあります。

⑥また、総人口の大きい市では、近隣の県や市町村から通勤する人、通学する人を受け入れるための社会的基盤の整備などに必要な歳出も含まれているでしょう。歳出額の中身が異なっています。総人口と歳出額だけ見ていたのでは、このようなことがわかりません。
⑦与えられた数値からの分析としては、上出来だと思います。しかし、総人口と歳出額のそれぞれの中身も考慮しなければ適切な提案はできないし、次の課題にすべきでしょう。

（3）「財政効率化」を考える視点

社会科担当の中学校教師は、高校生たちの講評も踏まえて、次のようなまとめをしてくれました。
①高校生のみなさんの成長ぶりに驚きました。指摘してくれた点も非常に的確なものでした。
②人口と1人当たり歳出額をグラフ化し、その傾向を把んだことは、期待以上の出来です。
③そこで、1人当たり歳出額が、総人口が小さいところから50万人位のところまで低下傾向なのは、なぜか？　総人口がそれ以上増えてゆくと逆に緩やかな上昇傾向になるのは、なぜか？　という疑問を持ってほしかったのです。これは、規模の経済性、都市化の効果といわれることです。
④しかし、高校生のみなさんは、普通は見落としてしまう人口の変動に気がつきました。先程のグラフは、いわば「夜の人口」のものです。「昼の人口」で修正してみると、規模の経済性がもっとはっきりしたものになるかもしれません。ついでに言えば、今ある大都市をそのまま分割すれば、「規模の経済性」を失って1人当たり歳出額は、分割前に比べて増えてしまいます。高校生のみなさんから「結論を急いだ結果、単なる数字遊びになっている」と指摘されたとおり誤った結論になったのです。
⑤総人口と歳出額という2つの条件から出発しました。そこから、最少の歳出額にすること、という結

論を導くことができるか？ という疑問も持ってほしかったです。私たちは、得てしていまある条件から無理やり結論を出したがります。しかし、諸君がこれから高校や大学へ行ったり、社会に出て働いたときに、日本の中でも様々な地域による生活の相違があり、住民サービスの需要も異なることに気づくはずです。そして、「最少の歳出額にすること」が目的でよいのか？ 「住民サービスの需要に応えること」が目的ではないのか？ など様々な疑問を持つことが大切なことなのです。このような疑問を抱きながら、これからも、なぜ？ と問い続けることを期待しています。

⑥課題として「何か提案できることがあるか？」を求めました。これによって、分析し、検討する力が養われると考えたからです。しかし、本当の狙いは、疑問を持ち、なぜか？ と問いながら「課題を見つける力をもつこと」でした。さすがに先輩からはその指摘がありました。今日は、みんなの意見を聴きながら、ひとつの意見に纏めること、また、なぜか？ と問い続けることの大切なことに気づく力が養われた発表会になったと思います。ご苦労様でした。

（補足）夜と昼の人口について、大阪市は日本中で最もその差が大きいという調査結果があります。

3.「財政効率化」の大うそ

「大阪都構想」と称して行われた2回目の住民投票では、「大阪市を解体し、４つの特別区を設置する」ことで、財政効率化が図られて「10年間で１・１兆円の効果」が出て、これを住民サービスに充てれば、「住民サービス グーンとUP！」という嘘の宣伝が行われました。しかし、これは、中学生が出した誤った結論です。高校生なら、こんな間違いに気づくはずのものです。仮に１・１兆円の効果が出るというならば、それは住民サービスが削減された結果なのです。この削減効果を全部住民サービス向上に充てれば、元に戻るだけでしかありません。現に議会では、反対する諸党派から荒唐無稽なものと批判されました。学校法人嘉悦学園(注)に支払われた委託費は、全くの無駄金のように思われます。

それにもかかわらず、このような大うそを公費も使って大宣伝した厚顔無恥ぶりには呆れるばかりです。

(注) **学校法人嘉悦学園**
中学・高校・大学・大学院を抱える学校法人です。嘉悦大学(経営経済学部)には、高橋洋一教授が勤務。高橋洋一氏は大阪市特別顧問の経歴があります。

報告書は、提出後に2度訂正と報道されました。①固有名詞など22カ所の誤記 ②経済効果額を含む60カ所。

コラム 26

「維新・『改革』」神話 (4)「身を切る改革」――③「教育無償化」

維新の会は、全国各地で大阪での「身を切る改革」「教育無償化」を自慢しています。「身を切る改革」は代議士を含む公務員定数削減によって、失業者と低賃金労働者を産み出す悪政であり、維新の会が国会議員全員の歳費の2倍もある「政党助成金」の分け取りに加わっていることからも、「身を切る改革」はパフォーマンスに過ぎないと思います。松井一郎大阪府知事(当時)が退職金をなくすと大宣伝し、実際にはその分以上を報酬に上乗せしたこともよく知られており、「身を切る改革」の中身を象徴的に表しています。

さて、「教育の無償化」の方はどうでしょうか。大阪の教育現場と子どもの現状はどうなっているか見てみます。

1．「遅れる教育、子育て」の大阪

義務教育の少人数学級に関して、現在ほとんどの県が、国の基準を上回る小中学校で35人以下学級を進めています。しかし大阪府は独自の拡充をしていません。また、大阪府は公立高校14校の廃校をこの9年間で強行したため、近くに通える高校がない生徒が増加しています。さらに、大阪では新型コロナによる死者が全国最多、子どもの感染や休校も相次ぎました。そのさなかの２０２１年度、大阪府は養護教諭を複数配置していた高校を一気に19校も減らしました。子どもの医療費も、東京都は18歳まで補助する方向ですが、大阪府は６歳までしか独自補助していません。しかも東京では６歳までは窓口負担なしですが、大阪では０歳でも１回の受診に５００円が必要です。

吉村洋文知事は「次世代に投資してきた」と言いますが、全く不十分なのです。それどころか、廃校跡地を民間企業のマンション開発用などに払い下げれば、住居費の高騰を招き、子育て・教育環境をさらに悪化させることになるでしょう。

2．「教育費完全無償」の誇大広告

維新の会は「大阪では私立高校は完全無償」と言います。ところが、無償なのは授業料のみで、入学金などは必要です。しかも所得制限があるため、授業料の無償も大阪府に住む私立高校生の約半数にすぎません。

大阪公立大学の授業料補助制度も所得制限があります。しかも学生と保護者ともに３年以上大阪府内に住んでいなければならず、成績が上位２分の１以上でないと打ち切られます。このため補助を受けているのは対象学年の全学生の3割もおらず、うち授業料全額無償の学生はさらに少数です。

コロナ禍の2020年度から2022年度まで、大阪市は小中学校給食費を無償としました。ただし財源はすべて国からの臨時交付金でした。なお、2023年度以降も無償とすることになりました。

維新の会の「教育費完全無償」は「完全」というにはほど遠いもので、〝誇大広告〟と言わざるをえません。

3．教育環境の整備こそ急務

一方で維新の会の大阪府政は、全国学力テストに加えた独自の小中学生テストを実施し、高校入試の内申書へ反映させるなど、子どもと教育現場を激しい競争と序列化に追い立ててきました。2020年度の文科省の調査では、中学生の暴力行為件数が生徒数あたりで大阪は全国の1・8倍、不登校の高校生数は1・7倍にのぼります。大阪の子どもたちの現状は深刻です。

維新の会の子育て・子どもに冷たい政治を許さず、どの子も学び成長できる、掛け値なしの教育・子育て無償化と環境整備こそ急務なのです。

（参考1）私学助成削減時の橋下徹大阪府知事の発言

2008年10月23日、大阪府庁を訪れて「知事は、選挙で、『子どもたちが笑う大阪』と公約したが、私たちは泣いています。安心して勉強させて」「私学助成が減れば、学校に行けない生徒がたくさん出る」等々口々に橋下徹知事に直接訴えた大阪府内の私立、公立高に通う12人の生徒に対する橋下徹知事の発言は、次のとおり冷酷なものでした。

橋下徹知事は、「義務教育は中学まで。自分で勉強して公立に合格するしかない。いまの日本は自己責任が原則」と、持論の「自己責任論」をぶち、あげくに「じゃあ、国を変えるか日本から出るしかない」と暴論を吐き、泣き出す生徒もいたのでした。

（参考2）高校統廃合の意図

いわゆる「大阪都構想」の本当の狙いは、橋下徹氏が公言した「大阪市の権限、力、お金をむしり取る」ことでした。「大阪都構想」は、住民投票によって2回も拒否されました。しかし、大阪府と大阪市の首長が維新の会が占めているために、両議会の多数の力によって、「広域行政一元化」と称して大阪市の公共施設・行政機関が大阪府へ移管（無償譲渡）されています。大阪市立高校も大阪府へ移管されました。その土地・建物・備品は、無償で譲渡されています。つまり、大阪市民が2回も拒否したのに、議会の多数によって大阪市の財産が「むしり取られ」つつあるのです。

大阪府は、高校の統廃合を進めています。その狙いは、2つあると思います。1つは、いわゆる「官から民へ」、公立高校を減らすことによる歳出減です。もう1つは、廃校跡地の売却による歳入増です。その結果は、どうなるでしょうか。公的教育が後退し、教育を金儲けの手段とする私立高校や塾が流行ることです。また、廃校跡地に民間の高価なタワー・マンションが建ち、住居費高騰などの悪影響をもたらすことです。本来なら、近くの高校にかよい充実した学校生活ができるはずであり、あるいは安価で良質な府営や市営の住宅を建てて子育て世代を支援できるはずのものです。

いま大阪では、住民投票（直接民主主義）で拒否したことが、議会の多数（間接民主主義）で覆されるという異常事態が起きています。大阪府と大阪市の首長が両方とも維新の会に属していることから、相互牽制が働かなくなっているのです。また、「身を切る改革」と称して、議員定数を削減してきたために、小選挙区制に近い形になり、住民の声が議会に反映しにくい状況もつくられてきています。

コラム27 「維新・『改革』」神話 (5)「身を切る改革」――④「経済成長」神話

1．新自由主義とは何か

「新自由主義」という言葉を何度も見聞きしたと思います。「新しい」「自由主義」だということで、「自由主義」を辞書で引けば、「個人の自由意志を尊重し、自発的活動には可能な限り他からの干渉をしないという主義・思想」とあります。インターネットからウィキペディアを検索すると、「自由と平等な権利に基づく政治的及び道徳的哲学である」とあります。

何やらわからなくなるので、さらに、「新自由主義」を検索すると「１９３０年以降、社会的市場経済に対して個人の自由や市場原理を再評価し、政府による個人や市場への介入は最低限とすべきと提唱する。１９７０年以降の日本では主にこの意味で使用される場合が多い。」と出てきます。

つまり、「自由主義」は、自由が尊重される、何かいいもの、というイメージなのに対して、「新自由主義」は、経済を市場任せにすることであるとわかります。そうです。「新自由主義」をひと言で表現すれば、安晋三首相（当時）が言った「日本を世界で一番企業が活動しやすい国にする」ということです。辞書やウィキペディアには、企業が出てきませんが、市場のプレーヤーは労働市場を除けば、個人ではなく企業なのです。企業が市場で政府の規制なしに自由放任の活動ができるようになること、労働市場で弱い立場の労働者に対する政府の保護もなくすこと。これが、新自由主義の本質です。

これによって、個人の自由は尊重されるのでしょうか、それとも不自由になるのでしょうか、これが問題です。

2. 新自由主義は野蛮な・原始的な資本主義

企業は、いま資本主義といわれる経済の仕組みで活動しています。資本主義は、その本来の性質として、各企業が利潤を追求することによって、労働者の賃金を生活できる最低限まで低下させます。労働者は長時間の過重な労働を強いられます。企業は、そうすることによって、利潤を増やせるからです。しかも、企業間の自由競争によって、企業も生き残りたければ、そうせざるをえないのです。しかし、これでは労働者は、ようやく生きるだけの生活で、健康で文化的な生活など望めません。そこで、1人ひとりバラバラでは資本家に対抗できない労働者が、団結して立ち上がり、当初は弾圧されていましたが、団結権や団体交渉権を手に入れて、これを法制化（=規制）してきたのです（日本では、戦後ようやく連合国の民主化政策の下で、日本国憲法に明記されました）。また、失業や廃疾に対するセーフティーネットを社会保障として法制化（=規制）してきました。

時代は変わっても、資本主義の本性は変わりません。したがって、この本性を矯正するために、それぞれの国において、社会的に規制してきたのに過ぎません。ですから、歴史的に築き上げてきたこのような労働者の権利を保証する社会的な法制度（=規制）を緩和したり、廃止すれば、本性剥き出しの・野蛮な・原始的な資本主義に戻るしかないのです。「新自由主義」というと、新たに自由が尊重されて、良くなるというイメージにつながるかもしれません。しかし、そうではなくて「規制緩和」のスローガンで基本的人権の「岩盤」を掘り崩し、「官から民へ」のスローガンで公的部門が担う役割まで民間企業に売り渡し、社会保障のネットワークをズタズタに切り裂いてしまうものです。新（しい装いをした）自由主義（=資本主義）の中身は、野蛮で原始的な資本主義への先祖返り（歴史的逆行）なのです。

3．新自由主義と「経済成長」神話

ところが、新自由主義が経済成長をもたらす、という神話が未だに信じられています。同時に、経済成長によるトリクルダウン（お零れ）で人々に豊かな生活をもたらす、という神話も語られています。そこで、なぜ新自由主義が経済成長をもたらさないか、人々に豊かな生活をもたらさないか、について述べておきます。

（1）新自由主義は経済を停滞させる

そもそも経済活動は、何らかの需要があって、これを満たすために生産活動が行われ、出来上がった財貨やサービスの供給が行われます。この逆ではありません。溢れるように供給したところで、需要がなければ、その余分に供給されたものは残ってしまいます。それでは、需要は、どのように生じるのでしょうか。人間が社会生活をする上で欠かせないもの、例えば、衣食住に必要な財貨やサービスが欲しいという欲望からです。歴史的にその水準も上がってきます。しかし、誰でも知っているように、無制限に需要が生じるわけではありません。いまの資本主義経済の仕組みでは、お金がなければ、欲しいと思っても手に入れて消費することができません。つまり、需要には購買力（持っているお金、信用によって得られるお金も含む）という限界があるのです。

先に述べたように、新自由主義は企業活動の自由を拡大しますが、利潤を最大限にしようとすることによって、労働者の賃金を最小限にすることになります。企業の所有者と経営者のごく少数の人たちは豊かになりますが、大多数の人たちは貧しくなります。ごく少数の人たちの需要が増えるとしても、購買力を失った大多数の人たちの需要が減れば、全体として需要は減ります。したがって、経済は停滞し、成長しません。

ところが、財界は、政治家・官僚に加え御用学者や評論家を動員し、マスメディアを通じて、このような当たり前のことを否定し、経済が成長し庶民にもお零れがあるという宣伝に努めます。しかし、大人は騙されても子どもは騙されません。なぜなら、いくら頑張ってみても、豊かになった1人が10人分の食物を食べられないし、さらに豊かになったからといって20人分の食物を食べられない、と知っているからです。みんなが豊かになれば、需要が増えるのに、ごくわずかの人々だけが豊かになっても、需要は増えないのです。

（2）経済停滞でお零れ（おこぼれ）もない

この30年くらいの日本の歴史を見れば、新自由主義による「経済成長」なるものが、事実をもって否定されています。日本は、経済成長しない国になっています。新自由主義による「経済成長」は、単なる「神話」に過ぎないのです。ところが、大企業は業績を上げて内部留保を膨らませています。それでは、いわゆるトリクルダウン（お零れ）はあったのか。トリクルダウンはなかったのです。１９９０年代後半と比較して労働者の実質賃金は大幅に低下しています。これは、世界でも稀な現象です。なぜでしょうか。それは、労働者が自らを守るはずの労働組合が、本来の機能を発揮していないからです。海外諸国と比べて労働組合運動が低調だったことが、この差になっていると思われます。つまり、自由競争のもとでは、企業は生き残りのためには、自身の体力を蓄えることを強制されます。したがって、社会的に規制されることがなければ、企業は賃金を上げることはしないし、できないのです。日本の政治が、労働者など国民の暮らしを豊かにするという視点で行われていれば、このことに早く気づいていたことでしょう。政党の中で日本共産党だけは、早くからこの点を指摘してきましたが、自民党・公明党の与党だけでなく野党も「新自由主義」を信仰して

「経済成長」を目指して「改革」を競い合うことで、「経済成長」の意図とは真逆に「経済停滞」をもたらしたのです。

しかし、世界的にはこの誤りに気づきつつあります。特に新型コロナウイルスのパンデミックによって、新自由主義が社会基盤の脆弱化を招いたことがはっきりしたからです。ところが、日本では、未だに維新の会が新自由主義の旗振り役を担っていますし、岸田文雄首相は、新自由主義を反省するかのように「新しい資本主義」と言い出したのですが、中身を見ると相変わらず新自由主義を信奉する構えです。御用学者たちに嘘を言わせてきたことを忘れて、嘘を真実と思ってしまっているのかもしれません。原発は絶対安全と言わせてきたために、本当に安全と思って、安全対策を疎かにしたように。

4．新自由主義の克服—経済成長の道

ようやく日本政府も賃金が上がらなければ、経済成長しないということに気づきかけています。安倍晋三首相（当時）が財界に賃上げを要請しました。しかしながら、結果として実質賃金は下がり続けました。岸田文雄首相も「構造的賃上げ」が必要だと言い、財界にお願いしています。しかし、お願いするだけでは、同じ結果になります。なぜなら、法律によって規制しなければ、「企業は利潤を最大限にしようとして、労働者の賃金を最小限にする」という資本主義の本性（法則性）が現れるからです。この視点から観れば、岸田文雄自公政権の政策において何も有効なものが示されていません。

資本主義のもとで「構造的賃上げ」を行う仕組みは、簡単に提案できます。なぜなら、日本でも、大幅な賃上げが行われていた時代がありました。「新自由主義」を改めて、以前の状態まで戻すということも一つの案でしょう。

しかし、これまでの経験を踏まえて考えれば、次のような案があります。これを法律によって実現することが肝心です。

日本における現状の問題は、次の3つに集約されます。

①正規雇用と非正規雇用との賃金格差
②男子と女子の賃金格差
③大企業と中小零細企業との賃金格差

それぞれの問題に対する対策は、次のとおりです。

①派遣労働を禁止すること、非正規雇用を正規雇用へ切り替えること
②同一価値労働同一賃金を遵守すること（転勤手当等を別枠支給とする）
③全国一律最低賃金制で1日8時間労働で暮らせる水準を確保すること

それぞれの効果は、次のようになるでしょう。

①人材派遣企業の中間搾取がなくなるだけで、派遣労働者の賃金は、4割程度向上する。なお、安易な短期間雇用や雇止めは、企業の雇用維持という一番大事な社会的責任を放棄させることになり、逆に企業の成長努力・創造性発揮の機会を喪失させることになる。
②女子の賃金は、現状に比べて3割程度向上する。
③中小零細企業は、大企業からの下請け単価に賃金上昇分を転嫁しやすくなる。なお、価格転嫁が普及するまでの間は、社会保険料の減免等の政策的支援が必要になる。

むすびに

いま私たちは、「戦争か、平和か」の瀬戸際に立たされているように思われます。さて、このような事態を打開する道はあるのでしょうか。「戦争への道」を拒否して「平和への道」を進むことができるのでしょうか。大変難しい問題だと思います。「戦争への道」を突っ走る大津波に呑み込まれそうな感覚を覚えます。しかし、希望もあります。なぜなら、戦争を始めるのは政府（少数者）であり、戦争の犠牲となるのは国民（多数者）である、という万古不易の真実を冷静に考えれば、国民にこそ戦争を止める力があるということです。それぞれの国の政府が戦争することを国民が許さないようにすること、**主権者である国民が国会議員を選挙する際に、戦争に反対する議員を選ぶこと**が、何よりも大切だと思います。いや攻めてくる国があれば、守らなければいけないのではないか、と考える人も多いと思います。それなら、国民間の交流を盛んにして、その国の政府に戦争させないように相手国民へも働きかけることが必要だと思います。

もう一度この書物で語ってきたことを振り返ってみましょう。そこから、見えてくることは、誤った情報でつくられた神話の呪縛から解き放たれて、人類の叡智を信じて実直に行動するならば、必ず「平和への道」が開けてくるということです。

Ⅰ．「安全保障」神話においては、軍備の増強や軍事同盟の拡大・強化は、安全を求めると言いながら、かえって軍事的緊張を強めて、戦争の誘因となって跳ね返ってくること。つまり、平和を求めながら、戦争を呼び寄せること。したがって、平和を求めるなら、平和的手段に依らなければいけないこと。以上を述べましたが、当面する喫緊の課題は、日本政府が「安全保障３文書」を基に進めようとしている軍備の増強や軍事同盟の拡大・強化が「戦争への道」であることを国民みんなの認識にすることです。そして、人類の叡智を積み重ねてきた国連憲章と国際法を遵守せよと声をあげて、これらに基づく**「法の支配」を確立してゆく**ことに力を注ぐべきだということです。

Ⅱ．「日米安保」神話においては、米国に日本防衛義務はないこと。自衛隊は米軍と一体的に行動するよう編成・装備・訓練されていること。米中対立において日本は最前線基地という極めて危険な位置にあること。その役割も「先制攻撃」を任される可能性すらあること。戦争になれば国土の廃墟・焦土化と国民の悲惨な犠牲が予想されること。以上を述べましたが、この「戦争への道」を突っ走る時に日本がどうなるのか、これを国民みんなに想像力を働かせて思い浮かべてもらうことです。そして、戦争を始めるのはいつも政府であり、犠牲になるのはいつも国民であるという認識をもってもらうことです。そして、米国に押しつけられた軍事同盟は、日本の安全を保障するものではないという真実に基づいて、**「日米安保条約」を解消して「日米平和友好条約」に切り替える**ことがますます重要になっていることを知ってもらうことです。

Ⅲ．「憲法改正」神話においては、憲法の「改正」ではなくて「改悪」であること。憲法9条改悪と緊急事態条項の創設によって「戦争国家」が完成すること。すなわち自由と基本的人権が制限されて戦争への協力が強制されること。選挙制度の改悪と中央集権の強化により民主主義が抑圧され、独裁政治が罷り通るようになること。国家権力による教育への介入が強化され、思想統制が行われること。以上を述べましたが、国民投票の結果、憲法が改悪されることになれば、戦争への協力が強制されて反対すれば牢獄に放り込まれる戦時中の状況が再現される、ということを国民みんなに知ってもらうことが求められます。同時に憲法9条は、世界に誇れる宝だということも知ってもらうことです。2度の世界大戦を経験してつくられた国際連合は、国連憲章において国連軍という軍事力に頼る平和をつくろうとしています。国連憲章は過渡的なものであり、憲法9条は究極の姿である軍事力に頼らない平和をつくろうとしています。それゆえに、世界から注目されて、憲法9条を世界へ広めようとの呼掛けもなされているのです。**日本国憲法の改悪を許さず、護ることが**、平和の国際秩序を構築することに貢献するという確信を持つことが大切です。

Ⅳ．「憲法押しつけ」神話においては、憲法制定の経緯から見てGHQによる押しつけ論は成立しないこと。憲法は降伏条件である「ポツダム宣言」を忠実に反映していること。しかも、自由民権運動や先覚者たちの研究成果も反映していること。したがって、憲法の水準として世界的にも先進的で優れたものであること。しかし、米国の再軍備要請に屈従して解釈で「改悪」してきたこと。一方、平和勢力の努力で「改悪」への歯止めも蓄積されたこと（ただし、第2次安倍晋三自公政権において悉く破棄された）。この蓄積された経験を活かせば、国際貢献が可能なこと。以上を述べましたが、現行憲法は何も変えるところがなくて、むしろ憲法どおりの政治を行えば、国民はもっともっと幸せになれるのだ、ということを知ってもらうことが大切です。

さて、以上から、どのようなことが言えるでしょうか。

日本政府が、現下の情勢において行うべきことは、次の5点に集約できます。

（1）安全保障の基軸を国際連合とし、国連憲章と国際法を基準に外交すること。
（2）軍事対軍事という対応はやめて、相手国と対話と協力の外交に徹すること。
（3）憲法前文と9条に基づいて積極的に平和の国際秩序づくりに貢献すること。
（4）「核兵器禁止条約」を批准し、核兵器保有国へ批准するよう働きかけること。

（5）国連において全般的軍備縮小の推進に努力すること（「専守防衛」等活用）。

国民としては、日本政府がこのような施策を実行するよう求めることが必要です。この書物の中で筆者は、政策の変更を政府に求めても変更しないならば、政府を変えることが必要だ、と述べました。実際のところ、自公政権にこのような政策を求めても、実行することはないでしょう。国民一人ひとりからの浄財ではなくて、企業・団体からの政治献金で当選した議員で構成されているからです。つまり、企業・団体の代表者であり、その意向によって行動せざるをえないのです。そうであれば、先に掲げた政策を支持する政党・議員を国会へ送って政権を執ってもらうしかないと思っています。このためには、国民一人ひとりが、日常生活の中に溢れるような情報から「神話」を見つけ出し、その呪縛から解放されなければいけません。そして、その上に立って、本当に国民の代表者である政党・議員を選出することが求められています。

この拙い書物を最後まで読んでいただいたみなさんには、「平和への道」を選択し、その実現のために国政選挙でその願いを託せる政党・議員を選択していただくことを期待しております。そのお役に立てたのであれば、筆者としてこれに優る喜びはありません。

２０２３年5月5日

髙橋　信敏

著者　髙橋　信敏（たかはし　のぶとし）

1947年　宮城県白石市に生まれる。
1969年　東北大学 経済学部 卒業。
1969年　住友電気工業株式会社に入社。
同社東京経理部長、監査部長、
同社の関係会社数社において
取締役、監査役などを勤めて、
2014年　退任。

子：１男・２女（３人）
孫：子に各１女・１男（６人）

カバー・表紙・扉デザイン／NONdesign 小島トシノブ

「戦争への道」ではなく「平和への道」を進もう
－神話の呪縛を解く－　のぶ爺さんの子と孫への話

2023年７月15日　初版　第１刷発行

著　者　髙　橋　信　敏
発行者　面　屋　　洋
発行所　清　風　堂　書　店
〒530-0057　大阪市北区曽根崎２-11-16
TEL　06（6313）1390
FAX　06（6314）1600
振替　00920-6-119910

制作編集担当・長谷川桃子

印刷・㈱関西共同印刷所／製本・立花製本

ISBN978-4-86709-026-8 C0031